Bernhard Fischer-Appelt

ZUKUNFTSLÄRM

REDLINE | VERLAG

Bernhard Fischer-Appelt

ZUKUNFTSLÄRM

Welche Erzählungen helfen, das Morgen zu gestalten

Bibliografische Information der Deutschen Nationalbibliothek:
Die Deutsche Nationalbibliothek verzeichnet diese Publikation in der Deutschen Nationalbibliografie;
detaillierte bibliografische Daten sind im Internet über http://d-nb.de abrufbar.

Für Fragen und Anregungen:
info@redline-verlag.de

1. Auflage 2022

© 2022 by Redline Verlag, ein Imprint der Münchner Verlagsgruppe GmbH,
Türkenstraße 89
D-80799 München
Tel.: 089 651285-0
Fax: 089 652096

Redaktion: Ulrich Wank
Umschlaggestaltung: Sonja Vallant
Umschlagabbildung: Hatcha/ Shutterstock
Satz: ZeroSoft, Timisoara
Druck: GGP Media GmbH
Printed in Germany

ISBN Print 978-3-86881-867-3
ISBN E-Book (PDF) 978-3-96267-375-8
ISBN E-Book (EPUB, Mobi) 978-3-96267-376-5

Weitere Informationen zum Verlag finden Sie unter

www.redline-verlag.de

Beachten Sie auch unsere weiteren Verlage unter www.m-vg.de

INHALT

KENNENLERNEN.

Das sollte unser temporäres neues Zuhause sein? Grauer Himmel. Boston tagelang im Schneematsch. Eine Autonation ohne Winterreifen. Fensterlose Kitas im Keller. Astronomische Innenstadtmieten. Januar 2018. Dann aber auch verzaubernde Momente: Wir besuchten unsere Freunde in Weston, einer Vorstadt jenseits des Bostoner Autobahnrings. Die Fahrt führte unter Tannenzweigen hindurch, von denen Neuschnee rieselte und uns in der gleißenden Sonne blendete. Die öffentliche Schule ist in Weston ein Traum. Im Stadtkern ein Café, eine Reinigung, eine Drogerie, ein Ballettstudio. Drei Straßen weiter schlichen zwei Coyoten über die Fahrbahn. Nach ein paar Mal Abbiegen blickten wir auf ein Holzhaus im typischen Neuengland-Stil: Es sieht aus wie unsere unmittelbare Zukunft.

Eigentlich war ich schon seit Jahrzehnten erfolgreicher Unternehmer, habe mit meinem Bruder eine Agenturgruppe aufgebaut und arbeitete in der Kommunikationsberatung und Ideenentwicklung. Damit habe ich früh begonnen. Schon als 16-Jähriger hatte ich einen kleinen Verlag gegründet. Daraus ist heute ein fantastisches Team mit 700 Mitarbeiter:innen gewachsen. 2018 schmiedete ich den Plan, in die USA zu gehen. Ich wollte testen, ob es unser Vorstandsteam ohne mich schafft. Ich wollte mich in einer anderen Umgebung umsehen und schauen, ob ich unser Geschäft internationalisieren kann. Und ich wollte mein inhaltliches Interesse wissenschaftlich vertiefen.

Schon längere Zeit hatte ich mich damals wissenschaftlich engagiert, mit einem Mitarbeiter eine Studie begonnen über Autonomie und Digitalisierung. Deshalb bin ich an das *Weatherhead Center for International Affairs* der Harvard Universität gelangt, in eine wunderbare Gruppe von akademischen

Forschern aus sehr unterschiedlichen Wissensgebieten und Ländern. Am ersten Tag fand ich mich in einem Seminar wieder, in dem die Technologie- theoretikerin Sheila Jasanoff und der Ökonom Dani Rodrick über Narra- tive in den Sozialwissenschaften debattierten. Es ist mein Thema geblieben – genauer gesagt, all die Erkenntnisfragen rund um das Thema narrativer Musterwahrnehmung.

In meinem zweiten Jahr bin ich zusammen mit meinem Harvard-Kolle- gen, dem Historiker Jack Loveridge, in die Materie vorgedrungen. Mit Jack zu arbeiten hat mir viel Freude bereitet. Zusammen haben wir über Zu- kunftslärm nachgedacht, über die Geschichte von Zukunftsprognosen aus den 60er- und 70er- Jahren des 20. Jahrhunderts und was daraus geworden ist. Wir haben den ersten und den letzten Satz dieses Buches zusammen ent- wickelt und noch vieles andere dazwischen erdacht.

Die Harvard-Professorin Sheila Jasanoff hat mich vorbehaltlos in ihre Forschungsgruppe aufgenommen. Sie und die Kolleg:innen dort waren mir eine große Inspiration und Hilfe. Mich hat besonders ihre wissenschafts- theoretische Qualität fasziniert, ihre Präzision und Zuwendung, aber auch ihr Engagement, mit dem sie eine »akademische Fakultät« streng organisiert und dort ein globales Observatorium für gesellschaftswissenschaftliche Fra- gen der Gentechnik aufgebaut hat.

Doch eines Tages musste ich zurück nach Deutschland, um zu schauen, ob mein Vorstandsexperiment weiter funktionierte. Als ich in Hamburg aus dem Flugzeug stieg, erfuhr ich aus den Nachrichten, dass man dabei war, die US-Grenzen wegen eines neuartigen Corona-Virus zu schließen. Es wären mir nur zwei Tage geblieben, um noch in die USA zurückzukehren, was ich nicht schaffen konnte. Es war eine düstere Lage, da meine Familie noch dort war mit den schulpflichtigen Kindern. Und meine Firma brauchte mich jetzt vor Ort. Ich musste für meine Mitarbeiter:innen da sein in der Krise, deren Größenordnung damals noch nicht absehbar war – das beendete ab- rupt unsere Zeit in den USA.

Das soziale Gefüge, der akademische Austausch in Harvard war weitge- hend um die morgendliche oder mittägliche Nahrungsaufnahme herum or- ganisiert. Fast alle offenen Foren bieten kostenlose Sandwiches oder Früh- stück an. Es ist auch für mich neu, dass solche Grundlagen unseres sozialen

Gefüges infrage stehen, Restaurants, Kultur und informeller Austausch auf Stopp stehen oder unter sehr erschwerten Bedingungen stattfinden. Die Welt ist es gewöhnt, technologische Risiken und Chancen abzuwägen, hat Szenarien für Systemausfälle und die Schwachstellen kritischer Infrastruktur. Was passiert, wenn das soziale Gefüge zusammenbricht und unsere gemeinschaftliche Vernetzung in der Gegenwart gefangen ist, dafür gab es keinen Krisenplan.

Eine wichtige Möglichkeit, um diesem Stillstand heute entgegenzutreten, ist es, die Zukunft zu gestalten. Es braucht eine Expertise, um zu verstehen, wie heute über Zukünfte gedacht wird. Das erleichtert den Umgang mit ihr. Für Unternehmen kann das bedeuten, systematisch Zukunftsnarrative und Innovationsgeschichten zu formen. Für Politik und Gesellschaft kann es bedeuten, neuen gemeinschaftlichen Stoff zu entwickeln, der gegen die Polarisierung und den Gegenwartsschock hilft, den viele leider falsch verarbeiten. Und für einen selbst kann es bedeuten, auch persönliche und familiäre Fantasien zu entwickeln, die eine plausible Möglichkeit für die Zukunft darstellen.

In meinem Unternehmen habe ich ein Forschungs- und Entwicklungsteam aufgebaut und einen neuen Beratungsansatz entwickelt, dessen erster Teil in diesem Buch geteilt wird. In meinem Team trifft Philosophie und Gesellschaftstheorie auf Strategiepraxis und Kommunikationsexpertise. Die reine Sichtweise, der zunächst analysierende Blick auf die Dinge ist oft entscheidend, um nicht vorschnell, sondern pragmatisch zu handeln.

Meine Tochter hat in Amerika sprechen gelernt. Sie hatte deshalb lange Zeit einen starken amerikanischen Akzent. Auch dieses Buch hat an der einen oder anderen Stelle einen solchen Akzent, weil es auf Englisch entstanden ist und dann übersetzt wurde.

Viel Freude beim Lesen.
Bernhard Fischer-Appelt

PROLOG – DAS LIED DER ZUKUNFT

Texas ist ein Zufluchtsort für Silicon-Valley-Müde. Trotz seines Images als *alter Westen* und seiner konservativen Politik ist der *Lone Star State* in vielerlei Hinsicht ein Ort der Zukunft. In der Hauptstadt Austin, dem progressiven, künstlerischen und kreativen Nervenzentrum des größten US-Bundestaates, findet alljährlich das Musik- und Tech-Festival *South by Southwest* (SXSW) statt, das seit Jahren Audiophile und Digitalfreaks gleichermaßen anzieht. SXSW ist die große Zukunftsfeier unserer Technologiegesellschaft und ein Pilgerort für Evangelisten und Apologeten der Digitalisierung.

Natürlich hat Deutschland auf dem Festival so etwas wie eine eigene Botschaft, ein Deutsches Haus. Hier kommen Vertreter der deutschen Wirtschaft, Politik und Kultur, ungezwungen mit Menschen zusammen, die in Austin leben, und mit Besuchern aus der ganzen Welt. Das Haus, unweit des Hauptcampus der *University of Texas*, ist nicht groß, aber es bietet einen Einblick quer durch alle Branchen, auch in die Zukunft Deutschlands als Kultur- und Innovationsnation.

Beim Hinausgehen fiel mir auf den Bäumen der gegenüberliegenden Straßenseite ein großer Vogelschwarm auf: ohrenbetäubendes Gezwitscher. *Mockingbirds*, die offiziellen Staatsvögel von Texas, bei uns bekannt als Spottdrosseln. Sie sind nicht nur standhafte Verteidiger ihres Territoriums, sondern singen in Austin auch das Lied der Zukunft. Besonders gerne ahmen sie die Geräusche anderer Lebewesen nach, darunter Bienen, Mücken und gelegentlich Amphibien, deshalb auch der Name *Mockingbird*, Imitiervogel.[1] Aus diesen Tiergeräuschen kann ein *Mockingbird* ganze Arien komponieren und mit ihnen anlocken, was er fressen mag, abstoßen, was ihn gefährdet, und finden, was ihn interessiert.[2] Als echter Bewohner von Austin kann er sogar die Geräusche von Maschinen imitieren.

Auf gewisse Weise ahmt der *Mockingbird* damit insgesamt nach, was die SXSW begleitet: Zukunftslärm – so etwas wie die natürliche Version einer technologischen Kakophonie. Das Ringen um die noch größere, lautere, aktuellere und revolutionärere Zukunftsprognose. Aber in den Jahren 2018 und 2019 tauchten auf der SXSW auch zunehmend gesellschaftliche Fragen auf. In die positive und sonst fast euphorische Haltung zum technologischen Wachstum, die an diesem Versammlungsort digitaler Evangelisten zum Ausdruck kommt, mischten sich kritische Stimmen und Themen wie Bias in Algorithmen, gesellschaftliche Verantwortung von Plattformen und die Frage nach einer Technik-Ethik. Plötzlich hörte man nicht nur den hellen Klang der technologischen Zukunft, sondern durchaus auch dunkle besorgte Töne über eine mögliche zukünftige Gesellschaftsveränderung – neben Begeisterung eben auch Bedenken.

In diesem Buch wird die Frage untersucht, die auch einen Großteil des Zukunftslärms, dem wir täglich begegnen, motiviert: Was ist der Stand der Wissenschaft, wenn es darum geht, über die Zukunft von Gesellschaft und Wirtschaft nachzudenken? Ausgehend davon wird untersucht, wie man die echten Signale möglicher Zukünfte effektiv von dem allgemeinen Lärm unterscheiden kann, mit dem die Ideen und Interessen von heute (und gestern) verkauft werden. Die Zukunft unterscheidet sich von der Gegenwart auch dadurch, dass sie noch unmöglich ist. Deshalb ist es wichtig, systematisch daran zu arbeiten, die **Grenze des Unmöglichen** zu überwinden, wenn es darum geht, über die Zukunft nachzudenken, sie zu beeinflussen und zu gestalten. Eben nicht nur am Realistischen und heute Möglichen festzuhalten. Dafür wird das Instrument eingeführt, mit plausibler Fiktion zu arbeiten und es wirksam zu machen.

Ein gelegentlicher Blick in Zukunftsprojekte der Vergangenheit macht deutlich, dass vieles ganz anders gekommen ist als gedacht, aber auch vieles, was heute als hochaktuelle Zukunft gesehen wird, eine lange Geschichte hat. Besonders soll hier aber betont werden, wie wichtig es ist, transformative Erzählmuster und die Anziehungskraft des Geschichtenerzählens für das Denken über die Zukunft zu verstehen. Daher werden fünf Kräfte erläutert, die eine solche Zukunft als offenen Raum von **Möglichkeiten** markieren. Vor allem aber geht es in diesem Buch um die Bedeutung und das Potenzial, die eigene Zukunft zu gestalten.

Aber wie und wo soll man damit anfangen? In den folgenden Kapiteln werden wir über die Fähigkeit nachdenken, wegweisende und manchmal geflügelte Worte, überzeugende Sätze, Erzählmuster und Techniken zu entwickeln, um mit plausibler Fiktion die Zukunft zu entwerfen – und zwar noch bevor es darum geht, sie konkret zu bauen.

ERSTES KAPITEL

DIE ZUKUNFT – EIN MÖGLICHKEITSRAUM

Die Zukunft entsteht nur, wenn wir sie anstoßen. Deshalb müssen wir ein klares Bild davon bekommen, welche von mehreren möglichen Zukünften zu wählen ist. Das geht nur, wenn wir verstehen, wie sich unterschiedliche Zukünfte zueinander verhalten – und das geht wiederum nur, wenn wir den Zukunftslärm lichten und verstehen, was in der Gegenwart zu tun ist, um eine Zukunft aufzubauen.

Gelobt für seine Furchtlosigkeit, verflucht für seine Beharrlichkeit beim nächtlichen Gesang oder bei der Verteidigung seines Territoriums, frisst der *Mockingbird* gerne frisches Obst und Gemüse, was ihn nicht gerade zum Liebling der Gärtner gemacht hat, obwohl er auch viele Insekten vertilgt. Außer den *Mockingbirds* beherbergen Austins Bäume aber auch noch *Grackeln*, eine kaum weniger territoriale nordamerikanische Vogelart, die mit den Spottdrosseln gerne spektakuläre und lautstarke Luftkämpfe ausficht. Wer dabei jeweils den Kürzeren zieht, hat sich mir nicht immer erschlossen, als ich in der Hauptstadt des Bundesstaates Texas für ein paar Tage an dem erwähnten Kultur- und Zukunftsfestival *South by Southwest*, kurz SXSW, teilnahm.

Auch das menschliche Gerangel um Zukunftsvorschläge und mediale Aufmerksamkeit ist groß, wie auf Konferenzen, Ausstellungen, Messen und Festivals vom Kaliber der SXSW zu erfahren ist. Die Zukunft wird dort regelmäßig besetzt, indem mitunter absurdeste Technologielösungen propagiert werden. Als einer der skurrilsten Fälle kommt mir zum Beispiel eine Modellserie nuklearbetriebener Autos aus den sechziger Jahren in den Sinn, angefangen mit dem *Ford* Nukleon. Heute sind solche zukünftigen Objekte mit Wasserstoff betriebene Flugzeuge, mitfühlende Pflegeroboter und seitwärts fahrende, parkplatzminimierende Autokabinen. Technologische Zukunftsattrappen zu propagieren, kann dabei durchaus auch ein Versuch sein, sich Zukünfte vorzustellen, zu experimentieren und Reaktionen zu testen, darum zu ringen, wer Themen und Möglichkeiten frühzeitig besetzt.

Oft ist es sogar zunächst besser, echte Innovation noch nicht zu zeigen und Sinn dort vorzugeben, wo es gar keinen Sinn gibt – durch bewusste Täuschung oder einfach nur aus dem Bedürfnis heraus, den Raum zu füllen und einen Entwurf zu zeigen, der es sowieso nie zu seiner Verwirklichung schaffen wird. Hinter solchem Handeln kann vieles stecken: der Wille zur Lufthoheit über die Argumente oder einfach nur der Hunger nach maximaler Aufmerksamkeit, wie eben bei den Spottdrosseln, die auf der Balz und der Suche nach territorialer Hoheit sind. Wie kann es gelingen, Investor:innen zu finden, Erstkund:innen zu gewinnen oder Konsument:innen davon zu überzeugen, dass auch eine lahm gewordene Marke voller Entwicklungspotenzial steckt? Die Zukunft durch Spott und kämpferisch herausposaunte Visionen zu beanspruchen, ist eine ebenso legitime Strategie wie das mühsame Prototyping kleiner Schritte im stillen Kämmerlein, um zu einem gründlich abgerundeten Vorschlag zu gelangen.

Während das Motto des Festivals seine hochkarätigen Redner:innen und Teilnehmer:innen aufforderte, über die Zukunft unserer Gesellschaft nachzudenken, wurde die Spottdrossel zu meiner bevorzugten Metapher für die unscharfe Vorhersagekakophonie, die von der Veranstaltung ausging. Der Spötter und sein Jukebox-Charakter ist ein Meister des Zukunftslärms. Ich wäre nun auch in der Lage, vieles zu intonieren, was man über unsere Zukunft hören möchte. Ich fragte mich aber, wie man diesen ganzen Klangteppich durchdringen kann. Wie können wir das Signal vom Lärm trennen? Wie können wir endlich eine plausible Zukunft hören – eine, nach der ich und alle anderen heute wirklich handeln können? Die Vögel gaben mir darauf sicherlich keine Antwort und die Konferenz in Austin auch nicht.

Die Überforderung von Prognosen durch Zukünfte

Wie man Signal und bloßes Rauschen voneinander unterscheiden kann, ist eines der großen Probleme, mit denen sich Mathematiker und Statistiker beschäftigen. Nach aussagekräftigen Mustern in einem unermesslichen Ozean von Datentreibgut zu suchen, und daraus Aussagen über die Zukunft abzuleiten, liegt in unserer menschlichen Natur. Diese Suche ist ein zutiefst befriedigender Prozess, der Orientierung und Sicherheit verspricht. In der Regel lässt sich die Daten-Spreu vom Weizen durch Verfahren trennen, mit denen wir Signifikanzniveaus für alle möglichen Ursache-Wirkungs-Zusammenhänge ermitteln können – vor allem, wenn es um einfache Aussagen geht, etwa wie sich Bevölkerungen, das Wetter, ein Verkehrsaufkommen oder eine Viruspandemie entwickeln werden. Solche Methoden versetzen uns in die Lage, in ein paar engen Ausschnitten unserer Lebenswelt ein wenig von unserer Zukunft zu erklären.

Dabei sollte ich allerdings erwähnen, dass die Vorhersage der Zukunft die längste Zeit nicht die vornehmste Aufgabe der Wissenschaft war. Denn dort ging es lange um das, was gemessen, beobachtet und geprüft werden kann – das heißt um Vergangenes. Erst mit dem naturwissenschaftlichen Erkenntnisschub und ganz besonders mit dem Anfallen von immer mehr digitalen Daten während der letzten Jahrzehnte ist die Wissenschaft mehr und mehr zu Vorhersagen aufgerufen worden. Der Klimawandel und die Digitalisierung, die beiden schicksalhaften Transformationen unserer Zeit, haben dabei sicherlich eine entscheidende Rolle gespielt. Und so lassen sich mittlerweile dank quantitativer Modellierungen Vorhersagen formulieren, die tatsächlich hilfreich und nicht selten sogar spektakulär genau sind. Die Vorhersage von Alterskohorten ist ein Beispiel dafür. Lineare Gleichungen können mit angemessener Genauigkeit die Alterspyramiden zum Ende des 21. Jahrhunderts bestimmen. Ein weiteres Beispiel ist das berühmte Mooresche Gesetz, die Formel, die das Wachstum der Halbleiterkapazität im Laufe der Zeit mit überraschend hoher Genauigkeit vorhersagt.[3] Nicht zuletzt das eigene Alter kann jeder von uns sofort in die Zukunft projizieren – niemand hat Probleme zu sagen, wie alt er oder sie im Jahr 2030 sein wird.

Doch diese Beispiele beschreiben lediglich isolierte Probleme und deren Lösungen. Sie sind nicht viel mehr als Verlängerungen und Projektionen von zukunftsträchtigen, aber leicht fortzuschreibenden Datentrends. Im Gegensatz dazu ergibt sich das künftige Schicksal unserer Gesellschaft in all der damit verbundenen Komplexität aus viel mehr Faktoren als nur ein paar singulären Extrapolationen. Die Gesellschaft der Zukunft und wie sie sich und ihre Welt einmal empfindet, wird zwangsläufig das Ergebnis einer Vielzahl von Trends sein, die sich nur schwer miteinander in den Einklang eines künftigen Gesamtbilds bringen lassen. Schließlich wird so vieles dabei eine Rolle spielen, das sich nicht leicht nachmessen lässt: der Fortschritt in Technik und Wissenschaft, die Entwicklung unseres politischen Denkens und unserer ideellen Weltanschauungen – gar nicht zu reden von den berühmten *Wild Cards*, jenen seltenen, aber überraschenden Ereignissen mit großen Auswirkungen.

Zukunftsforschung, die redlich bleiben möchte, kann sich damit nicht allein auf konventionelle wissenschaftliche Methoden stützen. Stattdessen muss sie umfassende Narrative erschaffen, die erhebliche Freiheitsgrade zulassen, um die Welt in 20, 30 oder sogar 50 Jahren zu beschreiben. Eine Aufgabe, die aus Datensätzen besteht, die selbst für heutige und künftige Supercomputer zu gewaltig, unstrukturiert oder nicht beschaffbar sein dürften, um sie zu systematisieren und zu einer tauglichen Zukunftsszenario zu verarbeiten.

Drei Hauptwege zur Zukunft, nur einer bricht mit der Gegenwart

Ich verstehe jede Zukunft, die wir uns vorstellen können, als eine Projektion, die ihren Ausgangspunkt notwendigerweise in unserer gemeinsamen Gegenwart hat. Das Hier und Jetzt, also das, was wir heute wahrnehmen, fühlen, beobachten, lieben oder hassen, stellt bereits eine erste Vorwegnahme aller unserer Zukunftsvorstellungen dar – der kurz-, aber auch der langfristigen. Es ist der blinde Fleck, den wir alle teilen, denn wir können nichts extrapolieren, ohne den Hintergrund des heutigen Lebens als Ausgangspunkt zu nehmen. Was jetzt ist, ist immer Quelle und Voraussetzung für jede Vorhersage darüber, was kommt. Ohne diese Grundlage verlieren wir uns in willkürlichen Spekulationen, die uns nichts nützen – und wir verstärken den Zukunftslärm nur weiter, ohne dass er irgendjemandem weiterbringt.

Schauen wir uns kurz an, welche prinzipiellen Mechanismen zum Tragen kommen, wenn man in Richtung Zukunft aufbricht. Dabei gibt es drei verschiedene Wege, denen man folgen kann. Ich stütze mich dabei auf den Ansatz, den die deutsche Kulturwissenschaftlerin Eva Horn entwickelt hat.[4]

Ein **erster Weg** in die Zukunft ergibt sich demnach aus der einfachen Annahme, dass alles so bleiben wird, wie es ist. In der Tat sehen viele Menschen ihren Status quo als das Beste an, was die Zukunft für sie bereithalten könnte. Wer dieser Ansicht ist, gehört wahrscheinlich zu den Menschen, die nur schwer mit Veränderungen umgehen können und deshalb hoffen, dass alles noch jahrzehntelang so bleibt wie es ist. Ihr Wunsch ist es wohl, dass sie für den Rest ihres Lebens einfach genauso viel zu essen, zu trinken und das gleiche Dach über dem Kopf haben wie heute. Der feste Glaube an den Status quo wird vermutlich von einer solch ausgeprägten Zuversicht getragen, dass sich solche Menschen eine Abweichung oder ein Ausbrechen von diesem Standpunkt kaum vorstellen können – auch wenn es angesichts der gewaltigen gesellschaftlichen Transformationsaufgaben, die vor uns liegen, dadurch ein böses Erwachen geben könnte. Doch der Wunsch nach Routine, Beständigkeit und Vorhersehbarkeit ist nun einmal ein bestimmender Teil der menschlichen Natur. Und die geheime Sehnsucht nach der damit einhergehenden Untätigkeit und Trägheit mobilisiert immer noch viele Wähler, weshalb Politiker vor dem Wahltag gerne Beständigkeit versprechen.

Der **zweite Weg** in die Zukunft beginnt ebenfalls im Hier und Jetzt. Auf ihm beschleicht uns jedoch das Gefühl, dass sich viele Dinge im Laufe der Zeit merklich weiterentwickeln werden – dass beispielsweise die Art und Weise, wie wir in Städten wohnen oder uns in ihnen fortbewegen, sich zwangsläufig verändern wird, weil sie der natürlichen Weiterentwicklung der menschlichen Erkenntnis, der Technologien und der Wissenschaft folgen. Dieses Weltbild geht also davon aus, dass zentrale Säulen der heutigen Welt irgendwann eingerissen und neue an ihrer Stelle errichtet werden müssen, die vielleicht ganz anders aussehen. Es mag überraschen, aber in der Tat orientiert sich nur eine begrenzte Anzahl von Menschen bei der Suche nach ihrer Zukunft an solch evolutionären Erwartungen. Auch deshalb sehen die meisten Politiker dahingehende Versprechen als eher riskant für ihre Wiederwahl an.

Der **dritte Weg** in die Zukunft ist dagegen geprägt von Unterbrechungen und Überraschungen. Dinge gehen schief, unerwartete Faktoren schleichen sich ein, deren unvorhergesehene Auswirkungen wie Meteoriteneinschläge aus dem Nichts die Welt erschüttern. Dieser Weg in die Zukunft ist turbulent und unberechenbar. Er ist gespickt mit Variablen, von denen wir wissen, dass wir sie nicht kennen, oder sogar von solchen, von denen wir noch nicht einmal wissen, dass wir sie nicht kennen. Dieser Weg stellt ein disruptives Szenario vor, das gleichermaßen zur Dystopie wie zur Utopie tendiert, zu extremen Ergebnissen eben, welche die Zukunft völlig von der Gegenwart abkoppeln können.

Auf diesem dritten Weg in die Zukunft wird davon ausgegangen, dass sich die Dinge, die wir gewohnt sind, dramatisch verändern und dass wir uns entsprechend darauf einstellen. So könnten sich etwa Menschen in Körper oder Geist durch einen unerwarteten Impuls völlig verändern. Aber auch unsere Umgebung, das Klima etwa, könnte plötzlich und schneller als erwartet von allem abweichen, was wir aus den letzten 10.000 Jahren kennen. Wichtig ist, dass die gewohnte Gegenwart nach solchen Ereignissen aufgegeben wird und wir uns vollständig auf die Zukunft einlassen. So haben wir beispielsweise nach der Jahrhundertfinanzkrise von 2008 die Regulierung der Bankenbranche neugestaltet, nach der Reaktorkatastrophe von Fukushima den Entschluss gefasst, die Atomkraft in Deutschland auszurangieren oder nach dem Auftreten des Covid-19-Virus zu unserem eigenen Schutz ganze Volkswirtschaften bewusst vorrübergehend stillgelegt.

Unsere weitere Analyse über die kommenden Kapitel wird auf dem dritten hier beschriebenen Weg aufbauen. Nicht weil ich damit rechne, dass wir ausschließlich aus Jahrhundertkatastrophen heraus die Gegenwart wirklich hinter uns lassen und die Zukunft gestalten können, sondern weil für die Erzeugung positiver Zukunftsnarrative die Erörterung einer möglicherweise unerwünschten Entwicklung oder gar einer Katastrophe eine nicht unwesentliche Rolle spielt. Die beste Zukunft entsteht nun einmal im Abgleich ihrer schlechtesten denkbaren Entwicklung, ein Abgleich, der allein wirklich neu denken und die Zukunft anpacken lässt.

Erst die Pluralisierung der Zukunft gibt uns die nötige Orientierung, um auf sie zu reagieren

Vor etwa zwei Jahrzehnten haben wir begonnen, über die Zukunft im Plural zu sprechen. Ob Klimawandel, Covid-19 oder Mobilität, das Nebeneinander verschiedener möglicher Zukünfte prägt die öffentliche Diskussion. Statt von einer einzigen Zukunft für uns alle zu sprechen, reden wir nun zunehmend von vielen verschiedenen Zukünften. Der Historiker und Zukunftstheoretiker Lucian Hölscher hat diesen interessanten Wandel in einem Zeitungsinterview 2015 so angesprochen: »Man spricht immer öfter von vielen Zukünften statt von der einen Zukunft. Vor zwanzig Jahren hätte man das noch als sprachliche Unmöglichkeit abgetan, heute ist es vielleicht noch etwas ungewöhnlich, aber es setzt sich durch.«[5]

Ob der Auslöser für diese Entwicklung in der Magie der Jahrtausendwende lag oder einfach nur darin, dass die planetaren Probleme und Herausforderungen der Menschheit uns damals erstmals in ihrer ganzen Tragweite vor Augen traten, sei dahingestellt. Jedenfalls wurden Klimawandel, Mobilität, Urbanität und Digitalisierung plötzlich als Nebeneinander verschiedener Megatrends und möglicher Zukünfte gesehen. Und die neue Pluralität dessen, was wir auf uns zukommen sehen, prägt mittlerweile als Standard die gesamte öffentliche Diskussion. Vermutlich hat erst diese Entwicklung dazu geführt, dass sich, was früher eine geordnete Debatte überschaubarer Zukunftsalternativen war, zu einem so diffusen Zukunftslärm gesteigert hat, dass wir dessen entscheidende Melodiebögen nicht mehr hören können. Genau das möchte dieses Buch jedoch wieder ermöglichen.

Das Nachdenken über prinzipiell viele mögliche Zukünfte verändert nicht nur unsere Vorstellung von dem, was kommen könnte, sondern auch unser Verhältnis dazu. Ein guter Grund also, die Geschichten und Theorien, auf denen das Denken in Zukünften beruht, genauer zu betrachten.

Es fällt etwa auf, dass die Pluralität der Zukünfte vor allem in Diskussionen über große gesellschaftliche Transformationen zur Sprache kommt. Dies gilt insbesondere dort, wo solche Transformationen nur unzureichend auf der Basis vergangener Erfahrungen oder etablierter Konzepte abgeschätzt und bewältigt werden können.

Im Falle des Klimawandels beispielsweise erkennen wir, dass unsere Bewältigungsstrategien nicht ausreichen werden, um uns in diesem massiven Wandlungsgeschehen ausreichend orientieren zu können. Die allmählich spürbaren Veränderungen in der Umwelt, aber auch die wissenschaftlichen Erkenntnisse bleiben für uns ungreifbar, wenn wir sie nicht in Form von festgelegten Zukünften denken. Dass wir unterschiedliche Szenarien für eine 2-Grad-, 3-Grad- oder gar 4-Grad-Erwärmung der Atmosphäre entwickeln, zeigt nur, wie abstrakt und komplex die Zusammenhänge zwischen unserer heutigen Art zu leben und zu wirtschaften und den möglichen Folgen sind. Aber sie sind immerhin greifbare Anhaltspunkte für mögliche Zukünfte unseres Erdklimas, der wir angemessene Taten folgen lassen können.

Solange sich unsere Vorstellung auf eine oder nur ein paar von uns minutiös ausgearbeitete Zukunftsvarianten beschränkte, fiel es uns dagegen schwer, unser eigenes Handeln in größeren kausalen und zeitlichen Zusammenhängen zu beurteilen. Aus dieser Begrenzung unserer Vorstellungskraft bezieht das Denken in einem offenen und breiten Spektrum möglicher Zukünfte seine Notwendigkeit. Man könnte also sagen, dass die Rede und das Vorstellen von Zukünften solch große Transformationen wie den Klimawandel zum ersten Mal fassbar, nachvollziehbar, erzählbar und damit letztlich auch gestaltbar machen.

Auf den Trichter kommen, wie mögliche Zukünfte sich zueinander verhalten

Kann uns das Denken in verschiedenen Zukünften helfen, den anstehenden Wandel besser zu verstehen, zu bewältigen und sinnvoll zu gestalten? In der Regel werden beim Denken in Zukünften verschiedene mögliche Zukunftsszenarien zu einem übergreifenden Narrativ von Möglichkeiten kombiniert.

Diese übergreifende Erzählung der Zukunft lässt sich am besten mit dem sogenannten »Zukunftskegel« veranschaulichen, einem Konzept, das 1993 von den Sozialwissenschaftlern Clement Bezold und Trevor Hancock zur Konzeptualisierung der Zukunftsdimension entwickelt wurde.[6] Es zeigt eine Reihe von Kegeln, die von einem einzigen Kreis ausgehen: der Gegenwart. Entlang einer Zeitachse öffnen sich diese Kegel, um einen immer größer werdenden Raum der Möglichkeiten darzustellen. Jeder der Kegel steht für eine alternative Zukunft und markiert einen bestimmten Bereich in diesem wachsenden Möglichkeitsraum.

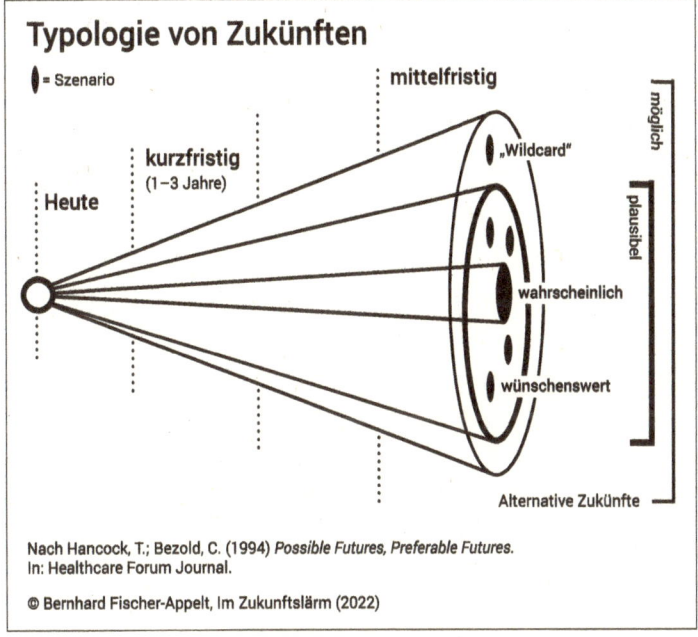

Abbildung I: In dem von Bezold und Hancock vorgeschlagenen klassischen Modell läuft dieser Prozess in vier Kategorien ab: mögliche Zukünfte, die als größter Kegel (possible) dargestellt werden, plausible Zukünfte als kleinerer Kegel innerhalb der möglichen Zukünfte (plausible) und schließlich wahrscheinliche (probable) und bevorzugte (preferable) Zukünfte als kleinste Einheiten in der Mitte beider Kegel. Daneben gibt es die bereits angesprochenen Wild Cards, also Zukünfte, die zwar kaum plausibel erscheinen, aber dennoch nicht als unmöglich ausgeschlossen werden können.

Die Illustration mit ihren verschiedenen Kategorien von Kegeln veranschaulicht nicht nur, wie verschiedene Zukünfte gemeinsam ein Narrativ von verschiedenen Möglichkeiten bilden, sondern sie zeigt auch die Konkurrenz, die dieses Modell zwischen den verschiedenen Zukünften vorsieht. Erstens können wir zwischen möglichen und wahrscheinlichen Szenarien unterscheiden. Auf diese Weise lassen sich Pläne für unterschiedlich realistische Situationen entwerfen und unsere Aufmerksamkeit sich entsprechend fokussieren. Zweitens können wir durch dieses Denken in Zukünften eine für uns wünschenswerte Zukunft ausformulieren und sie dann einer realistischeren und plausibleren Zukunft gegenüberstellen. Die Idee des *Futures Cone*-Modells ist auf genau eine solche Ausarbeitung verschiedener Zukünfte ausgelegt und demonstriert damit bereits selbst einige Aspekte des Denkens in Szenarien.

Ein gutes Beispiel dafür, wie das Durchdenken verschiedener Zukünfte dazu beiträgt, sich in der Gegenwart zu orientieren und reale Probleme zu lösen, findet man im Mantra der ersten Phase der Covid-19-Pandemie: *Flatten The Curve* (Abflachen der Kurve).[7] Das bekannte dazugehörige Diagramm, das verschiedene Infektionsverläufe widerspiegelt, zeigt, wie die Rede von Zukünften als Narrativ für das Mögliche funktioniert: In einem ersten Szenario kommt es zu einer unkontrollierten Ausbreitung der Infektionen, zu einer Überlastung des Gesundheitssystems und zu vielen Todesfällen. In einem zweiten Szenario wird die Infektionskurve durch die Einführung von Abstandsregeln und die Unterbrechung von Infektionsketten abgeflacht und gestreckt, sodass das Gesundheitssystem nicht bis an seine Grenzen belastet wird.

Damit geht implizit auch einher, dass man, wenn man auf die wünschenswerte Zukunft von Szenario zwei hinarbeiten will, sich die weniger wünschenswerte von Szenario eins vorstellen und ihr entgegenwirken muss. In diesem Fall, indem man die Infektionsgeschwindigkeit verlangsamt. Beide Zukunftsszenarien sind also möglich, aber nur wenn sie einander gegenübergestellt werden, entsteht ein **Narrativ von Möglichkeiten**. In ähnlicher Weise bündeln die verschiedenen Ziele in der Klimapolitik eine Reihe von an unterschiedlichen Erwärmungsgraden festgemachten Zukünften, die erst dann zu einem Narrativ der Möglichkeiten werden, wenn man sie einander gegenüberstellt.

Wer Zukünfte gut unterscheiden kann, weiß, was in der Gegenwart zu tun ist

Insofern Zukünfte also Narrative des zukünftig Möglichen sind, geht auch das Denken in diesen verschiedenen Zukünften über einfache, auf Szenarios beruhende Prognosen oder Pläne hinaus. Das Denken von Zukünften im Plural ermöglicht es uns, unseren gegenwärtigen Status quo als Ausgangspunkt für viele verschiedene mögliche Entwicklungen zu verstehen. Ein solches breit gelagertes Zukunftsdenken hilft uns auch dabei zu erkennen, wie in der Gegenwart zu handeln ist, denn es macht uns bewusst, dass unsere Einflussnahme in die Gegenwart die unterschiedlichsten Auswirkungen auf die Zukunft haben wird. Die allgemeine Frage »Was wird die Zukunft bringen?« spezifiziert sich damit zur Frage »Welche Zukünfte eröffnen sich aus meinem gegenwärtigen Handeln?«

Zudem lassen sich unter dem Begriff Zukünfte auch verschiedene, gleichzeitig existierende Möglichkeiten und Wünsche zu einem synoptischen Narrativ zusammenfassen. Während das Nachdenken über **eine** Zukunft auch nur **einen** neuen Status quo zulässt, kann das Nachdenken über viele Zukünfte die Dynamik und die Konflikte verschiedener Handlungsoptionen und -wünsche für uns nachvollziehbar machen. Wer sich am Ende zum Teilnehmer einer bestimmten Zukunft zählt und wer nicht, ist eine hochpolitische Frage. Auch sie wird durch das Nebeneinander verschiedener Zukünfte erstmals adressierbar. Zukünfte als zusammengesetzte, verschränkte und manchmal widersprüchliche Narrative über das, was vor uns liegt, können also auch komplexe und sich gegenseitig ausschließende Interessen erfassen.

Und schließlich ermöglicht die Rede von Zukünften auch neue Formen der Planung, da sie das individuell und kollektiv Vorstellbare erweitert. Je detaillierter eine Synopse verschiedener Zukünfte ist, desto mehr Kollisionen mit bisher noch ungedachten Pfaden in die Zukunft kann sie hervorrufen und damit sichtbar machen. Ein solches vollständigeres Bild der Möglichkeiten ist jedoch von entscheidender Bedeutung für die Planbarkeit, da es am Ende weniger wichtig ist, ob eine Zukunft tatsächlich eintritt, als vielmehr, welche Alternativen sie noch eröffnet und wie groß der Kegelschnitt der Möglichkeiten ist, in den sie eingebunden ist.

Zukunft kommt nicht einfach auf uns zu, wir müssen sie aktiv gestalten

Nimmt man diese Annahmen und Beobachtungen ernst, dann ist die kommende Zeit nichts, das einfach auf einen zukommt und auf das man sich vorbereiten kann, sondern etwas, das aktiv ins Leben gerufen und aktiviert werden muss. Denn im Gegensatz zu reinen Szenarien ist das Denken in Zukünften auf aktives Eingreifen ausgerichtet – die Zukunft wird bewusst ausgewählt, ermöglicht und gestaltet. Das Jonglieren mit mehreren Zukünften erzeugt also nicht unbedingt einzelne neue Pläne, die auf ein konkretes Ziel hinarbeiten. Vielmehr schafft es eine neue Planbarkeit, indem es aufzeigt, wo man in der Gegenwart ansetzen muss, wenn man sich entschieden hat, was man am weit entfernten Fuß des Kegels erreicht haben möchte.

Zukünfte stellen, zusammengefasst gesagt, also kontrastierende Möglichkeitsnarrative dar, die die Gegenwart als einen Zeitraum mit offenem Ende – eben ihre Zukunft – beschreiben. Zukünfte können vor allem große gesellschaftliche Veränderungen begreifbar machen und zeigen, wo und wie sie gestaltet werden können. Damit eröffnet das Denken in Zukünften auch neue Wege, um Vorsorge zu betreiben und Resilienz aufzubauen, neue Zugänge zur Welt durch Konfrontation mit dem bisher Undenkbaren zu finden sowie neue und gemeinschaftsstiftende Narrative zu formulieren, hinter denen Menschen sich versammeln können.

Um abschließend noch einmal auf die Spottdrosseln in den Bäumen von Austin und das SXSW-Festival zurückzukommen: Der Lärm, den die Vögel genauso wie die Konferenzpodien in der texanischen Hauptstadt verursachen, ist eine Notwendigkeit. Denn er enthält alles, was wir uns von der Zukunft erwarten. Richtig Nutzen daraus beziehen können wir jedoch erst, wenn wir die Differenzen zwischen vielen möglichen Zukünften erkennen können. Dann kann die Entscheidung für die richtige Zukunft fallen und deren Planung und Bau beginnen.

Takeaway Kapitel 1, Die Zukunft – ein Möglichkeitsraum

Die Zukunft...

...entsteht nicht von selbst – sie muss ausgewählt, gestaltet und aktiviert werden.

...und ihre vielen Prognosen und Möglichkeiten, die heute formuliert werden, erzeugen verwirrenden Zukunftslärm.

...erfordert, daraus für sich selbst Szenarien zu bilden, Orientierung zu schaffen.

...zu gestalten, ob als Unternehmer, Politiker oder Aktivist, heißt den Raum der zukünftigen Möglichkeiten abzuschätzen.

...ist vielleicht offener und beeinflussbarer als man denkt.

ZWEITES KAPITEL

IM ZUKUNFTSLÄRM – WARUM DIE ZUKUNFT SO OHRENBETÄUBEND KRACHT

Sich Zukünfte vorzustellen ist eine der wichtigsten Aufgaben einer Gesellschaft und ihrer Mitglieder. Was vorstellbar ist, wird deshalb auf einer gigantischen Leinwand möglicher Zukünfte projiziert. Zukunftslärm ist die dissonante Symphonie aller möglichen Vorstellungen, aus der sich die Zukunft entwickeln wird. Besser, man lernt den Lärm um die Zukünfte zu differenzieren und die Signale vom Lärm zu trennen.

Ob es um Autos, Unterhaltungselektronik, Spielzeug, Möbel, Industrieanlagen, Videospiele oder Lebensmittel geht – Fachmessen informieren uns über den jeweils aktuellen Stand von Produkten, Technologien und Strategien einzelner Branchen. Im Kern ist aus meiner Sicht die wichtigste Funktion solcher Veranstaltungen, uns dabei zu helfen, alte Sichtweisen über Bord zu werfen und dafür neue, in die Zukunft weisende kennenzulernen. Bei meinem Rundgang durch die bunten, blinkenden und lärmenden Welten der *Consumer Electronic Show* (CES) in Las Vegas – es ist die weltweit bedeutendste Messe für Konsumelektronik und ein global wegweisendes Tech-Event – wurde mir das so klar wie kaum jemals zuvor. Besucher können dort beobachten und analysieren, wie Produktpräsentationen sich jeweils bei dem Versuch überbieten, die wahrscheinlichste Zukunft vorwegzunehmen.

Messen wie die CES sind unter den Augen der Öffentlichkeit ausgefochtene
Gladiatorenkämpfe plausibler technischer Anwendungen. Sie bündeln Erwartungen an bestimmte Zukünfte und regen die Fantasie an, diese sich vorzustellen. Es gibt naturgemäß dabei immer Sieger und Verlierer.

Die Zukunft der Mobilität – als menschliche Maschinen oder als Verkehrsökosystem

Auf der CES konnte ich 2020 einen solchen Ringkampf um die Zukunft beobachten. Es ging um eine zentrale Vorwegnahme unserer künftigen Lebenswelt, nämlich darum, wie sich die Mobilität unserer Gesellschaft verändern
wird und wie wir uns in 30 Jahren von A nach B bewegen werden. In diesem
Fall traten die global operierenden Autohersteller Daimler mit ihrer Marke
Mercedes-Benz aus Deutschland und Hyundai Motor Company aus Südko-
rea gegeneinander an. Beide stellten ihre jeweils eigene Version der Zukunft
vor und inszenierten sie mit großem Aufwand in den Messehallen des *Las
Vegas Convention Centers*.

   Die Deutschen hatten beim Blick in ihre Kristallkugel eine Vision entdeckt, derzufolge wir alle auch in Zukunft Besitzer individueller Fahrzeuge
bleiben werden, mit denen wir uns in den Städten der Zukunft fortbewegen. Daimler stellte eine futuristische Modellvariante seiner seit 1972 immer
wieder überarbeiteten S-Klasse in den Mittelpunkt. Der Limousine wurde
ein Elektroantrieb und ein organisches, reptilhaftes Design verpasst, das die
Zukunftsprojektion aus Stuttgart zu einem echten Hingucker machte. Unter der Überschrift »Luxus und Nachhaltigkeit – Hand in Hand« wurde den
Besuchern das Konzeptfahrzeug als Vision AVTR vorgestellt – das Vorbild
für das Vehikel war bereits im Science-Fiction-Film »Avatar« von US-Regis-
seur James Cameron zu besichtigen.[8] Das Innere der bionisch geschwun-
genen AVTR-Fahrgastzelle war vollgestopft mit futuristischen Spielereien
und Schaltflächen – vom Atemfrequenzmesser zur individuellen Fahrerer-
kennung bis zu veganen »Leder«-Sitzen. Dazu sandte das mit Libellenflü-
geltüren ausgestattete Chassis des Modells geheimnisvoll blaue Lichtimpulse
aus Fond und Ballonreifen aus. Das Konzept-Auto stellte aber auch eine Art

Nachhaltigkeitsutopie dar, die Hochtechnologie mit Kreislaufwirtschaft verbindet. So besteht die Innenausstattung des AVTR weitgehend aus Lianenfasern und Kunststoffen, die aus PET-Flaschen recycelt werden.

Laut Daimler-Chef Ola Källenius setzte die sehr spezifische Zukunftsprojektion des AVTR auf die Annahme, dass die Beziehungen zwischen dem Menschen, den von ihm erschaffenen Maschinen und der Natur immer enger werden.[9] Herauskommen solle dabei ein neues Fahrerlebnis. Ein Lenkrad hat der Vision AVTR keines mehr. Stattdessen steuert sich das Auto mit der Handfläche, die man sanft auf ein ergonomisch gewölbtes *Joypad* auf der Mittelkonsole legt. Für Mercedes steht der AVTR für den Paradigmenwechsel vom *Human-Machine-Interface* hin zum *Human-Machine-Merge*.[10] Damit wird das tradierte, oft auch für die automobile Zukunft proklamierte Narrativ von der Beziehung zwischen Mensch und Maschine als getrennt operierenden Entitäten, nicht selten sogar als Opponenten, infrage gestellt.[11]

Neben seiner ausgefallenen Ausstattung ist das Konzeptauto AVTR aber auch aus einem anderem Blickwinkel interessant: Es zeigt, wie sowohl die Zukunftsprojektion von Mercedes-Benz als auch die Herangehensweise des Filmregisseurs Cameron davon angetrieben wurden, ihre Ideen innerhalb des Spektrums plausibler Fiktion zu positionieren – in dem für den Bau einer Zukunft entscheidenden Bereich also, der einerseits durch die Überschreitung der Grenze des Möglichen gekennzeichnet ist, der aber andererseits das Limit der Plausibilität eben nicht überschreitet. Der Film »Avatar«, der schon 2009 fertiggestellt und in den Kinos gezeigt wurde, bewegte sich zunächst innerhalb der gleichen Grenzen. Seine ursprüngliche Idee ist nämlich bedeutend älter. Mitte der 1990er-Jahre, als Cameron mit ihrer Ausarbeitung anfing, war sie jedoch mit den damaligen technischen Möglichkeiten noch nicht umsetzbar. Das Zukunftsauto Vision AVTR soll in ähnlicher Weise nicht beim heute Denk- und Machbaren stehen bleiben, sondern auf die Zukunft gerichtete Fantasien provozieren. Laut Mercedes geht es nicht darum, »zu zeigen, wie die Mobilität der Zukunft tatsächlich aussehen wird, sondern [...] dass Autos irgendwann einmal mehr sein können als bloße Maschinen [...]«[12]

Ganz anders ging Hyundai an seine Version der Zukunft heran. Die Koreaner machten sich auf der CES nicht einmal mehr die Mühe, ihr Diorama zukünftiger Mobilität um eines ihrer etablierten Automodelle herum aufzubauen. Stattdessen hatten ihre Zukunftsforscher den früheren NASA-Wissenschaftler Jaiwon Shin angeheuert und präsentierten ein optimiertes Verkehrs-Ökosystem des Typs »Brave New World« für den Stadtverkehr in den Megacities des Jahres 2030. Dieser Zukunftsentwurf verzichtet vollkommen auf Individualverkehr. Hyundai fokussiert stattdessen auf eine Nahverkehrssystematik, die zeitlich und räumlich eng auf die Bedürfnisse der Stadtbewohner abgestimmt ist und keine individuell steuernden Verkehrsteilnehmer mehr kennt. Die Vision für die Mobilität der Zukunft wird von Hyundai in eine Kulisse moderner Urbanität eingebettet. Im Straßenbild stehen futuristisch designte Monorails, Stadttrolleys und Quadrocopter zur Verfügung, die in modularen Transporteinheiten Menschen und Güter über Transferhubs schnellstmöglich an ihr Ziel zu bringen. In diesem wie ein Metabolismus wirkenden Szenario kommen Staus natürlich nicht mehr vor.[13]

Die große Leinwand möglicher Zukünfte – auf der Suche nach Aufmerksamkeit

Von der CES 2020 nahm ich den Eindruck mit, wie unterschiedlich die Annahmen über die Mobilität der Zukunft, ja über Zukunft an sich sein können. Wie können so unterschiedliche Visionen von der Zukunft formuliert werden, wie es Daimler und Hyundai getan haben, wenn sie doch aus derselben Quelle an Ideen schöpfen, sich mit dem identischen Thema Mobilität beschäftigen und mit ebenso identischen Problemen der Gegenwart konfrontiert sind? Und ich fragte mich: Wie kann unsere Zukunft überhaupt gefunden werden, wenn so viele scharfe Dissonanzen auf so vielen Gebieten bestehen?

Zwei Schlussfolgerungen konnte ich noch im Taxi ziehen, das mich vom *Las Vegas Convention Center* ins Hotel brachte: Erstens muss die Zukunft als eine unendliche Leinwand oder Projektionsfläche betrachtet werden, die für uns alle einsehbar ist und auf der jeder, der eine Zukunft prognostiziert, ein Fleckchen findet, auf dem er oder sie Ideen, Szenarien und Erwartungen ausbreiten kann. Das bedeutet vermutlich, dass wir den singulären Gebrauch des Wortes Zukunft aufgeben und, wie schon beschrieben, stattdessen von Zukünften sprechen sollten.

Und zweitens: Wer auch immer einen Weg in eine mögliche Zukunft auf diese Leinwand kritzelt, malt oder projiziert, wird höchstwahrscheinlich von einer bestimmten Intention angetrieben. Es ist das Ziel, die anderen Vorschläge und Themen zu übertönen, um die Art und Weise, wie wir unseren Weg in die Zukunft sehen, ab einem bestimmten Punkt zu dominieren. In der Wirtschaftswelt nennt man so etwas funktionierenden Wettbewerb. Geht es um Zukünfte, könnte man von einem Rennen um die plausibelsten Fiktionen sprechen. In jedem Fall geht es hier um einen sportlich inspirierten Wettkampf, wie dem zwischen Daimler und Hyundai, und nicht um autoritäre Machtdemonstrationen. Wir als Mitglieder der Gesellschaft, Verbraucher und Wähler, müssen aus den Zukunftsvorschlägen am Ende auswählen und sie zur Umsetzung annehmen.

Es funktioniert wie ein Orchester – vor dem ersten Takt der Symphonie

Bei dem, was auf uns zukommt, haben wir es also zunächst mit einer ungezügelten Kakophonie an Zukunftsvorschlägen zu tun. Datenwissenschaftler würden sie modern als »weißes Rauschen« bezeichnen – als kaum noch interpretierbare Zufallssignale mit gleicher Intensität auf jeder Frequenz. Ähnlich könnte man in meiner Vorstellung die unendliche Vielzahl von Versuchen, sich die Zukunft eines gesellschaftlichen, wirtschaftlichen oder technologischen Schauplatzes oder Aspekts anzueignen, um ihm eine Form von Gewissheit oder gar Unvermeidlichkeit zu geben, als **Zukunftsrauschen** oder **Zukunftslärm** bezeichnen. Dieses Phänomen ist von Natur aus mehrstimmig. Und es klingt ein wenig wie die wenigen Minuten vor einem Symphoniekonzert, wenn jeder Musiker noch einmal das Instrument stimmt und Passagen der gemeinsamen Partitur für sich allein und gegen alle anderen spielt – bevor schließlich ein Taktstock das Chaos lichtet und ihm musikalische Bedeutung erzeugt. Doch einen Dirigenten gibt es für den

Zukunftslärm nicht – und das ist im Sinne möglichst großer Vielfalt vorstellbarer Zukünfte auch gut so.

Wichtig bleibt es in diesem Zusammenhang festzustellen: Solange das ewige Ringen unterschiedlicher Vorschläge und Interessen nicht endet, wird auch der spekulative, intellektuell dissonante Zukunftslärm, in dem sich alle prognostischen Stimmlagen der jeweiligen Gegenwart bündeln, nicht leiser werden. Und interessanterweise kann deshalb die Großleinwand, auf der das gesamte Panorama unserer Zukunftsvorschläge für alle zu sehen ist, auch nicht leer bleiben. Denn das wäre im Grunde eine Katastrophe, würde es doch bedeuten, dass sich niemand mehr für irgendeine Zukunft interessiert und jeder es aufgegeben hätte, für sich selbst oder für die Gesellschaft als Ganzes nach vorne zu entwerfen, etwas aktiv anzustreben oder antizipierend zu gestalten. Damit ist jedoch kaum zu rechnen, denn eine solche Haltung liefe der menschlichen Natur gänzlich zuwider, die sich sehnlich wünscht, Gewissheit über das Morgen zu erhalten. Schließlich geben uns schon einfache Wetterprognosen kognitive Sicherheit und ein Gefühl des Wohlbefindens – auch wenn solch punktuelle Nahvorhersagen nicht vergleichbar sind mit komplexen Vorwegnahmen von Zukünften wie etwa der des Stadtverkehrs in 30 Jahren.

In der Orientierungslosigkeit – ein Geschenk an die Gesellschaft

Unsere Leinwand möglicher Zukünfte ist also schlicht zu groß und zu verlockend, um ungenutzt zu bleiben. Tag und Nacht wird sie mit neuen Vorschlägen und Ideen bekritzelt, beklebt oder besprüht, darüber, wie die Welt wohl weitergehen wird oder soll. Unser kollektiver Appetit, all diese um Aufmerksamkeit heischenden Projektionen fortlaufend zu präsentieren und zu konsumieren, scheint nicht zu stillen zu sein. Wenn wir einen Schritt zurücktreten, um das Ergebnis zu betrachten, erinnert mich diese Projektionsfläche ein wenig an das Gemälde »Die Alexanderschlacht« des Renaissancemalers Albrecht Altdorfer, das in der Münchner Alten Pinakothek hängt. Weit in die Tiefe gestaffelt, wimmelt es in diesem Panorama von Hunderten von Menschen, Tieren, Waffen, Standarten, Gebäuden, Aktionen, Ursachen und Wirkungen. Dennoch bleibt unklar, wo die Schlacht tobt, wohin sie zieht, geschweige denn, wie sie ausgehen wird. Schlachtengetümmel um die Zukunft.

Genau in dieser Orientierungslosigkeit liegt aber auch das Geschenk des Zukunftslärms für die Gesellschaft. Denn die Leinwand der Zukunft fungiert am Ende eben auch als eine Plattform für das Finden und Sortieren möglicher Zukünfte und für den sich daran anschließenden Wettbewerb, der zur Auslese und Weiterentwicklung der besten Zukunftsideen führt. Und damit übt diese Projektionsfläche eine zentrale Funktion für das Funktionieren und Überleben liberaler Demokratien und Marktwirtschaften aus – selbst wenn dieses wichtige Geschenk an die Gesellschaft auf dem ersten Blick nur scheinbar sinnloses Rauschen hervorbringt.

Die Suche, nach dem, was einmal sein wird – beginnt in der Vergangenheit

Wir müssen noch auf ein weiteres, zentrales Merkmal dessen, was wir auf unserer gewaltigen Leinwand sehen können, eingehen: Alle Zukunftsentwürfe, die dort erscheinen, sind aus heutiger Perspektive Vermutungen. Keine Zukunft kann Gestalt in unseren Köpfen annehmen – weder in denen der Designer von Daimler noch in denen der Zukunftsforscher von Hyundai –, wenn sie nicht im Hier und Jetzt wurzelt. Jede Zukunft, die wir projizieren, hat zwangsläufig ihren Ursprung in unserer Gegenwart, aber auch in der Vergangenheit, also in dem was bisher geschah. Denn Zukünfte lassen sich nicht aus dem Nichts und jenseits unserer gewohnten, heute für uns aktuellen Bezugspunkte denken. Zu den wichtigsten dieser Orientierungsmarken zählen unsere momentanen emotionalen Erfahrungen, unser heutiges technologisches Wissen, unsere aktuellen ethischen Vorgaben und die Wahrnehmung der Veränderung dieser Bezugspunkte im Laufe der Zeit.

Vorgestellte Zukünfte sind demnach immer entfernte Verwandte unserer gerade gültigen Gegenwart. Jede Zukunft, die aus der chaotischen Dissonanz des Zukunftsrauschens herausgegriffen wird, hat ihr eigenes entzifferbares Jetzt zur Grundlage. Und umgekehrt drückt jede Gegenwart der gerade vorgeschlagenen Zukunft ihren typischen Zeitstempel oder Fingerabdruck auf.[14] Wie wir uns indes die Zukunft vorstellen, hängt nicht nur vom Zeitpunkt der Projektion ab, sondern auch von den Individuen wie von den Gesellschaften, die solche Zukünfte schaffen. Entscheidend dafür, was sie sich überhaupt vorstellen können, sind ihre Werte, Annahmen und Identitäten. Denn diese Faktoren bestimmen, was wir uns gerade noch künftig vorstellen können und welche Zukunftsbilder wir daher auf die Leinwand projizieren.

Um diesen Gedanken noch etwas zu vertiefen: Unsere Gegenwart ist unvermeidlich von dem geprägt, was ich als die eigentliche Bedeutung des Wortes Epoche ansehe: ein spezifisches, beschreibbares geistiges Klima, das Zeiträume dominiert und abgrenzt. Es macht beispielsweise einen gewaltigen Unterschied sowohl für die Weltsicht eines Menschen als auch für dessen Sicht auf die Zukunft aus, ob er in den 1960er-Jahren oder in den 2020er-Jahren lebt. Jede dieser Epochen wird von den ihr eigenen intellektuellen Themen und Glaubensbekenntnissen dominiert, sei es zum Beispiel vom gesellschaftlichen Trend zur sexuellen Emanzipation der 1960er-Jahre oder vom Aufkommen darwinistischen Denkens beim Blick auf die Natur im späten 19. Jahrhundert oder von der Erfindung einer neuen Technologie wie der Kernkraft, die eine Zeit lang als unerschöpfliche Energiequelle für alle Arten von Maschinen und Großanlagen galt. Euphorisiert von den damals als riesig eingeschätzten Marktchancen schlugen Ingenieure sogar einen atomgetriebenen Staubsauger vor.[15] Dieser in seiner Epoche durchaus nüchterne und vielleicht sogar vernünftige Gedanke erscheint heute abwegig und absurd.

Im Zukunftslärm – Fehlprognosen und euphorische Pläne

Dass Vorschläge für Zukünfte einen zunächst nur schwer interpretierbaren Lärm verursachen, auf den nur wenig Verlass ist, zeigt sich auch daran, dass immer wieder Fehleinschätzungen über das, was bevorsteht, aus einer bestimmten Gegenwart heraus geäußert werden. Zwei Beispiele mögen das illustrieren. 1958 stellte der US-amerikanische Automobilhersteller Ford sein

Fahrzeugmodell *Nucleon* vor, mit dem Eltern morgens zur Arbeit fahren und die Kinder vorher in der Schule absetzen sollten. Als familienfreundliches Vehikel entworfen, sollte das Auto von einem alle 5.000 Meilen ausgewechselten Miniatomreaktor angetrieben werden. Man muss im Nachhinein nicht groß erläutern, warum dieses Fahrzeug nicht einmal bis zum straßentauglichen Prototyp weiterentwickelt wurde. Vom Reißbrett genommen wurde es lediglich als Modell realisiert, das im Ford-Museum in Dearborn, Michigan, unterkam. Denn Atomreaktoren brauchen auch heute noch schwerste Ummantelungen zur Abschirmung der radioaktiven Strahlung. Das Risiko von Leckagen, Unfällen, wie auch die ungelöste Frage der Entsorgung nuklearer Abfälle ließen die Euphorie schnell aus dem Projekt entweichen.[16]

Nicht minder spannend ist die Betrachtung von Vorhersagen zu betrachten, die eine Produktideen unterschätzt haben. Das berühmte Verdikt von Ken Olson, Gründer des Computerunternehmens »Digital Equipment«, einer Firma, die längst von der Technologiegeschichte geschluckt wurde, steht ganz oben auf der Hitliste fehlgeleiteter Produktskepsis. »Es gibt keinen Grund«, orakelte Olson 1977,[17] »warum irgendjemand einen Computer in seinem Haus haben will.« Solche fehlgegangenen prognostischen Aussagen sind in unserem Zusammenhang allerdings nur indirekt bedeutsam. Denn hätte Olson Mitte der siebziger Jahre den Siegeszug des PC vorausgesagt, wäre dies ebenfalls zunächst im allgemeinen Rauschen möglicher Zukunftsvorstellungen untergegangen und deshalb möglicherweise damals noch gar nicht als ein relevantes Signal und ein plausibler Hinweis auf die Zukunft erkannt worden.

Es kennzeichnet unsere aktuelle Epoche, dass sie durch eine besonders ausgeprägte Vielzahl ähnlich vorgeschlagener Technologie-Zukünfte geprägt ist – in einer Intensität, die es so noch nicht gab. Die starke visionäre Anziehungskraft, die beispielsweise die Atomkraft vor sechzig Jahren auf die Zukunftsforscher ausübte, lässt sich heute in ähnlicher Wirkungsstärke in einem breiten Spektrum wissenschaftlicher Megatrends und bahnbrechender Technologieschübe beobachten – etwa in der Digitalisierung von Wirtschaft und Alltag, in der Robotik, der Raumfahrt, der Genetik, der Antriebstechnik, der Pharmakologie, der Rüstungstechnologie und der Lebensmitteltechnik. Für sich genommen, spricht dieser Befund für ein derzeit sehr produktives

Klima bei der Generierung innovativer Ideen – und entsprechend rasch füllt sich gerade die Leinwand plausibler Fiktionen auf diesen Gebieten.

Einprägsame Konzepte helfen den Lärm zu durchdringen

Sich im Zukunftslärm hörbar und verständlich zu machen, ist, wie gesagt, nicht einfach, denn man tritt dabei in einem dissonanten Massenchor verschiedenster Zukunftsvorstellungen auf. Es braucht also prägnante Botschaften und Bilder, um die allgemeine Kakophonie zu durchdringen. Deshalb bevölkern in einer Zeit, in der die Gesellschaft von der Praktikabilität der digitalen Datennutzung in höchstem Maße überzeugt ist, haufenweise menschliche Analogien die Leinwand des Zukunftslärms. Zum Beispiel gibt es viele Vorhersagen, in denen Maschinen oder Gebäude einen »digitalen Zwilling« haben sollen, eine hundertprozentig genaue Cyber-Kopie ihrer selbst, an der alle ihre Funktionen getestet und überprüft werden können, bevor diese Objekte zu realen Dingen werden.

Humanoide Maschinen sind eine weitere archetypische Spezies, die in unserem Zukunftsrauschen auftaucht. Immer wieder werden menschenähnliche Roboter als ein echter Ersatz für Menschen gedacht und verwirklicht. Zukunftsforscher stellen sie sich dabei meistens als Assistenten mit einem Paar Beinen und Armen vor, wahrscheinlich in Anlehnung an den schlaksigen, goldglänzenden »C3-PO«, der sympathisch unbeholfen durch das »Star Wars«-Universum stolpert. Auf der CES 2020 präsentierte zum Beispiel das Star Lab des koreanischen Konsumelektronikgiganten Samsung seine neueste Vision eines humanoiden Roboters. Er kann Gesichtsausdrücke zeigen, die wir Menschen als Freude, Wut, Traurigkeit, Spott oder sogar Hinterlist deuten können. Ein ähnliches Projekt hat den Roboter Sophia geboren, der menschliche Gesten und Gesichtsausdrücke nachahmt und als sozialer Roboter vermarktet wird. Das in Hongkong arbeitende Unternehmen »Hanson Robotics« hat ihn entwickelt und 2016 auf der SXSW Texas zum ersten Mal der Öffentlichkeit vorgestellt.[18]

Im Zukunftslärm: Future Fact Nr. 1

Menschenähnlich macht Roboter unsymphatisch
Während sich die Menschen offenbar danach sehnen, Maschinen zu schaffen, die ihnen ähneln, fühlen sie sich paradoxerweise bei zu großer Ähnlichkeit von ihnen abgestoßen. Der *Uncanny Valley Effekt*, so viel wie *unheimliches Tal*, kommt aus der Robotik und beschreibt den messbaren Effekt, dass die menschliche Akzeptanz für Roboter abrupt abfällt, wenn diese dem Menschen nahezu, aber nicht vollständig ähneln. Der Roboter weckt bei den Menschen dann Irritation statt Empathie. Der Begriff beschreibt den Einbruch in der Verlaufskurve des Graphen, der das Ausmaß an Vertrautheit beschreibt, die menschliche Beobachter Robotern gegenüber empfinden – je nach menschenähnlicher Ausprägung.[19]

Die Politik der großen Gesten – auch auf der Leinwand möglicher Zukünfte

Sich in dicken Pinselstrichen den Beginn einer utopischen und freundlichen postkapitalistischen Gesellschaft auf der großen Leinwand vorzustellen – mit Robotern, welche die gesamte Wertschöpfung für unsere Volkswirtschaft und das Einkommen für jeden von uns erarbeiten – ist eine verlockende Aussicht. Stellen wir uns den Zukunftslärm jedoch abschließend auch als eine dissonante Symphonie vor, die nicht nur technologische Visionen, sondern auch alle Arten von politischen Ideologien und dogmatischen Weltanschauungen umfasst – von bloßem Wunschdenken über Wunderglauben bis hin zu Weltuntergangsszenarien jeglicher Machart. Denn im Vergleich zur Vorstellung und Propagierung optimistischer gesellschaftlicher Zukunftsszenarien ist es immer einfacher, Apokalypsen anzukündigen – etwa den globalen wirtschaftlichen Zusammenbruch nach dem Brexit, die Flüchtlingsbewegung nach dem Rückzug des Westens aus Afghanistan, Massenarbeitslosigkeit, wenn die Autoindustrie gezwungen ist, mehr

Kohlendioxid einzusparen, Massenkonkurse, sobald es den Arbeitgebern nicht mehr erlaubt ist, die mit ihren Gewerkschaften vereinbarten Tarife für ihre Branche zu unterbieten. Die Liste ließe sich beträchtlich fortsetzen.

Offensichtlich fühlen sich also gerade die Schöpfer politischer Programme sowie Wahlkampfstrategen im Spiel mit den Möglichkeiten der Zukunft zuhause. »Wir wollen noch in diesem Jahrzehnt zum Mond fliegen...« war eine klassische Projektion und eines der stärksten Zukunftsversprechen der Menschheitsgeschichte – zumal es fast genauso eintrat, wie es vorhergesagt worden war. Die grenzenlose Weite des Panoramas aller möglichen Zukunftsvorhersagen erlaubt es, solche Versprechen in ganz großen Lettern zu präsentieren. Der *New Deal,* das massive Konjunkturprogramm von US-Präsident Franklin D. Roosevelt, das vier Jahre nach der Weltfinanzkrise von 1929 aufgelegt wurde, kann hier genauso als Beispiel dienen wie zeitgenössische Megaprojekte, wie beispielsweise die 2013 von der chinesischen Regierung ins Leben gerufene Seidenstraßen-Initiative mit all ihren in Aussicht gestellten Vorteilen für alle Beteiligten weit über China hinaus. Im deutschen politischen Diskurs gehören sichere Renten, niedrigere Mieten, höhere Löhne, Zugreisen als Ersatz für Inlandsflüge und das allgemeine Grundeinkommen zu den Zukunftsprojektionen und Wahlversprechen der politischen Parteien. Solche publikumswirksamen Ziele lassen sich je nach politischer Zugehörigkeit sehr leicht in die Welt setzen.

Ist die Zukunftsleinwand ein Ort gütiger Propheten und böser Manipulatoren?

Was unsere Epoche jedoch ebenfalls kennzeichnet, ist eine gewachsene Lautstärke politischer Extreme und vor allem die Projektion von Rückwärtsrollen in die Zukunft: *Great again.* Die Verbreitung **alternativer Wahrheiten** ist eine große Gefahr und Lachnummer, und für andere die Erlösung durch eine neue Weltsicht. Anders als etwa bei gesellschaftlichen Großströmungen wie der sexuellen Revolution oder der Atomeuphorie der 1960er-Jahre scheint sich im konfliktträchtigen Streit der Leitbilder unserer aktuellen

Epoche noch kein neuer die Konflikte auflösender Mainstream in eine überzeugende größere Zukunft zu bilden, sondern eine verhärtete Feindschaft zwischen unterschiedlichen Lagern.

Das macht die Entwicklung gesellschaftlich riskant. Denn ginge es hier nur um Meinungen darüber, was künftig sein könnte oder sollte, wäre das Präsentieren von ein paar Alternativen eine Selbstverständlichkeit des demokratischen Diskurses. Geht es aber um die Gültigkeit von Fakten und wissenschaftlichen Erkenntnissen, verbieten sich alternative Wahrheiten jedoch, weil sonst die Basis eines gemeinsamen Diskurses irgendwann zertrümmert wird. Egal ob religiöser Fanatismus Bombenlegern ein Paradies ausmalt, Viren oder Klimaveränderungen geleugnet werden oder Minderheiten für Gegenwartsprobleme verantwortlich gemacht werden – wenn Zukunftsprojektionen auf alternative Fakten gebaut werden, wird es gefährlich für uns alle, weil wir uns nicht mehr sinnvoll verständigen können.

Mit diesem Befund bleibt unsere Projektionsfläche möglicher Zukünfte immer ein Medium für beides – für Zukünfte, deren Imaginationsraum begeistern kann, aber auch Kritik gegenüber offen ist, und für solche, die von Scharlatanen mit unehrlichen Absichten absolut gesetzt werden, um uns eine dubiose Zukunft zu verkaufen. Wie gesagt: Wildere politischen Ideen oder Verschwörungstheorien machen einen Teil des diffusen Klangs unserer Zukunftsvorschläge aus. Es sind Vorstellungen, dass Microsoft-Gründer Bill Gates uns allen mittels einer Covid-19-Impfung einen Chip implantieren will, dass das politische Establishment der USA in Wirklichkeit eine Verschwörung ist, dass die CIA uns alle mit aus Verkehrsflugzeugen heraus versprühten *Chemtrails* vergiften will.

Diese und viele andere Geschichten werden in unserem fragmentierten, digitalen Kommunikations-Ökosystem selbstbewusst als alternative Wirklichkeiten präsentiert, die mit der Realität um die narrative Vorherrschaft ringen. Interessanterweise, das muss man dazu sagen, gibt es auch vermeintliche Verschwörungstheorien, die sich im Nachhinein als wahr herausgestellt haben. Exklusive Enthüllungen über milliardenschwere Steuersparkonstrukte reicher Leute, wie sie die *Panama Papers* offengelegt haben, zeigen eine nicht zu leugnende Realität, in der wirtschaftliche und politische Eliten in die eigene Tasche wirtschaften. Und die Aufdeckungen, des

US-Whistleblowers Edward Snowden haben gezeigt, was neben der Informationsfreiheit sonst noch so im Internet passiert.

Was bisher über die Gründe für den nicht enden wollenden Zukunftslärm gesagt wurde, führt zu ein paar ganz pragmatischen Fragen, die an dieser Stelle unserer Analyse aufgeworfen werden sollten. Ist das, was wir als unsere Zukunft projiziert sehen, lediglich das Ergebnis mysteriöser Prognosen, hinter denen Menschen mit zweifelhaften Zielen stehen? Sollten wir also auf keine dieser Prognosen hören – oder auf all diesen Lärm zugleich? Oder können wir am Ende im dissonanten Zukunftslärm nicht doch nützliche Hinweise finden, die uns helfen, unsere Möglichkeiten zu sehen, sodass wir lernen können, unsere eigene Zukunft überzeugend auf die Leinwand zu projizieren und schließlich zu verwirklichen? Ein klares Ja ist die Antwort, zumindest auf die letzte Frage.

Takeaway Kapitel 2, Im Zukunftslärm – warum die Zukunft so ohrenbetäubend kracht

Zukunftslärm…

…entsteht durch die Versuche, viele Akteure für eine Zukunft zu gewinnen.

…stellt sich gelegentlich als dissonante Kakophonie dar und täuscht auch.

…ist hauptsächlich ein Geschenk an die Gesellschaft, denn er hilft die Zukunft zu finden.

…ist stark von der Gegenwart, der Epoche geprägt, aus der er stammt.

…enthält auch oft Spuren unlauterer Vorschläge.

DRITTES KAPITEL

UNSERE ZUKÜNFTE – WAS IST PLAUSIBEL UND WAS NICHT?

Gute Narrative zu entwickeln, funktioniert am besten systematisch. An historischen Beispielen wie den politischen Initiativen John. F. Kennedys können wir fünf zentrale Elemente für die Entwicklung eines überzeugenden Zukunftsnarrativs erkennen. Die dadurch inspirierte Methode kann als Blaupause für die Zukünfte dienen und kann eine Leitschnur sein, für Initiativen und Geschäftsmodelle die Gesellschaft verändern möchten.

An kaum einem anderen Ort in den Vereinigten Staaten wird amerikanische Geschichte so lebendig wie in Boston, Massachusetts. Im *Tea-Party-Museum* an der Congress Street Bridge kann man eine von zwei noch erhaltenen historischen Teekisten aus nächster Nähe betrachten. Die Behältnisse hatten amerikanische Kolonisten einst wütend ins trübe Wasser des Bostoner Hafenbeckens geschleudert, um ihrem Widerstand gegen die britische Kolonialmacht und deren Besteuerung Nachdruck zu verleihen. Kaum weniger historisch bedeutsam ist die Sammlung der Redemanuskripte von Präsident John F. Kennedy, die im *John F. Kennedy Library and Museum* ein paar Meilen weiter südlich archiviert ist. Wer sie studiert, dem fällt sofort auf, was für ein begabter Redner und kraftvoller Geschichtenerzähler der ehemalige Senator von Massachusetts und spätere 35. Präsident der Vereinigten Staaten gewesen sein muss. Kennedy verstand es, die Zukunft und ihre Möglichkeiten so darzustellen, dass viele Amerikaner sich überzeugen

ließen, gemeinsam eine Renaissance des amerikanischen Traums einzulei-
ten. Der Besuch der JFK Bibliothek war ein nachhaltiges Erlebnis. Ich ver-
ließ sie mit der Erkenntnis, dass es einige entscheidende Elemente gibt, die
wirksame Erzählungen brauchen, um unsere Herzen und Köpfe wirklich zu
erreichen und unser Tun zu verändern.

Schon bei der Lektüre weniger Schlüsselpassagen aus Kennedys Reden
wird deutlich, wie er es auf virtuose Weise verstanden hat, Verheißungen der
modernen Technologie mit Entwürfen einer amerikanischen Zukunft voller Hoffnung, Heilung und Glück zu verbinden. Seine Worte sind ein mus-
tergültiges Beispiel für wirksame politische Botschaften. Sie brachten nicht
nur den zweitjüngsten US-Präsidenten aller Zeiten hinter den Schreibtisch
im Oval Office. Viel mehr als das: Ihr vereinigender Impuls hat einen echten
Wandel in Amerika eingeleitet, für das die Abschaffung der unmenschlichen
Rassentrennung ein gutes Beispiel ist.

Kennedys politische Botschaften an eine
in ihrem Stolz verletzte Nation

Die wirkmächtige, auf den Wandel ausgerichtete Kommunikation, die Kennedy und sein Team Anfang der 1960er-Jahre starteten, führt uns noch einmal vor Augen, wie gut durchdachte Narrative dazu beitragen können, Gesellschaften zu transformieren – und zwar gerade auch dann, wenn sie in
politisch unruhigem Fahrwasser eingesetzt werden. Zu Beginn der 1960er-
Jahre befanden sich die USA in einer tiefen Identitätskrise. Der jahrzehnte-
alte Status als globale Supermacht schien durch die Raumfahrterfolge Russ-
lands ins Wanken zu geraten. Sowohl der Start des Sputnik-Satelliten von
1957, aber auch Juri Gagarins Erdumkreisungen von 1961 als erster Mensch
im All fügten dem amerikanischen Selbstverständnis schmerzende Wunden
zu. Aus heiterem Himmel hatte Amerikas Selbstbild, in allen technischen
Belangen unschlagbar zu sein, einen empfindlichen Dämpfer erlitten. Vielen Amerikanern schien es, dass die sowjetischen Weltraumpioniere auf der
Basis eines dirigistischen Gesellschaftsmodells sehr viel schneller technologische Durchbrüche erzielten als die freiheitlich und marktwirtschaftlich

organisierten Gesellschaften des Westens. Schlimmer noch, das kommunistische Modell schien in immer größeren Teilen der Welt Fuß zu fassen – vor allem in Asien, wo die USA auf der koreanischen Halbinsel gerade einen Rückzugskrieg hinter sich gebracht hatten, der viele Leben und noch mehr Geld gekostet hatte.

Die innenpolitischen Probleme stellten sich zu Beginn der 1960er-Jahre nicht weniger dramatisch dar. In den Jahren vor Kennedy schien Amerika tiefer denn je gespalten zu sein, was den Umgang mit den unterschiedlichen Hautfarben der Nation betraf. Die Frage der Aufhebung der Rassentrennung ließ die USA in Hass, Diskriminierung, Lynchmorden, Bürgerunruhen und Massenprotesten versinken. Und als ob das nicht genug wäre, verschafften sich zu dieser Zeit eine Handvoll sozialistischer Stimmen auf amerikanischem Boden Gehör. In einer paranoiden Gegenreaktion des Staates brandmarkte der fanatische McCarthyismus sie und viele Unbeteiligte als gefährliche Feinde im eigenen Land und sorgte für einen weiteren tiefen Riss in der öffentlichen Meinung. Selbst im politischen Betrieb Washingtons herrschte mit der Zeit ein Klima hysterischen Misstrauens und täglicher ideologischer Grabenkämpfe. Insgesamt war es ein prekärer und für die Möglichkeiten einer gemeinsamen Zukunft fast vollständig erblindeter Zustand des Landes. Erst der *Civil Rights Act* von 1964, der ein Jahr nach Kennedys Ermordung die Rassentrennung endgültig aufhob, setzte diesem Konflikt zunächst ein Ende, der den damaligen Zeitgenoss:innen wie der Vorabend eines zweiten amerikanischen Bürgerkriegs vorgekommen sein muss.

Starke Metaphern können aus Konflikt und Apathie führen

Die unterschiedlichen Lebensumstände der Amerikaner in den frühen 1960er-Jahren im Vergleich zu heute waren sehr viel größer, als es heute rückblickend erscheint. Als Kennedy für das Präsidentenamt kandidierte, hätten sich die US-Bürger:innen aus den großen, agrarisch geprägten Flächenbundesstaaten der USA – ein Gebiet, das bis heute abschätzig als *Flyover Country* bezeichnet wird – in ihrer politischen Mentalität und Alltagseinstellung kaum stärker von der progressiven Intellektualität ihrer Mitbürger:innen in den städtischen Zentren an den beiden Küsten des Landes unterscheiden können. Hinzu kam: Die damaligen Kommunikationsformate und -kanäle waren kaum in der Lage, politische Botschaften schnell und überzeugend bis in alle Winkel des riesigen Landes mit fünf Zeitzonen zu verbreiten. Zwar gab es landesweite Fernsehübertragungen, doch waren die, im Vergleich zum heutigen Internet, dessen superschnelles kapillares Netz bis in jeden Haushalt, jede Hand- und Manteltasche reicht, noch ein rudimentäres Mittel der Massenkommunikation. Aus diesem Grund mussten politische Botschaften damals visuell und rhetorisch sehr viel plakativer formuliert sein, um wirklich durchzudringen und etwas zu bewirken.

Um der Orientierungslosigkeit, Verzweiflung und Desillusionierung der damaligen Zeit etwas entgegenzusetzen, beschloss Kennedy, ein kühnes, einfach zu verstehendes Bild der Nation zu entwerfen. Er würde ein markantes Zeichen setzen, das den USA einen Ausweg aus ihren Schwierigkeiten weisen würde. Es musste etwas sein, das seinen Landsleuten den Anstoß geben würde, über neue Formen von Einheit nachzudenken, um gemeinsam, konstruktiv und im Interesse des einen Landes, in dem sie alle lebten, Schritte in Richtung Zukunft zu gehen. Für den jungen Demokraten Kennedy und seine Redenschreiber ging es darum, eine überwältigende, elektrisierende Metapher zu finden, die den Amerikaner:innen einen Ausweg aus ihrem täglichen Elend und ihren Konflikten zeigen würde.

New Frontier bedeutet anzupacken für eine bessere Zukunft

Als charismatischem Talent war Kennedy klar, dass diese Vorstellung nicht selbstherrlich, aufdringlich oder aggressiv sein durfte. Es musste breit gefächert, ermutigend, ja egalitär sein. Die Botschaft sollte ausreichend Flexibilität haben, um die unterschiedlichen Interessen und Anliegen aller Amerikaner:innen aufzunehmen und ihnen gerecht zu werden. US-Bürger:innen aller politischen Schattierungen, Hintergründe und ethnischer Zugehörigkeit sollten mit der Vergangenheit brechen, die Zukunft erobern und dadurch neue Identität gewinnen. Die Botschaft musste als Aufruf verstanden werden, zu handeln, die Gelegenheiten beim Schopf zu packen und nicht passiv auf gewünschte Veränderungen zu warten. »Fragt nicht, was euer Land für euch tun kann – fragt, was ihr für euer Land tun könnt«, so Kennedy in seiner berühmten Antrittsrede von 1961.[20]

Bereits zuvor, zur Nominierung als demokratischer Präsidentschaftskandidat, hatte Kennedy sein übergreifendes Thema mit *New Frontier*, die neue Grenze, umrissen. Zu seinem Publikum im Memorial Coliseum in Los Angeles sprach er damals folgende ebenso berühmt gewordene Worte:

> *»The New Frontier of which I speak is not a set of promises – it is a set of challenges. It sums up not what I intend to offer the American people, but what I intend to ask of them«* [21],

auf Deutsch:

> *»Die neue Grenze, von der ich spreche, ist keine Liste von Versprechungen – sie ist eine Reihe von Herausforderungen. Sie fasst nicht zusammen, was ich dem amerikanischen Volk anzubieten gedenke, sondern was ich von ihm verlangen möchte.«*

Und so vernahm ein in sich tief gespaltenes Amerika aus dem Munde eines seiner führenden Politiker seit Langem wieder die Botschaft: Es gibt eine Aufgabe für jede/n einzelne/n Bürger:in, und sie anzugehen, wird zu einer besseren Gesellschaft führen und ihre momentanen Verwerfungen und Krisenmerkmale heilen – sobald und solange nur alle an einem Strang ziehen.

Amerika entdeckt eine neue Perspektive im All

Kennedy entwickelte seine Idee von der *New Frontier* mit strategischem Geschick und ausgeprägten Verständnis für schlagkräftige Kommunikation. Denn es handelt sich um einen Begriff, den die meisten Amerikaner:innen unabhängig vom Bildungsgrad bereits aus dem Geschichtsunterricht kannten. Es waren die Siedler:innen, die Pionier:innen des 19. Jahrhunderts, die zunächst in Planwagen und dann später mit der Eisenbahn nach Westen aufbrachen, um sich in einem neuen Gebiet niederzulassen, weit entfernt von den ursprünglichen Orten in Neuengland an der Ostküste des Kontinents – Menschen, die eine neue Grenze suchten und fanden. Der Aufbruch in die Weiten des mittleren Westens und an die Pazifikküste war für die meisten ein Sprung ins Ungewisse, in finanzieller als auch in emotionaler und sozialer Hinsicht. Schließlich ließen die Siedler:innen gewohnte Gemeinschaftsstrukturen zurück und begaben sich auf eine lange und gefährliche Reise in eine, wie sie erwarteten, bessere Zukunft. Bei der Expansion der Vereinigten Staaten nach Westen malten sich die Siedler:innen ein künftiges Ziel aus, das sie auf der Grundlage des Traums von Freiheit, Selbstständigkeit und Unabhängigkeit für sich selbst entworfen hatten. Sie, die eigentlichen Protagonist:innen des amerikanischen Traums, waren entschlossen, ihre Zukunft selbst zu gestalten. Die endlosen Trecks mit Sack und Pack auf die andere Seite des Kontinents waren gewissermaßen der horizontale Prototyp für das von Kennedy vorangetriebene US-Raumfahrtprogramm, das in die Vertikale strebte, um dort nach neuen Grenzen zu suchen.

Knapp ein Jahrhundert nach dem Aufbruch der Trecks in Richtung Westen sollte die NASA tatsächlich ihr erstes Raumfahrtprogramm auf die Beine stellen. Dem Sputnik-Schock trat Amerika mit der Gründung einer eigenen amerikanischen Raumfahrtbehörde entgegen. Und nicht einmal sechs Monate, nachdem ein russischer Satellit zum ersten Mal unseren Planeten umkreist hatte, zogen die USA mit ihrem Gegenstück namens *Explorer* nach, in kürzester Zeit gefolgt vom ersten Amerikaner im Weltraum, Alan B. Shepard – der allerdings, anders als Juri Gagarin, zunächst nur einen suborbitalen Ausflug in die Schwerelosigkeit und keine Erdumrundung absolvierte.

Kennedy ergriff die Gelegenheit, die sich durch die neue emotional besetzte Dynamik der Raumfahrt bot. Der Wettlauf ins All steckte zwar noch in den Kinderschuhen, er entwickelte sich aber rasch weiter. In verschiedenen Reden stellte der neue US-Präsident eine Zukunft für Amerika in Aussicht, die er eng mit der führenden Zukunftstechnologie seiner Zeit verband – der Raketentechnik. Trägerraketen wie die legendäre Saturn V, die stärkste jemals gebaute ballistische Weltraummaschine, sollten die Planwagen seiner Generation werden. Und sie sollten bemannt sein mit Astronauten, die mit rustikalen Lebenserhaltungssystemen ausgestattet, eine neue Grenze auf dem

Mond und vielleicht noch viel weiter draußen finden sollten – und zwar noch »bevor das Jahrzehnt vorbei ist«, wie Kennedy forderte.

Der vertikale Siedler:innentraum als plausible Fiktion

Für einen Mann wie Kennedy, der ein feines Gespür für öffentliche Auftritte und griffige Botschaften hatte, war es nicht schwer, den Topos der Raumfahrt als wirkungsvolles Mittel einzusetzen, um so viele Landsleute wie möglich zu mobilisieren. »Wir haben uns entschlossen, in diesem Jahrzehnt zum Mond zu fliegen und all die anderen Dinge zu tun, nicht weil sie leicht sind, sondern weil sie schwer sind. Denn dieses Ziel wird dazu dienen, das Beste aus unseren Energien und Fähigkeiten zu machen, weil diese Herausforderung eine ist, die wir bereit sind, anzunehmen, eine, die wir nicht aufschieben wollen, und eine, die wir beabsichtigen erfolgreich zu bewältigen.« So lauteten die Worte, die Präsident Kennedy 1962 unter tosendem Beifall auf der Tribüne der *Rice University* in Houston, Texas, sprach.[22]

In mehr als einer Hinsicht gab Kennedy mit dieser Rede und ihren Bildern dem tief im amerikanischen Bewusstsein verwurzelten Drang, hinter dem Horizont stets nach neuen Grenzen zu suchen, einen kräftigen Schub. Amerikas neue Grenze war nun weit jenseits der Stratosphäre zu finden, irgendwo da draußen, wohin sich Russen und Amerikaner gerade erst zaghaft vorgewagt hatten. Dort, so die Botschaft Kennedys, hatten die Vereinigten Staaten von Amerika etwas Größeres zu erreichen – einen Menschen auf den Mond zu fliegen und in ferner Zukunft vielleicht sogar ein dauerhaftes Leben im Weltraum zu ermöglichen.

Unter ihrem jungen Präsidenten würde sich das Land also nicht nur nach vorne, sondern auch gemeinsam nach oben bewegen. Welch besseren Zukunftsentwurf hätte man der niedergeschlagenen und erschöpften Supermacht zu dieser Zeit anbieten können? Der heute als *Moonshot* in den Geschichtsbüchern beschriebe erste Mondflug und die damals damit verbundenen Bilder und Vorstellungen beflügelten die Fantasie und die Zielstrebigkeit vieler Amerikaner:innen, wenn nicht sogar der Menschen auf der ganzen Welt. Es war mit Sicherheit also eine überzeugende und mitreißende

Zukunft. Doch, wenn man über Kennedys Zukunftsnarrativ nachdenkt und
es heute neu bewertet, wird klar, dass mehrere Faktoren eine Rolle spielten,
um Zugkraft zu entwickeln. Das Vorhaben war zwar im Moment noch technisch nahezu unmöglich, fast unlösbar, fiktional, aber es erschien plausibel.
Es schien möglich, es in naher Zukunft umsetzen zu können. Mit dem eigentlichen Vorhaben eng verbunden waren viele Ideen, die von Kennedy gar
nicht angesprochen wurden und die sich der US-Amerikaner:innen vorstellen konnte: ein längeres Leben im Weltall, die Besiedelung anderer Planeten, der Abbau von Rohstoffen im All. Surreales, Unvorstellbares und völlig
Abgehobenes, genauso wie vielleicht eines Tages tatsächlich Machbares. Eine
solche Projektionsfläche zu schaffen ist sicher ein großes Erfolgsgeheimnis
von Zukünften – aber eben auch eine Ursache für Zukunftslärm. Sich so mit
Zukünften beschäftigen zu können, dass man von dem Vielen, was auf der
Projektionsfläche gedacht, gezeigt und besprochen wird, das Plausible von
reiner Fantasie unterscheiden kann, dazu soll dieses Buch befähigen.

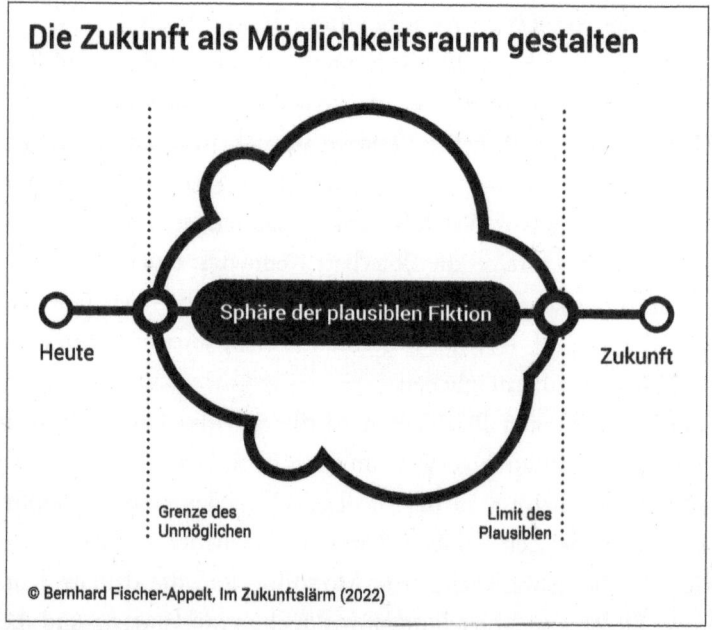

Abbildung II: Die Sphäre der plausiblen Zukünfte

Beim Nachdenken über die Zukunft ist man oft versucht, Projektionen im Bereich des Möglichen anzusiedeln. Zukunftsentwürfe, die in der Regel bereits Möglichkeiten und Vorstellungen wiederholen, sind jedoch nicht die Zukünfte, die eine starke Faszination und Anziehungskraft ausüben. Zukünfte, die die Menschen begeistern und mobilisieren, überschreiten in der Gegenwart die Grenze des Machbaren, sind von heute aus gesehen unmöglich. Bei plausibler Fiktion geht es indes nicht um Prognosen und Vorhersagen alleine: Es geht darum, dass wir es uns erlauben, über die Grenzen des Möglichen hinaus zu denken.

Daher ist es sinnvoll, bei der Entwicklung und Konstruktion von Zukünften etwas Unmögliches zu beschreiben, aber nicht etwas völlig Illusorisches. Den Bereich zwischen noch Unmöglichem und dem Plausiblen nennen wir **plausible Fiktion**. Das Problem des Zukunftslärms besteht darin, dass er die Menschen daran hindern kann, an wünschenswerten Zukünften mitzuwirken. Auf Risiken fixiert zu sein, die mit Zukunftsentwürfen verbunden sind – das verhindert gewagte Zukunftsvorstellungen. Denn bei der Zukunftsgestaltung geht es nicht darum, potenzielle Risiken an die erste Stelle zu setzen. Es geht darum, Entwicklungsmöglichkeiten zu gestalten – später können die Chancen und Risiken eines Zukunftsentwurfes immer noch abgewogen werden.

Die Technologie des Kalten Kriegs stützt ein starkes Zukunftsnarrativ

Einen Menschen auf den Mond zu fliegen und ihn sicher wieder zur Erde zurückzubringen, das muss für viele Amerikaner:innen wie eine der kühnsten Vorhersagen geklungen haben, die jemals im grenzenlosen Raum der Zukunftsgeräusche geäußert worden waren. Und doch wurde diese Vorhersage weniger als zehn Jahre später Wirklichkeit. Kennedy hatte also eine fein austarierte Vision gefunden: Anfangs schien sie unvorstellbar, aber vielleicht gerade noch plausibel genug, um die Menschen zu fesseln. Aber dann gewann sie mit dem rasanten Entwicklungstempo der Raumfahrttechnologie Ende der 1950er- und Anfang der 1960er-Jahre zunehmend an Plausibilität.

Wie wir später in diesem Buch sehen werden, ist die Rolle der Technologie bei der Entwicklung von Zukunftsnarrativen entscheidend. Als Kennedy sein Amt antrat, befand er sich mitten im Kalten Krieg. Bei der Schlüsselübergabe für Nummer 1600 Pennsylvania Avenue, der Adresse des Weißen Hauses, standen Arsenale Hunderter russischer und amerikanischer Interkontinentalraketen mit Tausenden von Nuklearsprengköpfen bereit, um im Fall der Fälle die USA, die UdSSR und viele andere Nationen vom Angesicht der Erde zu tilgen. Warum also sollte man dieses apokalyptische Arsenal nicht in eine Chance für eine potenzielle Zukunft verwandeln, indem man damit einen Menschen auf einen 384 000 Kilometer langen Flug zum Mond und wieder zurückschickte? Kennedy erkannte, dass diese Chance eine technische Möglichkeit war, die man sich im politischen Sinn und im Interesse seiner Nation nicht entgehen lassen sollte.

Die dystopische Möglichkeit, zu verlieren, stärkt Kennedys Narrativ

Die Formulierung dieser plausiblen Fiktion, zum Mond zu fliegen, fand allerdings auch vor dem Hintergrund einer möglichen Katastrophe statt, die für viele Amerikaner:innen durchaus vorstellbar war. Denn in den Augen vieler Strateg:innen, Beobachter:innen und der Öffentlichkeit des Westens schien der Kommunismus tatsächlich in der Lage zu sein, auf globaler Ebene zu triumphieren. Die Sowjetunion scheint dazu nicht einmal Interkontinentalraketen und Sprengköpfe zu brauchen, dachten viele. Ob in Asien, Afrika, selbst im Hinterhof der USA, in Kuba, der Sozialismus schien überall auf dem Vormarsch. Damals konnten die zugrundeliegenden wirtschaftlichen und demokratischen Unzulänglichkeiten der noch recht jungen sozialistischen Gesellschaftsordnung noch nicht in der Dimension sichtbar werden. Die fundamentalen Konzeptionsfehler diskreditierten dieses System erst 40 Jahre später durch seinen vollständigen gesellschaftlichen Bankrott, der sich im Fall der Berliner Mauer verewigte. In den 1960er-Jahren jedenfalls war der Kommunismus noch eine als real wahrgenommene Bedrohung. Und auch Kennedy konnte sich nicht sicher sein, ob sich der westliche

Liberalismus letztlich gegen den Sowjetkollektivismus durchsetzen würde. Der junge US-Präsident vermochte wie jeder andere auch damals das Ergebnis des Kalten Krieges nicht vorherzusagen.

Doch gerade deshalb würde die Eroberung einer neuen Grenze im Weltraum zeigen, dass sich die amerikanische Geschichte von Freiheit, Unabhängigkeit und Demokratie gelohnt und weiterentwickelt hatte. In Kennedys Rhetorik war auch enthalten, dass die USA für ihre Prinzipien und Ideale um jeden Meter kämpfen würden – und auch dass die Nation gute Chancen hätte, in diesem Kampf der gesellschaftlichen Systeme die Oberhand zu behalten. Die Dystopie, den Systemkampf zu verlieren, war wie ein schwarzes Loch, das Amerika und die ganze westliche Welt zu verschlucken drohte. An der Peripherie dieses schwarzen Lochs befand sich jedoch auch ein gewaltiges Maß an Energie, das die USA für ihre eigene Mobilisierung nutzen konnten. Es war diese **fiktionale Energie**, die Kennedy nutzte, um sein emotional schockstarres, politisch festgefahrenes Land aufzuwecken, um aufzubrechen.

Fünf Kräfte für die erfolgreiche Konstruktion von Zukünften

Die Mechanismen der Kennedy-Reden bringen in vielerlei Hinsicht auf den Punkt, was Narrative im heutigen Kommunikationsumfeld so wirkungsvoll macht. **Erstens** skizzieren sie zugleich eine alte und neue Utopie – einen Menschen auf den Mond zu bringen, mobilisiert weit mehr Vorstellungskraft für das Leben an und hinter dieser neuen Grenze im Weltraum. Raketen funktionieren für Orbitalflüge um die Erde, warum sollten sie also nicht auch für den Start in die Tiefe des Alls genutzt werden? Und sie basieren auf einer Warnung vor einer Katastrophe oder Dystopie – in diesem Fall dem Triumph des Kommunismus im Weltraum.

Wenn man also eine Zukunft plant, gilt es sich mit Utopien zu beschäftigen, auch wenn sie von der jeweiligen Gegenwart aus betrachtet etwas absurd und kaum plausibel klingen. Gleichzeitig kann man sich aber auch darüber klar werden, welche Katastrophen es zu vermeiden gilt und welche Kraft wofür und wogegen zu mobilisieren ist. Utopie und Dystopie können also gleichermaßen ausformuliert werden, um eine überzeugende Zukunft zu entwerfen. Im Allgemeinen funktionieren utopische Entwürfe am besten, wenn sie bei vielen ihre Vorstellungskraft und plausible Fiktion mobilisieren und daraus auch ein Ziel entsteht, auf das alle hinarbeiten können, das aber letztlich, zumindest kurzfristig, noch unerreichbar ist. Solche Utopien sind also so etwas wie der heilige Gral des Möglichen, den alle suchen, den aber niemand berühren darf oder sollte. Dafür muss man weder ein junger Jules Verne sein noch die nächste Suchmaschine nach Google entwickeln. Es reicht oft schon der Pokalgewinn eines Zweitligisten, zweistelliges Wachstum oder die Mobilisierung besonders vieler Anhänger:innen: Vieles kann sehr utopisch sein.

Der große Gegenspieler ist jeweils die Dystopie, ein Worst-Case-Szenario, das es zu vermeiden gilt – der **zweite** Faktor. Es könnte aber auch etwas sein, das einen auch aus dem Nichts heraus treffen könnte, in Form apokalyptischer Katastrophen wie Monsterhurrikans, Asteroideneinschläge oder die Kernschmelzen in Tschernobyl, Fukushima oder Harrisburg. Für eine Alltagsdystopie reicht schon eine einfache Pleite, der Abbau von Arbeitsplätzen, der Abstieg in die zweite Liga oder ein sehr verlustreiches Jahr aus.

Neben utopischen und dystopischen Elementen entwirft Kennedy jedoch auch überzeugende Perspektiven für die erste Person Singular und Plural – das heißt für das Ich und das Wir in guten Zukünften. **Ich**, eine Amerikanerin, ein Amerikaner aus New Jersey, Austin oder Portland, werde persönlich etwas davon haben, wenn ich mich aktiv für eine Gesellschaft engagiere, der futuristische Ideen wie die Mondlandung gelingen. Gesellschaften, die solche Vorhaben verfolgen, brauchen Zusammenhalt und Unterstützung. Zumindest auf individueller Ebene wird es eine Belohnung dafür geben: ein Gefühl der Zugehörigkeit, der geteilten Zielsetzung, der Gemeinschaft und des Optimismus, aber auch eine Teilhabe am ideellen und materiellen Wachstum – das ist der **dritte** Erfolgsfaktor.

Darüber hinaus haben **Wir**, die ganze amerikanische Nation, etwas zu gewinnen – Ausheilen nationaler Wunden, Aussöhnung sich fremdgewordener Menschen, nationale Sicherheit und globales Prestige, das sich aus einem friedlichen Sieg über das gesellschaftliche System der Sowjetunion ergäbe – der **vierte** Erfolgsfaktor. Der **fünfte** schließlich ist der Anschluss der Zukunftsidee an den technologischen Fortschritt und die Nutzung bereits vorhandener, aber noch ausbaubarer Technologien zur Erreichung größerer Ziele in einer vielversprechenden Zukunft. Etwas technologisch Mögliches (Raketen) für etwas technologisch Unmögliches (ins All zu fliegen) zu mobilisieren und darauf eine wirtschaftliche (Satellitentechnologie) und gesellschaftliche Zukunft aufzubauen.

Kennedys politische Botschaft fasst also perfekt zusammen, was ich als die fünf entscheidenden Kräfte für ein erfolgreiches Zukunftsnarrativ betrachte.

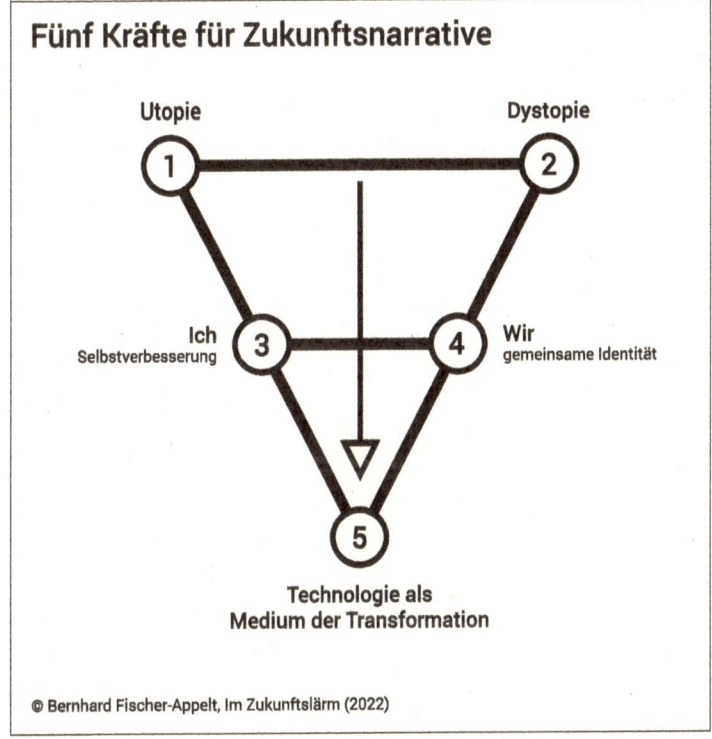

Abbildung III: Das Modell der fünf Zukunftskräfte

Die fünf Zukunftskräfte sind ein Modell und systematischer Ansatz zur Aufdeckung und Artikulation des Spannungsfelds und die zugrundeliegenden narrativen Muster von Zukünften. Das Modell wurde mit der Absicht entwickelt, selbst Zukünfte zu konstruieren, es ist jedoch auch anwendbar, um andere dazu anzuregen, sich einer gemeinsamen Zukunft anzuschließen, und darüber hinaus, um die im Zukunftslärm rauschenden Zukunftsprojektionen zu analysieren und zu bewerten. Hier wird das Modell angewandt, um Kennedys Version einer Zukunft für die USA zu analysieren. Das Modell ist ein Werkzeug, das die Entdeckung und Ausarbeitung von Zukunftsentwürfen und deren Kommunikation erleichtert.

Wenn man heute nach führenden Persönlichkeiten sucht, die ihre Kommunikationsstrategien bewusst auf Narrativen aufbauen, stößt man schnell auf Menschen wie Elon Musk, die die Fähigkeit haben, andere zu motivieren und für optimistische Prognosen zu gewinnen. In gewisser Weise recycelt Musk dabei hin und wieder auch alte Narrative, wenn er zum Beispiel die Idee der Mars-Kolonisierung propagiert und gleichzeitig autonomen Verkehr und Elektromobilität vorantreibt. Auch sein Hyperloop-Projekt ist in gewisser Weise recycelt, denn der Röhrentransport als Verkehrsweg ist ein alter Ingenieurstraum, der bis ins 19. Jahrhundert zurückreicht.

Im Zukunftslärm: Future Fact Nr. 2

Hyperloop Historie

In Elon Musks Hyperloop bewegen sich Transportkapseln für Güter und Menschen durch beinahe luftleere Röhren. Aufgrund des minimalen Luftwiderstands muss ein einmal fahrender Körper nur gelegentlich wieder beschleunigt werden, um dann fast Schallgeschwindigkeit zu erreichen. Damit könnte eine Rundfahrt, die von Hamburg über Berlin und Leipzig nach München und über Stuttgart, Frankfurt und Köln wieder zurückführt, in nur 145 Minuten zurückgelegt werden. So futuristisch dieses Projekt von Elon Musk auch klingt, so weit reichen seine technologischen Wurzeln zurück: bis ins 17. Jahrhundert zu der Entwicklung des ersten künstlich hergestellten Vakuums. Im Jahr 1844 entwarf der Erfinder George Medhurst Transportsysteme für Pakete, die sich das Druckluftprinzip zu eigen machten und später von anderen an verschiedenen Orten in England auch verwirklicht wurden. Mitte des 19. Jahrhunderts imaginierte der französische

Schriftsteller Jules Verne ein Paris des 20. Jahrhunderts, das über Vakuumröhren unter dem Atlantik mit dem amerikanischen Festland verbunden war. Dort, genauer in Manhattan, lief zwischen 1870 und 1873 mit der Beach Pneumatic Transit Bahn der erste Luftdruck betriebene Vorläufer der späteren Subway. Auch chinesische Wissenschaftler arbeiten an der Verfeinerung der Technologie und planen ein Unterwasserbahnprojekt, das beinahe utopische 2000 km/h erreichen soll.[23]

Die zentrale Lehre, die man aus den Beispielen von Kennedy und Musk jedoch ziehen kann, ist, wie wichtig es ist, sich die Souveränität über die Zukunftsträume und die Möglichkeitsräume nicht aus der Hand nehmen zu lassen und dabei das Konzept plausibler Fiktion im Blick zu behalten, egal ob man nun ein Land oder ein Unternehmen führen will. Solche Ideen für die Zukunft zu haben und formulieren zu können ist von unschätzbarem Wert.

Kennedy und Trump – zwei sehr unterschiedliche Ideen von Zukünften

Auch mehr als ein halbes Jahrhundert später, lange nachdem Kennedys Ziel durch das Apollo-Projekt der NASA erreicht worden war, erscheint die Herausforderung, die der 35. amerikanische Präsident angenommen hatte, immer noch beeindruckend futuristisch. Zumal, wenn man sie mit dem eher erdverbundenen Vorschlag des 45. Präsidenten der USA vergleicht, eine 2.000 Meilen lange Mauer an der Grenze zwischen den USA und Mexiko zu errichten. Auf der einen Seite steht Kennedy, der, wie es echte Staatsmänner und -frauen tun sollten, die ganze Nation einen wollte und eine schillernde Großtat mit globalem Prestigeanspruch vorschlug – technologisch anspruchsvoll und ungeheuer teuer, inmitten eines wirtschaftlichen Abschwungs. Auf der anderen Seite steht Donald Trump, der ein auf seine sektiererische Wählerbasis ausgerichtetes populistisches Projekt des Spaltens mit großer Sichtbarkeit, begrenzten Kosten und wenig neuen technischen Herausforderungen im Kontext einer boomenden Wirtschaft anbot – und das letztlich unhaltbar war.

Eindeutig hatten beide Präsidenten unterschiedliche Vorstellungen von Technologie und Gemeinschaft im Sinn. Auch wird der Unterschied zwischen der Entwicklung einer Saturn-V-Rakete und der Verarbeitung von Millionen Tonnen Stahl und Beton zu einer befestigten Barriere am Ende nebensächlich, wenn das eigentliche Problem darin besteht, eine technologische Kraft für die Zukunft einer ganzen Nation zu mobilisieren. Beide Präsidenten setzten in ihrer Rhetorik eine ähnliche Form des technologischen *Futurings* ein, das darauf abzielt, Gemeinschaften hinter einer Herausforderung zu versammeln, die eine symbolische, identitätsstiftende Dimension hat. Beide präsentierten ein klares Bild davon, wie die Zukunft aussehen könnte, wer daran beteiligt sein würde – und wer davon ausgeschlossen bliebe. Beide warnten vor den Gefahren der Unentschlossenheit und hoben die potenziellen Gewinne hervor, die durch mutiges Handeln erzielt werden können. Doch während es bei Kennedys Vision, zum Mond zu fliegen, darum ging, Barrieren zu überwinden und das Unmögliche möglich zu machen, steht Trumps Idee, eine Mauer zu bauen, offensichtlich für eine Vision, bei der es um Einschränkung, Begrenzung und Rückeroberung geht. Und doch argumentierten am Ende beide, dass ihre Projekte einem höheren Zweck dienten: dem Schutz, der Motivation und der Unterstützung der Gemeinschaft durch einen Sieg, der in einem engen Zusammenhang mit der Identität und der Bestimmung der Nation steht – auch wenn die Ziele und technologischen Ausführungen, die mit diesen beiden Zukunftserzählungen verbunden sind, nicht unterschiedlicher sein könnten.

Als technologisches Zukunftsprojekt, das sein Kernziel mit relativ wenigen negativen Nebeneffekten erreichte, stützte sich die Mondlandung der 1960er-Jahre auf fünf wesentliche Merkmale: **erstens**, auf realistische Einschätzung der technischen Möglichkeiten zur Verwirklichung eines gewagten, aber klaren Ziels. Das war nötig, auch um das erforderliche enorme Budget dafür im Staatshaushalt unterzubringen. **Zweitens**, auf ein eindringliches Ziel für die Gemeinschaft, das von einer überzeugenden, aber hinreichend unspezifischen Vision einer technologischen Zukunft ausging. **Drittens**, auf

Im Zukunftslärm: Future Fact Nr. 3

Der Masterplan Zukunft

Unter Futuring versteht man das konkrete und systematische Nachdenken über oder Ausmalen von wahrscheinlichen, möglichen und bevorzugten Zukünften. Viele Methoden des Futuring, wie Brainstorming, Vision Boarding, aber auch Umfragen, Simulation und Modellierung sind mittlerweile weit verbreitet und werden in unterschiedlichen Bereichen von Wirtschaft, Politik und Kultur verwendet. Die Geschichte des Futuring reicht bis in den Zweiten Weltkrieg zurück, als Wissenschaftler und Politiker zum ersten Mal darüber nachdachten, auf welche Weise sich die Zukunft vorausplanen ließe. In den 1960er-Jahren gründete Edward Cornish die bis heute existierende World Future Society, die sich bemüht, Antworten auf die zukünftigen Herausforderungen zu finden, und die das mehrfach ausgezeichnete Journal The Futuris Magazine herausgibt.[24]

einen Zeitplan mit einem definitiven Endpunkt, an dem der Erfolg oder Misserfolg des technologischen Projekts nüchtern beurteilt werden konnte, der aber in diesem Fall auch hinter den potenziell möglichen zwei Amtsperioden eines amerikanischen Präsidenten lag. **Viertens** blickte das Projekt auf gemeinsame Interessen, die es ermöglichten, dass die Unterstützung für das technologisches Projekt aus einer Vielzahl unterschiedlicher Motive und Motivationen heraus möglich war. Und **fünftens**, auf ein Gleichgewicht zwischen positiver und negativer Motivation durch eine ehrliche Risikobewertung und den Verweis auf nachvollziehbare Präzedenzfälle für ähnliche Erfolge und vergleichbares kooperatives Handeln – ob technologiebezogen oder nicht. Die fokussierte Natur dieses pragmatischen und integrativen Vorgehens macht es zu einem mächtigen Instrument der Zukunftsgestaltung und zu einem Vorbild, vor allem, wenn es darum geht, Interesse zu wecken für den technologischen Wandel und das enorme dafür erforderliche Kapital einzuwerben.

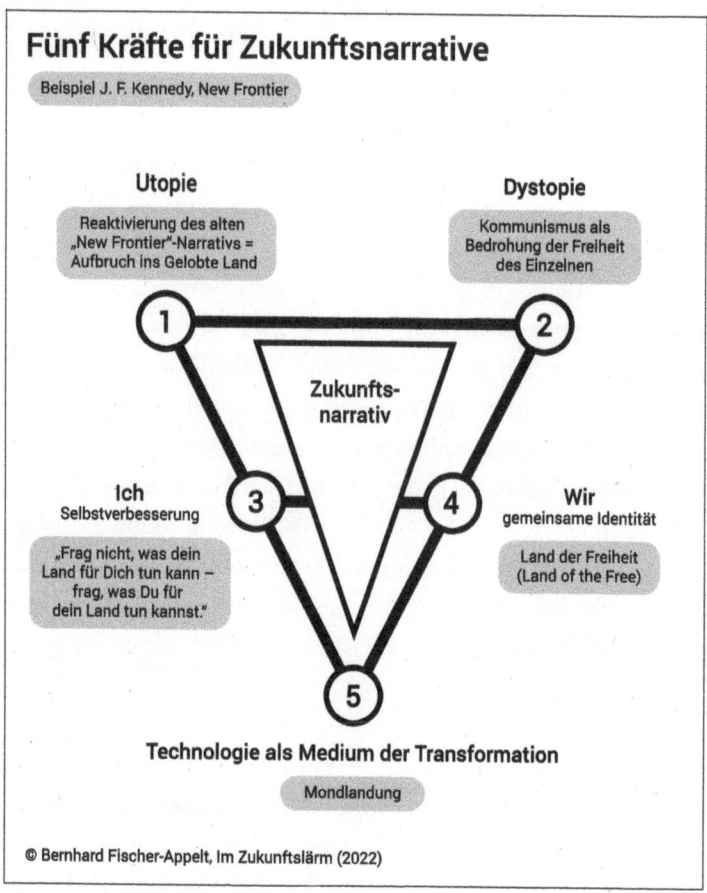

Abbildung IV: Fünf Kräfte für Zukunftsnarrative

Takeaway Kapitel 3 – unsere Zukünfte, Unmögliches plausibel machen

Zukünfte...

...in der Mehrzahl zu beschreiben, zeigt einen Möglichkeitsraum auf.

...sind in Kennedys Zukunftsnarrativ New Frontier und dem Moonshot vorbildhaft beschrieben.

...lassen sich mit dem Modell von fünf Zukunftskräften gut untersuchen und beschreiben.

...unterscheiden sich von der Gegenwart durch das, was heute noch unmöglich ist.

...werden einfacher entwickelbar, wenn plausible Fiktion und nicht nur Reales mobilisiert wird.

VIERTES KAPITEL

UTOPIEN – ÜBER DIE ZUGKRAFT UNERFÜLLBARER VISIONEN

Wer eine Zukunft gestalten möchte, muss Menschen mobilisieren, sich mit auf den Weg zu machen. Das führt bei der Entwicklung eines Zukunftsnarrativs zu einer schwierigen Gratwanderung: Es sollte einerseits plausibel genug klingen, um möglichst viele zu begeistern. Andererseits muss es auch kühn bis an die Grenzen des gerade noch Vorstellbaren gehen, um seine Anziehungskraft nicht zu verlieren. Um also eine Transformationsgeschichte in Gang zu bringen und zu halten, braucht es eine bahnbrechende, zukunftsweisende Utopie.

Mit ihren bequemen Sofas und stabilen Schreibtischen verströmt die Starbucks-Filiale am Harvard Square in Cambridge die Atmosphäre eines Treffpunkts nach dem Vorbild der »New Work«-Bewegung: ein Ort, an dem Zuhause und Büro zu einer Mischung aus WiFi-gestützter Arbeitsproduktivität und sozialer Geselligkeit verschmelzen. Das Ganze begleitet von dem einen oder anderen PokemonGo-Frappuccino. Und tatsächlich verfolgte die Kaffeekette in den USA lange Zeit ein Marketingkonzept mit dem Titel *Third Place* – ein dritter Ort zwischen Büro und Zuhause. Eine loyale Kunden-Gemeinschaft sollte damit eingeladen werden, in den rund 15.000 US-Filialen des Unternehmens ein hybrides Leben zwischen Arbeit und Wohnen zu führen.

Eines nebeligen Bostoner Morgens hatte ich auf dem Weg zum *Weatherhead Center* der Universität Harvard an besagter Starbucks-Filiale Halt gemacht. Ich bestellte, setzte mich und während ich an meinem Cappuccino mit echter Kuhmilch nippte, sah ich, dass die meisten Kunden das *Third Place*-Angebot der Filiale schlicht ignorierten. Viele eilten mit Kaffeegetränken, die meist mit Reis- oder Hafermilch veredelt waren, schnell wieder aus der Tür – und der ihnen von Starbucks angebotene *Dritte Platz* blieb verwaist. Ich saß dort allein.

Als ich das bemerkte, wuchs in mir das Gefühl, Zeuge einer vergangenen Ära zu sein, buchstäblich zwischen den Überresten einer abgelaufenen Utopie zu sitzen, einer, die sich nie so ganz realisiert hat. Dabei gibt es auch gut funktionierende *Third Place*-Cafés. Eines davon ist etwa die Filiale der *Swissbakers*-Kette in Allston auf der anderen Seite des Charles River. Es ist als Treff europäischer Expatriates beliebt, auch weil die deutsche internationale Schule ganz in der Nähe ist. Die *Swissbakers* haben es geschafft, die Kombination aus knusprigen Laugenbrezeln und Laptop zu einem echten Erfolgsrezept zu machen. Stets wimmelt die Filiale vor Besuchern – vermutlich deshalb, weil sie ein Narrativ bietet, das komplexer ist. Es erzählt nicht nur von der Verschmelzung von Zuhause und Arbeit, sondern bringt auch eine amerikanische, eher geschäftsorientierte *Can-Do*-Einstellung mit einem Hauch zurückhaltender europäischer Hochkultur zusammen. An diesem Ort scheinen Bern, Barcelona und Boston auf beste Weise zu verschwimmen – ein Narrativ, das bei den Gästen ausgezeichnet ankommt.

Im Zukunftslärm: Future Fact Nr. 4

Neue Arbeit, neue Freiheit

Der Begriff New Work und das damit zusammenhängende Narrativ beschreiben ein neues Konzept von Arbeit in der von nomadischer Globalisierung und Digitalisierung geprägten Gesellschaft. Der Begriff wurde von dem deutsch-amerikanischen Sozialphilosophen Frithjof Bergmann geprägt.[25] Er basiert auf seinen Forschungen zur Freiheit und auf der Annahme, dass das bisherige Arbeitssystem überholt sei, weil es den Arbeitenden nicht die Arbeitsumstände und -formen bietet, die diese wirklich schätzten. Die zentralen Werte des Konzepts sind Autonomie und Freiheit des Arbeitenden, sowie dessen Teilhabe an der Gemeinschaft. New Work soll dem arbeitenden Menschen neue Wege von Kreativität und persönlicher Entwicklung bieten und damit einen neuen Stil in die Arbeitswelt bringen. Die New-Work-Bewegung ist heute nicht nur in Coffee-Places, sondern auch in vielen Büro-Innenarchitekturen allgegenwärtig, in Form von Orientteppichen, Tischen mit unterschiedlichen Stühlen und vollgestopften Bücherregalen und anderen Dingen eben, mit dem man sich überall zu Hause fühlt.

Gleich neben der *Swissbakers*-Filiale ist ein weiterer hybrider Arbeitsort entstanden. Das schwindelig machende Budget von deutlich mehr als anderthalb Milliarden Dollar[26] gab die Harvard-Universität dort gerade für einen Gebäudekomplex aus, der seinerseits eine Grenze verwischen sollte – dieses Mal zwischen akademischem Lernen und beruflicher Karriere. Die neue *Harvard School of Engineering* ist ein futuristisch glänzendes metallisches Gebäude. Dessen Architekten, Stephan Behnisch und Matt Noblett, konzipierten es als voll integriertes Laboratorium – als *Makerspace* für Wissenschaft und Technologie. Unter einem Dach entsteht hier ein neues Epizentrum der Ingenieurwissenschaften an der US-Ostküste. In dem neuen Fakultätsgebäude sind Hochschulaktivitäten, Lehrlabors, Prüfstände, Einrichtungen für Anlagentests und Prototypisierung und die Erforschung von Hochtechnologien vereinigt, alles, was auch technologisch orientierten Start-ups nützt, und alle möglichen weiteren unternehmerischen Initiativen in Wissenschaft und Technologie. Überhaupt entsteht in Boston auf der anderen Seite des Charles River, der Cambridge und Boston trennt, eine bislang unbekannte Mischung von Harvard-Einrichtungen aus Business School, Innovation und Art-Labs, Engineering-Complex und vermutlich noch vielen weiteren Zutaten einer modernen universitären Bildungslandschaft.

Dass die *Harvard School of Engineering* auf diese Weise expandiert, wo doch eigentlich der lokale Konkurrent und oft auch Kooperationspartner, das *Massachusetts Institute of Technology* (MIT), nur ein paar Meter weiter den Fluss hinab liegt, zeigt, wie moderne Hochschulen sich durch den Bau ihrer eigenen Zukunftsnarrative profilieren. Studenten der Ingenieurwissenschaften sollen hier nicht allein mit Büchern, Bibliothekskatalogen, Papier, Laptops und Kaffee zu tun haben. Sie sollen die ersten Früchte ihres studentischen Erfindungsgeistes gleich vor Ort ausprobieren und optimieren – egal, ob es sich um digital gesteuerte Industrieanlagen, Roboter, intelligente Werkzeuge, Fahrzeug-Konzeptstudien oder den Einsatz neuer Materialien handelt. Während also die *New Work*-Vision im *Starbucks* scheiterte, scheint diejenige von Behnisch und Noblett einen Quantensprung zu ermöglichen, wie Ingenieure künftig studieren, lernen und gleich auch noch praxisnah an unserer Zukunft arbeiten werden. Das spezielle »Labor«-Konzept errichtet als *Makerspace* eine Art Planungs- und Schaffensraum für die Zukunft. Und es hat damit gute Chancen, unsere Welt zum Besseren zu verändern, aber auch zum Vorbild für Hochschulen in aller Welt zu werden. Denn es ist eine Universität, modern konzipiert als Akademie, Inkubator, Karriere- und Innovationsbeschleuniger aus einer Hand, an einem Ort.

Utopien funktionieren als Ideenräume

Third Space, New Work und *Makerspace* – warum greife ich diese Begriffe auf? Alle drei Ideen verwenden das Narrativ hybrider Raumnutzung. Und alle basieren darüber hinaus auf einer **Utopie**, auf Zukunftsvorstellungen, auf Hoffnungen und vielleicht sogar auch auf der Absicht, das Denken zu verändern und Anziehungskraft für neues Denken zu erzeugen.

Alle drei Konzepte streben in gewisser Weise einen Idealzustand an: absolute Autonomie, produktive Selbstversorgung, Agilität und kreative Unabhängigkeit und versprechen große Vorteile, die sich aus flachen oder gar fehlenden Hierarchien ergeben. In diesen imaginären Utopien sind Menschen

Im Zukunftslärm: Future Fact Nr. 5

Einfach mal machen!
Die ältesten Aufzeichnungen über einen Do-it-yourself Makerspace gehen vermutlich auf das Jahr 1873 zurück. Im Örtchen Gowanda im US-Staat New York wurde damals ein gemeinschaftlicher Stepp-, Strick- und Nähclub gegründet, der das Ziel gemeinschaftlichen Lernens und Produzierens ohne kommerzielle Absichten verfolgte. Viel später, in den 1960er Jahren, gründeten sich auf Elektronikbastelei ausgerichteten Hackerspaces.

Erst nach 2010 begann die Entwicklung moderner Makerspaces, sich auf Themen wie Wissenschaft, digitale Technologie, Ingenieurwesen und Mathematik zu verlagern. Seitdem verbreitet sich die Idee des Selbermachens, Selberausprobierens und Selberlernens in kollektiv betriebenen Werkstätten weltweit. Heute gibt es etwa rund 2000 Makerspaces auf der ganzen Welt.[27]

aller Geschlechter, die von einem Café aus arbeiten, völlig ambulante und autarke Wertschöpfer, die ihr eigenes Tempo bestimmen und von direkten Vorgesetzten und deren bremsenden Anweisungen befreit sind – so jedenfalls die erste utopische Annahme. In ähnlicher Weise sollen Studierende der Ingenieurwissenschaften in mit ihren Ideen gecoacht werden, damit sie direkt in die Prototyping-Phase eintreten können, in der sie Misserfolge überwinden, scheitern und zukunftsträchtige Ideen oder neue Entdeckungen vorantreiben können – all dies im Interesse einer möglichst schnellen und effizienten Umsetzung einer möglichst großen Zahl von bahnbrechenden Innovationen, die die Welt verbessern. Auf diese Weise lässt sich die zweite Utopie beschreiben.

Die positiven Annahmen für all diese hybriden Arbeitsformen bleiben aber natürlich von Natur aus utopisch. Denn beide Gruppen – die nomadischen Kopfarbeiter im Kaffeehaus wie auch die Studenten und Forscher der Eliteuniversität – müssen sich am Ende in der realen Welt einer Form von Management, Budgetbeschränkungen, organisatorischen Anweisungen, rechtlichen Einschränkungen unterwerfen – und seien es eben nur die Öffnungszeiten ihres hybriden Coffeeshops oder experimentellen Labors. Und dennoch liefert eben gerade die Utopie, welche die Narrative dieser *Third Places* antreibt, jenen motivierenden Idealismus, den solche Produktivitätsräume und die in ihnen tätigen Menschen als Halt und Orientierung gebenden Leitstern brauchen.

Die Reise nach Utopia beflügelt das Denken – aber muss man dort ankommen?

Betrachten wir die Merkmale von Utopien also einmal außerhalb von hybriden Räumen und auf einer grundlegenden Ebene. Die Fiktion, mit der John F. Kennedy die amerikanischen Wähler:innen gewinnen wollte: Sein Versprechen, noch vor Ende der Sechzigerjahre einen Menschen auf den Mond und sicher zurückzubringen, bedeutete einen Meilenstein. Würde man ihn erreichen, könnte das den Weg für Kolonien im Weltraum öffnen, auf benachbarten Planeten oder sogar in anderen Sonnensystemen. Was Kennedy zu Beginn der 1960er- Jahre vorschlug, muss für viele Amerikaner eine ziemlich wilde und buchstäblich unglaubliche Geschichte gewesen sein.

Wenn ich mir die kommunikativen Mechanismen hinter diesem Narrativ anschaue, komme ich jedoch zu dem Schluss, dass es keine Rolle spielt, ob ein solch kühner Plan zunächst wie eine absurde Utopie klingt. Entscheidend ist, dass er zumindest ein Minimum an Plausibilität aufweist. Schließlich hat Kennedy, der die Verwirklichung seiner Vision nicht mehr erlebte, mit seinem Narrativ ein durchaus nachhaltiges Ergebnis erzielt: Seine Idee von der *New Frontier* und vom *Moonshot*, von der Eroberung neuer Welten und dem Griff nach den Sternen haben Millionen Menschen weltweit elektrisiert. Und sie hat maßgeblich dazu beigetragen, die US-Gesellschaft zum Besseren zu verändern. Kennedy's Fiktionen spielten nicht nur eine Rolle bei der Abschaffung der Rassentrennung, sie gaben den Amerikanern auch das Gemeinschaftsgefühl einer Nation und den kollektiven Glauben an ein besseres Leben für alle zurück. Kennedys positive Vision ließ Millionen von US-Bürgern eine Chance erkennen, die Dinge selbst in die Hand zu nehmen und ihre individuelle Version des amerikanischen Traums zu verwirklichen. Was könnte sich ein gutes Narrativ mehr wünschen? Wie könnten die Worte eines Politikers mehr Kraft entfalten, als die Kennedys, der nichts anderes tat, als seinem Volk vorzuschlagen, einer plausiblen Fiktion zu folgen, die von einer Utopie gezogen wurde?

Im Zukunftslärm: Future Fact Nr. 6

Utopia – die glückliche Insel?

Der Ursprung des Konzepts der Utopie wird ideengeschichtlich in den Überlegungen zum idealen Staat des griechischen Philosophen Platon verortet. Seine Utopie für eine bessere Gesellschaft repräsentierte eine Idee, in der das Individuum dem Ganzen vollkommen untergeordnet ist. Heute wird Platons Konzept weithin als totalitär und in Opposition zur offenen Gesellschaft wahrgenommen. In seiner fiktiven Erzählung »Utopia« (1516) beschrieb der englische Humanist Thomas More Jahrhunderte später eine Inselgesellschaft, die mithilfe überlegener Institutionen und aufgrund des tugendhaften Verhaltens ihrer Bevölkerung in völligem Frieden leben kann.[28] Die ferne Insel steht dabei auch für die Kluft zwischen den ersehnten Bedingungen und der vom Autor erlebten Realität seiner Zeit. More war es auch, der mit seiner Erzählung den klassischen, bis heute verwendeten Begriff Utopie prägte. Der kleinste gemeinsame Nenner dieses inzwischen sehr vielseitig verwendeten Begriffs wird von Wissenschaftlerinnen wie Ruth Levitas als der »Wunsch nach einer anderen, besseren Art des Seins« definiert.[29] Damit kann sich Utopie heute auf eine literarische Gattung, ein Gesellschaftsmodell oder ein verhandelbares Fernziel beziehen – wobei gerade letzteres in diesem Kapitel von Interesse ist.

Die Mondlandung als eine plausible Fiktion und die utopisch anmutende Kolonisierung des Weltraums ist ein gutes Beispiel der menschlichen Faszination für das eigentlich Unvorstellbare. Utopien sind ein mächtiges Werkzeug, um Zukunftsnarrativen Schwung zu verleihen. Es liegt schließlich in unserer Natur zu glauben, dass wir Hindernisse überwinden, Krankheiten heilen und planetare Bedrohungen wie den Klimawandel abwenden können – wir müssen nur plausibel davon überzeugt werden, dass es möglich sein könnte. Kennedys weitreichende Utopie, in den Weltraum vorzustoßen, stand eben auch für die neu entdeckte Möglichkeiten, die Welt zu Hause zum Besseren zu verändern. Es brauchte Mut, sich diese Utopie vorzustellen, aber sie brachte auch etwas Neues auf den Weg, das so zuvor unmöglich war.

Die erste Mondlandung sprengte zwar komplett das Budget, blieb aber immerhin im Zeitplan. Die Mondlandefähre *Eagle* der Apollo-11-Mission setzte mit Neil Armstrong und Buzz Aldrin an Bord, wie von Kennedy prophezeit, am 20. Juli 1969 auf der weiten Mondebene mit Namen *Mare Tranquilitatis* auf. Die rund ein Jahrzehnt zuvor konzipierte Vision wurde also erfüllt, auch wenn die zugrundeliegende Utopie, interplanetare menschliche Siedlungen zu schaffen, bisher jedenfalls, nicht Wirklichkeit geworden ist.

Aber sollte denn nicht Verwirklichung früher oder später das wünschenswerte Happy End einer jeden Utopie sein – vor allem, weil sie wirkungsvoll darin ist, Transformations- und Zukunftsnarrative voranzutreiben? Meine Antwort lautet: Nein, oder zumindest nicht immer. Die Etymologie des Wortes selbst gibt schon einen Hinweis, warum die Menschen mobilisierenden Kräfte einer Utopie gerade dann am besten zum Tragen kommen, wenn sie eine zukunftsorientierte Vorstellung bleibt. In den Worten des bekannten Utopie-Forschers Richard Saage ausgedrückt: sie soll lediglich »greifbare Möglichkeiten des auch anders sein Könnens ausloten«[30], ohne sich je zu verwirklichen. Ihm zufolge sind Utopien typischerweise so formuliert, dass wir in ihnen unsere Welt als etwas Unfertiges sehen können, das noch verbessert werden kann, eine Rolle, die uns das Beste aus uns herausholen lässt.

Im Zukunftslärm: Future Fact Nr. 7

An der Grenze des (Un)möglichen

Wenn wir über Utopien nachdenken, geht es um das Verhältnis vom Möglichen zum Unmöglichen. Wie es der Soziologe Anil K. Jain es ausdrückt: »Das Mögliche steht in einer engen Beziehung zum Unmöglichen. Mehr noch: Es ist gerade das Unmögliche, das die Möglichkeit hervorbringt, während das Mögliche das Unmögliche trägt und verbirgt.«[31] Utopien sind dementsprechend Gedankenexperimente an der Grenze zwischen dem Möglichen und dem Unmöglichen. Das Denken in Utopien korrespondiert mit dem Denken in neuen Möglichkeiten und hilft dabei neue Handlungsspielräume zu entdecken.

In seinem wegweisenden Werk »Utopia« beschreibt der Humanist und Philosoph Thomas More 1516 die Utopie als eine imaginäre Insel, auf der eine reibungslos funktionierende Gesellschaft lebt. Die beiden altgriechischen Wörter, aus denen der englische Denker den Neologismus *Utopie* zusammengesetzt und damit zu unserem modernen Vokabular hinzugefügt hat, können als *kein Ort* übersetzt werden. Und an einen Ort, den es nicht gibt, oder den man sich nur als Ideal vorstellen kann, kann man auch nicht ankommen. Die Utopie soll also schon nach dem Willen ihres Erfinders eine unerreichbare Vorstellung bleiben.

Es lohnt sich deshalb an dieser Stelle, unsere Nomenklatur ein wenig zu verfeinern, um Verwirrung zu vermeiden. Wie verhält sich die **Utopie** zu einer **plausiblen Fiktion**, zu einer **Vision** und zu einem bloßen **Zukunftsplan**? Vielleicht bietet John F. Kennedy erneut ein gutes Beispiel, um diese Begriffe systematisch zu gliedern. Während die Vorstellung interstellarer menschlicher Siedlungen bis heute eindeutig eine Utopie darstellt, war der Mondflug, bevor er erstmals stattfand, bereits eine plausible Fiktion, die inzwischen erfüllt ist – und laut NASA-Programmplan sogar bald wiederholt werden soll. Kennedys Zukunftsplan zeigte sich wiederum darin, dass er der Idee von

Beginn an einen Zeitrahmen von etwa einem Jahrzehnt setzte. Zukunftsplan, Vision, Fiktion und Utopie müssen für eine zugkräftige Erzählung allesamt logisch und unterscheidbar sein, auch wenn sie auf einer Zeitachse – je
nach Ausgestaltung des Narrativs – manchmal weit auseinander liegen können. Allein die Fiktion muss zusätzlich plausibel sein.

Projekt BioNTech-*Lightspeed* zeigt, wie die Jagd nach Utopien rasche Resultate schafft

Jedes Mal, wenn ein Politiker, ein Startup-Unternehmer, ein Wissenschaftler, ein Forscher, ein Künstler oder ein Sportler eine solch ehrgeizige, ins Unerreichbare zielende, aber doch plausible Fiktion entwickelt, wird für den
Rest von uns, die Zuschauenden, so etwas wie eine imaginäre Reise geplant,
die wir gespannt verfolgen. Während der ersten Welle der Covid-19-Pande-
mie gelang es zum Beispiel, in nur neun Monaten einen wirksamen Impfstoff zu entwickeln – etwas, das in der pharmazeutischen Praxis bis dato
unerreicht war, da Impfstoffe eine Entwicklungs-, Test- und Zulassungszeit
von normalerweise zehn Jahren oder länger hatten. Doch die Wissenschaftler, die im Frühjahr 2020 diese kühne Vision formulierten und das Projekt
Lightspeed (Lichtgeschwindigkeit) tauften, nahmen uns alle gedanklich mit
auf eine Reise, die von der Hoffnung bestimmt war, eine gefährliche Krankheit schnell aus der Welt zu schaffen. Die Teams, die den kühnen Zukunftsplan ausgedacht hatten, arbeiteten für die deutsche Biotech-Firma BioN-
Tech, und beim US-Konkurrenten Moderna. Sie waren zu diesem Zeitpunkt
eigentlich auf eine andere Utopie hin orientiert. Beide Teams wollten mit ihrer jeweiligen mRNA-Technologie, deren Grundlagen sie nicht neu erfunden, aber doch entscheidend in Richtung Anwendbarkeit weiterentwickelt
hatten, den Krebs besiegen. Das erwies sich als schwieriger und langwieriger
als gedacht. Als sich jedoch das Corona-Virus blitzschnell rund um den Globus auszubreiten begann, entschlossen sie sich zu einem abrupten Kurswechsel und warfen ihre hochentwickelten Technologien in den Kampf gegen den
Covid-19-Erreger. Die Welt konnte damit hoffen, eine gefährliche Krankheit
innerhalb von Monaten einzugrenzen und sich alsbald ohne Gesichtsmasken

und überfüllte Intensivstationen wiederzufinden – etwas, das zu Beginn der Pandemie unerreichbar klang. Sogar viele Fachleute hielten die Herangehensweise für schlicht falsch und nicht zielführend. Was sich hier in der realen Welt vollzog, entspricht dem, was der deutsche Philosoph Georg Picht richtig analysiert hat: Utopien sind (notwendige) Vorwegnahmen der Zukunft, die allen auf ein Ziel ausgerichteten Handlungen vorausgehen.[32]

Der Erfolg des spontanen Kurswechsels von BioNTech und Moderna macht deutlich, dass die ausschließliche Orientierung an ihrer ursprünglichen Idee und das Weiterarbeiten an ihrer ursprünglichen Utopie für diese Wissenschaftler nicht die beste Entscheidung gewesen wäre. Für die Gesellschaft hat sich durch ihren Sinneswandel schließlich eine bedrohliche Situation schnell verbessern können, und die beiden Unternehmen wurden dafür wirtschaftlich reichlich belohnt. Jetzt, da die schützenden medizinischen Eigenschaften der mRNA-Impfstoffe für jedermann sichtbar sind, wird die ursprüngliche Utopie der Forscher – die Arbeit an der Überwindung von Krebs – durch die Anwendungserfahrung und den Kapitalzufluss vielleicht sogar realitätsnäher als vorher.

Wir sehen, wie gut utopische Projektionen geeignet sind, eine Dynamik für die Umsetzung eines Zukunftsplans zu entfachen, hinter dem sich rasch eine große Zahl von Wähler:innen, Verbraucher:innen, Kund:innen, Fans aber auch Expert:innen und anderen gesellschaftlichen Gruppen versammeln kann. Die größte Stärke der Utopie bleibt dabei ihre Rolle als Wegweiser in eine Zukunft – nicht so sehr die Gewissheit, dass ein ideales oder perfektes Endziel auch tatsächlich erreicht wird. Um diesem Gedanken in ein einfaches Bild zu fassen: Sich für eine Utopie zu begeistern, erinnert mich ein wenig an eine lange Zugfahrt. Man begibt sich auf eine Reise, genießt die vorbeifliegende Landschaft und richtet sich darauf ein, dass man sich zusammen mit vielen anderen Mitfahrer:innen mühelos einer besseren Welt entgegen bewegt, einer vielversprechenden Welt rund um die Endstation. Gegen Ende der Reise befällt die Reisenden jedoch plötzlich Unbehagen vor ihrem Ziel. Denn die Ankunft bedeutet, den inspirierenden Zustand von Aufbruch, Veränderung und Verbesserung zu verlassen und in einer neuen Realität anzukommen. Während eine vor uns schwebende Utopie unseren Enthusiasmus anstachelt, dämpft die Aussicht, dort auch den

Realitäten erneut zu begegnen, möglicherweise unseren Tatendrang. Gute Utopien unterscheiden sich von Zielen gerade dadurch, dass sie auch dann nicht erreichbar sind, wenn man näher zu kommen scheint, bleiben zukünftig, erstrebenswert und doch unrealistisch.

Deshalb ist es auch oft ernüchternd, diejenigen, die zum Aufbruch in Richtung einer Utopie aufrufen, wie es John F. Kennedy oder BioNTech und Moderna getan haben, zu fragen, wie viel des Weges nun genau beschritten wurde. Hätte man sich bei Kennedy etwa regelmäßig erkundigt, wo die NASA mit ihren Weltraumplänen steht, hätte er zwar beantworten können, wie weit das Ziel des Mondfluges noch entfernt ist, aber die Besiedlung des Weltalls ist auch dann ein weit entferntes Ziel geblieben. Die Reise in Richtung Utopie darf nicht an zu klein gesteckten Wegmarken an der Strecke zu ihrer Erfüllung gemessen werden. Dann bietet das dazugehörige Narrativ den größten Raum, den viele Menschen mit Fantasie und Identifikation füllen können – beides unverzichtbare Bestandteile jeder Zukunft.

Auch moderne Stadtplaner schaffen es nicht, eine Utopie zu bauen

Wir haben gesehen, wie an sich unerreichbare Utopien ein gutes Mittel sein können, um zu einer Reise in eine bessere Welt aufzubrechen. Sie geschickt in ein Zukunftsnarrativ einzubauen, kann entscheidend für dessen Erfolg und für die reale Umsetzung eines Zukunftsplans sein. Es gibt jedoch einen Bereich, in dem der Schwebezustand von Utopien nicht ewig aufrechterhalten werden kann, wo stattdessen eine konkrete Endlichkeit benötigt wird. Ich spreche von der komplexen Tätigkeit des Planens und Bauens unserer Städte. Auch bei dieser Tätigkeit müssen wir weit vorausdenken, wenn es darum geht, uns zukünftiges städtisches Leben vorzustellen, es zu entwerfen und schließlich zu bauen, denn Häuser, Städte halten weit länger als die zugrundeliegenden Nutzungskonzepte, Verkehrssituationen und technischen Möglichkeiten. Deshalb geht es immer auch um Zukünfte, wenn künftige Abläufe und Funktionsweisen von Städten, Vierteln oder Verkehrssystemen konzipiert werden. Utopische Sichtweisen können dabei hilfreich sein, Ideen vom Leben **nach** den nächsten 20 Jahren zu formulieren.

Die englische Sprache bringt die Sache auf den Punkt, weil dort das Wort *concrete* neben konkret auch Beton bedeutet. Städte und Verkehrswege zu planen, bedeutet gezwungen zu sein, konkret zu werden – und in der Stadtplanung heißt das zwangsläufig, nur schwer revidierbare Fakten aus Beton zu schaffen. Leibhaftig erfuhr ich die Folgen dieser Einsicht auf dem Weg zu einem Gespräch mit Stephan Behnisch und Matt Noblett im Zentrum von Boston. Als ich dorthin mit dem Auto unterwegs war, steckte ich plötzlich in einem gigantischen Stau fest, verursacht durch das größte Zukunftsprojekt, das Boston je ins Auge gefasst hatte. Wie sich herausstellte, war ich nach der eingangs erwähnten Starbucks-Filiale zum zweiten Mal einer in Beton versenkten Utopie zum Opfer gefallen, die ironischerweise einmal die Idee eines problemlos fließenden Stadtverkehrs gewesen war. Denn wie jeder Boston-Pendler auf dem Weg ins Stadtzentrum musste ich die *Big Dig*-Route nehmen und kam prompt zu spät zu unserem Termin, weil die Verkehrsplaner 15 Jahre früher nicht vorausgesehen hatten, dass Boston hier für astronomische Kosten eine nicht ausreichende Straßeninfrastruktur geplant und gebaut hatte. Was ursprünglich ein Stauproblem lösen sollte, verlängerte im Ergebnis die Fahrzeit eines typischen Pendlers pro Jahr sogar noch um 64 Stunden.

Dabei dient im Idealfall jedes Bauwerk auch in hundert Jahren noch so gut seinen Nutzern wie am Tag seiner Fertigstellung. Kein Stadtplaner oder Architekt kann auf ewig nur von hochfliegenden Plänen für eine Brücke, ein Tunnelsystem oder ein neues Wohnquartier mit Sozialwohnungen leben. Für sie kommt immer der Tag, an dem geliefert werden muss, an dem die Projekte endgültig beschlossen werden, an dem der Geldhahn aufgedreht wird, die Bagger anrollen, die Bauarbeiten beginnen und die geplante Zukunft Gestalt annimmt. Und damit rückt nicht nur der Tag näher, an dem die gebaute Vision den ersten Beweis erbringen muss, dass sie funktioniert, sondern es rückt auch die spätere Zukunft näher, in der das Gebäude auch nach langer Zeit noch angemessen funktionieren muss. Die Utopie im Nutzungskontext von – sagen wir Großraumbüros – wird auch in Zeiten von *New Work* nicht vollkommen erfüllbar bleiben, ebenso wenig, wie das eine stadtplanerische Modell sich als endgültig wirksam erweisen wird.

Im Zukunftslärm: Future Fact Nr. 8

Bostons teure Tunnel

Der Big Dig war ein 22 Milliarden Dollar teures Verkehrswegepro-
gramm, mit dem die chronische Überlastung der Straßen in Boston
endgültig behoben werden sollte. Das Bauvorhaben war ursprünglich
mit knapp drei Milliarden Dollar geplant und wurde mehr als sie-
benmal so teuer, teurer als die Bohrung des Eurotunnels von Frank-
reich nach Großbritannien. Nach 15 Jahren Bauzeit wurde 2008 das
riesige Tunnelsystem fertiggestellt, das wichtige Bostoner Infrastruk-
turpunkte, etwa den Hafen mit dem Flughafen, verbindet und als
neue Verkehrsader der Stadt dient. So babylonisch das Projekt auch
war, Big Dig schuf ein Straßennetz, das schnell wieder verstopfte und
die durchschnittliche Fahrzeit eines Autofahrers um 64 Stunden pro
Jahr verlängerte. Vermutlich hätte ein komfortableres Transportsys-
tem, das radikal auf öffentlichen Nahverkehr setzt, der Stadt Boston
besser gedient.[33]

So betrachtet sind die Städte von heute in der Tat die oft zusammengewür-
felte und teilweise gescheiterten Zukunftsvisionen von gestern. Sie sind le-
bendiges Zeugnis dessen, was in der Vergangenheit über eine Zukunft gedacht wurde, die uns heute in der Gegenwart begegnet und mit der wir uns
auseinandersetzen müssen. Jahrzehnte alte und wahrscheinlich längst über-
holte Planungsgrundsätze, Verwaltungsabläufe und Errichtungsmethoden
haben diese Gebäude, Straßen und Plätze entstehen lassen. Die Chancen,
dass sie die Zweckmäßigkeit ihrer früheren Zukunftsplanung früher oder
später verlieren, stehen nicht schlecht, wie auch die Planer des Boston *Big
Dig* bereits am Tag der Eröffnung dieses Megaprojekts erfahren mussten.

Auch meine Heimatstadt Hamburg veranschaulicht deutlich, dass Ver-
kehrssysteme von Natur aus nicht gut altern und im Idealfall immer wieder
kurzfristig angepasst werden müssen. Im Zweiten Weltkrieg stark zerbombt
bot die Stadt nach dem Ende des Kriegs sehr viel Raum für städtebauliche
Neuordnung. Man kann hier sehr gut nachvollziehen, wie Straßenplaner in

den 1960er- Jahren anscheinend vier Spuren breite Verkehrsachsen für zukunftssicher befunden hatten. Schließlich gab ihnen die damaligen Projektionen des künftigen Verkehrsaufkommens und das planerische Leitbild der »autogerechten Stadt« die scheinbare Sicherheit, in Hinblick auf die künftigen Mobilitätsbedürfnisse Hamburgs auf dem richtigen Weg zu sein. Inzwischen ist das Auto jedoch in den meisten europäischen Metropolen auf dem Rückzug und es kann gut sein, dass der Raum, den Hamburgs großzügige Straßenführung einnimmt, irgendwann als zu wertvoll erkannt wird, um ihn allein dem Verkehr zu überlassen. Wer weiß, vielleicht wird das irgendwann, angeleitet von der Utopie der »autofreien Stadt«, sogar zu einem Zukunftsnarrativ führen, wonach der Straßenraum in Zukunft doch besser für den Bau dringend benötigter Wohnungen genutzt werden könnte. Auf das Zukunftsnarrativ der »autogerechten Stadt« folgt die Utopie von autobefreiten Innenstädten.

Aber wie können Stadtplaner dann ganz praktisch betrachtet vorhersehen, was komplexe Organismen wie Städte, die aus Gebäuden, Straßen, Krankenhäusern, Bahnhöfen, Grünflächen sowie Verkehrs-, Daten- und Energieinfrastrukturen bestehen, Jahrzehnte nach ihrer Errichtung für ihre Bewohner leisten sollten? Meines Erachtens gibt es dafür kein Patentrezept. Man muss es hinnehmen: Das hundert Jahre alte Gebäude, in dem man vielleicht gerade sitzt, spricht nun einmal von einer Zukunft, die irgendwann in den frühen 1920er Jahren vorgeschlagen wurde. Es ist ein Gebäude, das beispielsweise im damals hochmodernen Bauhaus-Stil die Utopie verfolgte, das Leben seiner Bewohner so menschlich, egalitär und nachhaltig wie möglich zu gestalten. Und doch müssen all diese Gebäude heute an neue und unvorhersehbare Bedürfnisse angepasst werden, um bewohnbar zu bleiben. Moderne Energieeffizienz, anpassungsfähige Wohnungsgrundrisse für immer älter werdende Bewohner, die Flexibilität, zusätzlichen Raum für eine Pflegeperson zu schaffen, standen vor hundert Jahren einfach nicht auf der Agenda eines Bauhaus-Architekten. Wie auch, da all dies damals kein Problem darstellte? Das lässt meines Erachtens nur den Schluss zu, dass wir Gebäude und Städte eben nicht besonders weit im Voraus planen können. Ihre langfristige Zukunft lässt sich kaum vorsehen und sollte vielmehr so offen und flexibel wie möglich für Anpassungen gehalten werden. Eine Erkenntnis, die viele Architekten und Stadtplaner heute bereits beherzigen.

Meine Stau-Erfahrung auf dem *Big Dig* ließ mich auch über Boston hinausschauen auf andere städtische Strukturen, die in idealistischer Überzeugung als urbaner Rahmen geplant wurden, ihre euphorischen Versprechungen zum Zeitpunkt ihrer Errichtung dann jedoch bald enttäuschten. Als erstes fiel mir Brasilia ein, das 1960 innerhalb von nur drei Jahren entworfen wurde, also interessanterweise genau in der Kennedy-Zeit.

Zukunftslärm: Future Fact Nr. 9

Brasilia – ein Stadt-Plan, der aufgegangen ist?

Die brasilianische Hauptstadt weist alle Merkmale eines utopischen Ortes auf, der eine positive Geschichte zu erzählen hat. Der künstlerische Wert der eleganten, futuristischen Betonarchitektur, die größtenteils vom Architekten Oscar Niemeyer, einem der führenden Vertreter der Nachkriegsmoderne, entworfen wurde, ist unbestritten, und Brasilia wurde von den Vereinten Nationen als Weltkulturerbe anerkannt. Der pompöse Grundriss der Stadt und ihre allgemeine Ausrichtung als exklusive Hauptstadt für wohlhabende Regierungsbürokraten, die Unterkünfte und Infrastrukturen für die einfache Bevölkerung vernachlässigt, hat jedoch auch Kritiker auf den Plan gerufen – gerade in einem Land, in dem die Ungleichheit insgesamt sehr groß ist. Es ist verschiedentlich auch die Meinung zu hören, dass Brasilia als Retortenstadt mitten im brasilianischen Dschungel die großflächige Abholzung des Regenwaldes erst in Gang gesetzt hat, die bis heute ein sich verschärfendes Problem für das Weltklima darstellt.[34]

Brasilia wurde unter der Leitidee der besten Lebensqualität für alle Bewohner mitten im brasilianischen Dschungel eine ideale Stadt von Grund auf neu geplant. Dass die Stadt heute, rund 60 Jahre später, gerade nicht als gelungener Vorzeigeentwurf für eine von Gleichheit geprägten Stadtgesellschaft dasteht, sorgte im Nachgang kaum für Ernüchterung in der Stadtplanungspraxis. Im Gegenteil, überall auf der Welt entstanden mehr und mehr bis ins Kleinste ziselierte ursprünglich utopische Architekturentwürfe. Die Beispiele sind Legion, man denke etwa nur an NEOM[35], ein 170 Kilometer langer Stadtstreifen, der derzeit in der saudi-arabischen Wüste entlang einer gigantischen Verkehrsachse neu gebaut wird. Der Entwurf verspricht »eine Revolution des urbanen Lebens«, indem er hyperökonomisch mit dem Raum umgeht, den die Stadt verbraucht. NEOM schlägt seinen Investoren vor, »95 Prozent der Natur zu erhalten, mit null Autos, null Straßen und null Kohlenstoffemissionen«, was einerseits wie der Vorschlag zu einer Reise zu einer ziemlich weit entfernten Utopie klingt, aber als Plan konkret um Beteiligung wirbt.

Während die beschriebenen Projekte in die fast schon gewohnte Kategorie idealer urbaner Entwürfe fallen, wie sie seit den Zeiten des Römischen Reiches immer wieder neu vorgeschlagen wurden, wählte der US-Medienunternehmer Walt Disney in den 1960er-Jahren für seinen Stadtvorschlag EPCOT, der in Florida errichtet werden sollte, einen interessanten, wenn auch etwas unheimlichen Ansatz für eine zukunftsfähigen Stadtplanung. Das Akronym EPCOT steht für *Experimental Prototype Community of Tomorrow* (Experimentelle Versuchsgesellschaft von morgen), was einen schon während des Lesens etwas ängstigen kann. Disney allerdings sah seinen Plan als wohlmeinenden und menschenfreundlichen Beitrag zur Planungsdebatte seiner Zeit, in der das Problem der Zersiedelung durch ausufernde Städte diskutiert und zu lösen versucht wurde.

Disneys EPCOT-Vision[36], deren Präsentation ebenfalls mit den Kennedyjahren zusammenfiel, bestand darin, eine ideale menschliche Siedlung mit Wohn-, Erholungs- und Geschäftskomplexen zu entwerfen. Es sollte keinen Autoverkehr geben, und die Menschen, ob Einwohner oder Besucher, würden sich zu Fuß oder mit Monorail-Zügen fortbewegen.

Im Zukunftslärm: Future Fact Nr. 10

Walt Disney – Zukunft als Vermächtnis

Kurz bevor Walt Disney starb, entwickelte der für seine Comicge-
schichten und Vergnügungsparks berühmte Filmproduzent die Idee
einer Zukunftsstadt EPCOT – Experimental Prototype Community
of Tomorrow. Eine futuristische Studie über das metropole Leben in-
klusive unterirdischer Verkehrsachsen. Sie wurde nie verwirklicht.
Stattdessen gestaltete die Walt Disney Company Teile des Entwurfs als
eine Zone innerhalb eines Disney-Themenparks, der sich mit Innovationen für die Zukunft befasst. Dies spiegelt Walt Disneys Werde-
gang als Vorläufer von Elon Musk wider. Wie Musk war auch Disney
Innovator, ohne selbst Techniker zu sein. So leistete er unter anderem
innovative Pionierarbeit bei der Entwicklung von Tonfilmen, Farbfil-
men, abendfüllenden Zeichentrickfilmen sowie bei der Entwicklung
stereophoner Tonsysteme zur Verbesserung des Seherlebnisses. Alles
in allem also ein Charakter, der sich von der Masse abhob, wenn es
darum ging, die Zukunft seiner Epoche zu planen.[37]

Disney stellte sich eine urbane Struktur vor, die ausreichend anpassungsfä-
hig sein sollte, um »eine echte Stadt hervorzubringen, die aber nie aufhö-
ren würde, auch gleich eine Blaupause für eine zukünftige Stadt zu sein«.
Quasi die ewig aktuelle Stadt in Dauerplanung. Um diese Flexibilität zu erreichen und die ständige Anpassung in Gang zu halten, schlug Disney, an-
stelle eines demokratisch gewählten Stadtrats, einen autokratischen Führer
für die Planung und Verwaltung der Infrastruktur und die Entwicklung der
Stadt vor.[38] Mit EPCOT wagte es Disney, den geheimen Traum vieler Planer von einer Stadtstruktur zu träumen, die, während sie den Wandel der Zeit
durchläuft, zugleich durch zentralistisch angeordnete soziale, wirtschaftliche
und technologische Erneuerungen immer auf dem neuesten Stand bleibt
und nie alt wird. Die Zukunft wird in einem solchen Ansatz die permanente Gegenwart. Dabei sollte man sich wohl vor Augen halten, dass Disney hier auch als Geschäftsmann handelte, der EPCOT nicht zuletzt als

Investitionsmöglichkeit für sein eigenes Medienunternehmen ansah. Disneys Utopie blieb, wie es typisch für Utopien ist, ein Traum, nicht viel anders als sein weitaus bekannterer urbaner Entwurf: die Cartoon-Stadt Entenhausen der Donald-Duck-Comics.

Utopien haben gegenüber der kurzatmigen Trendforschung oft die Nase vorn

Blicken wir noch von einer weiteren Seite auf Utopien und klären wir die Frage, warum ihre mobilisierende Kraft mit der Zeitspanne wächst, die zwischen ihrem Erscheinen und einer möglichen Verwirklichung zu liegen scheint. Von modernen Trendscouts und Demoskopen, die politische oder wirtschaftliche Strategen mit Daten und Einblicken in soziale Dynamiken versorgen, hört man oft, dass das Aufspüren der Megatrends unserer Gesellschaft wertvolle Erkenntnisse für die Planung unserer Zukunft liefern kann. In Anlehnung an mein eben erwähntes Beispiel Hamburg könnte eine solche Forschung beispielsweise zu Tage fördern, dass die jüngere Generation inzwischen weit weniger dazu neigt, sich ein Auto zu kaufen, und dass daher in Zukunft viel weniger Parkplätze und Verkehrsraum benötigt werden. Was den Städten wiederum die Möglichkeit eröffnen könnten, Grünflächen zu schaffen, die in einer Zeit steigender Temperaturen für die Kühlung der Städte dringend benötigt würden. Eine politische Partei oder Bewegung könnte auf der Grundlage dieser empirischen Befunde ein Narrativ aufbauen, das klimasichere Städte fordert und eine entsprechende Kampagne für ein solches Ziel startet.

Zweifellos leisten die professionellen Trendforscher hier hilfreiche Arbeit. Aber die Zeitspanne zwischen dem Entdecken eines solchen beginnenden soziodemografischen Trends und seiner erwarteten Wirkungen ist in der Regel kurz – oft sind es nur einige Jahre. Schnelllebige, soziodemografische Befragungen oder Schätzungen orientieren sich zwangsläufig sehr stark an der Gegenwart. Die bewusste Abgrenzung vom heute Möglichen und Denkbaren, vom **Machbaren durch Fiktion**, durch Vorstellungskraft, durch eine bewusste Überschreitung der Grenze des Machbaren, liefert weitaus zugkräftigere Projektionen der Zukunft. Nennen wir diese Projektionen ruhig Fiktion. Wenn man Fiktionen wiederum abgrenzen will von dem völlig Unmöglichen, realistisch nicht Denkbaren, nennt man es plausible Fiktion. Ich würde zum Beispiel behaupten, dass die utopische Idee, die der französische Science-Fiction-Autor Jules Verne 1865 in seinem Roman »Von der Erde zum Mond« entwarf, ein mächtiges Narrativ ist, das dem von Kennedy und der NASA viel später angekündigten Weltraumplan bei vielen Menschen erst den notwendigen Schwung verlieh.Und das mehr als hundert Jahre, bevor Neil Armstrong die Leiter seiner *Aquarius* hinunterkletterte, um in den Mondstaub zu treten. Verne skizzierte seine Utopie, damals war es noch keine plausible Fiktion wie später bei Kennedy, lange bevor sie möglich wurde und ohne auch nur das geringste Wissen über moderne Raketentechnologie.

Damit schuf die Vorstellungskraft des Franzosen ein umfassendes Narrativ, das mehr als ein Jahrhundert lang nachhallte, bis die technologisch inzwischen zum Raumflug befähigten Weltraumforscher ihre eigenen kurzfristigen Visionen an diese Meta-Erzählung andocken konnten – nämlich innerhalb von einer Dekade einen Menschen auf den Mond zu bringen.

Mich führt das Beispiel Jules Vernes zu der Überzeugung, dass Novellen, Drehbücher und andere fiktionale Inhalte, vor allem wenn sie in Zeiten weit außerhalb aktueller technologischer Machbarkeit spielen, starke Narrative für die Gestaltung der Zukunft liefern.

Im Zukunftslärm: Future Fact Nr. 11

Raketen – von der Fiktion zur wirklichen Zukunft

Der 1894 geborene Hermann Oberth, ein abgebrochener Medizinstudent und diplomierter Physiker, war ein begeisterter Leser von Jules Vernes Raketenbuch. Sein 1923 erschienenes Büchlein »Die Rakete zu den Planetenräumen« war eigentlich seine Promotionsarbeit, aber es gab keinen Experten, der das beurteilen konnte und so wurde sie abgelehnt und zu seiner Diplomarbeit, die damit die

wissenschaftlichen Fundamente für den Flug in den Weltraum legte.[39] Der Metropolis-Schöpfer Fritz Lang und seine Frau Thea
von Harbou engagierten Oberth als Berater für ihr Filmprojekt
»Die Frau im Mond«. Der Raketenforscher sah das als eine Möglichkeit an, dadurch tatsächlich eine Raketenentwicklung finan-
ziert zu bekommen, schon zur Filmpremiere sollte es so weit sein.[40]
Obwohl das Projekt so nicht gelang, wurde tatsächlich auf einem
Schießplatz bei Berlin experimentiert. Wernher von Braun stieß
hinzu und das Gelände wurde in Raketenflugplatz Berlin umbe-
nannt, später ging es in der von Zwangsarbeit angetriebenen Kriegs-
maschinerie der Nazis auf. Das entstandene Know-how wurde von
den Siegermächten danach für ihre jeweiligen Raumfahrtprojekte
genutzt.

Erzählungen vom Kaliber »Von der Erde zum Mond« haben einen hohen
utopischen Gehalt, der enorm viel Raum für unzählige zukünftige Möglichkeiten eröffnet. Und dieser mächtige Resonanzraum bietet letztlich mehr
Menschen einen Anreiz, sich einer von einer Utopie geleiteten plausiblen
Fiktion anzuschließen und sie voranzutreiben. Ohne solche weit vorausgrei-
fenden Fiktionen von Schriftstellern und anderen visionären Erzählern hätte
unser menschlicher Verstand weniger Vorstellung von der Zukunft und wäre
daher auch schlechter in der Lage, mit ihr umzugehen. Die von der jeweils
existierenden Gegenwart komplett abgekoppelte Fiktion, die der Imagina-
tionskraft eines kreativen Menschen entsprungen ist, kann etwas Futuris-
tisches, aber eben Vorstellbares erschaffen. Und damit wird beeinflusst, wie
wir unsere Strategien für die wirkliche Zukunft wählen und umzusetzen planen. Ohne Zweifel ist auch die aktuelle Utopie eines Metaversums, die Facebook Gründer Marc Zuckerberg aufgegriffen hat, durch viele Erzählungen
und Filme inspiriert, unter anderem Steven Spielbergs »Ready Player One«
der auf einer Novelle von Ernest Cline basiert. Das Metaversum, die Ankündigung des Internets als dreidimensionale, virtuelle Realität, ist ein utopischer Zukunftsplan par excellence, da er überhaupt nicht auf eine gänzlich
realisierbare Vorstellung abzielt.

Die Gestaltung von Zukünften braucht Spielraum für Korrekturen während des gesamten Prozesses

Die virtuelle Welt als Metaversum, genauso wie die Zukunftsstadt aus Beton oder besser bald Holz, bedient jeweils starke Metaphern, zeigt aber, dass Zukunft nicht bis zum letzten Molekül vorhergesehen werden kann. Die Metaphern beschreiben vielmehr, dass Zukünfte, die offen bleiben, also gar nicht den Anspruch haben, bald vollständig realisierbar zu sein, mehr Erwartungen wecken und mehr Aktivitäten erzeugen können als Ziele, die von vornherein komplett erreichbar sind. Die Zukunft selbst ist eine Art Leinwand für dorthin projizierte Möglichkeiten – und zwar für fast alle Themen, die die menschliche Gesellschaft und ihr zukünftiges Schicksal betreffen. Wer eine Zukunft bauen will, dem würde ich deshalb raten, den Weg dorthin in ein paar einfachen, aber kühnen Strichen und mit einem breiten Pinsel zu skizzieren und im übertragenen Sinne ein Zukunftsnarrativ zu entwickeln, das auf plausibler Fiktion beruht. Denken Sie an allgemeine, aber zündende Metaphern wie Kennedys Bild von der *New Frontier*. Das grobe Bild ist viel mobilisierender als der Versuch, die Zukunft bis ins Komma zu planen und vorherzusagen, in der Hoffnung, dass die – vermeintliche – Genauigkeit irgendjemanden beeindruckt und begeistert.

Auf welchen Zeitraum, welche Dimension sich das bezieht, hängt von der Perspektive ab. Eine gerade graduierte Studentin mag eine andere Perspektive haben als ein:e Unternehmer:in in der Lebensmitte oder ein Mensch mit 80, aber alle haben eine utopiefähige und vorstellbare Zukunft.

Je großzügiger ein Zukunftsentwurf ausfällt, desto länger kann sich eine Zukunftsvision entfalten und andere mitreißen. Allzu pedantische Zukunftsvorstellungen hingegen sind ständig in Gefahr, an sich selbst zu ersticken und ihre Wirkung einzubüßen. Am besten entwickelt man also eine konkrete Zukunftsidee, verfolgt sie, geführt von einer Utopie. Dabei sollte man jedoch gleichzeitig immer auch auf die Schwankungen und Veränderlichkeit der zukünftigen Entwicklung vorbereitet sein. Wie bereits analysiert, liegt der große Nutzen der Utopie ja gerade in der groben Skizzierung der Reiseroute, die sie für möglichst viele Menschen denkbar macht. Der genaue Weg kann dann unterwegs durchaus davon abweichen.

Die Zukunft lässt sich daher am besten planen, indem man sie nicht in eine starre Form gießt, wie es Stadtplaner:innen irgendwann machen müssen, sondern indem man sie innerhalb eines Korridors individueller Szenarien und Ergebnisse Schritt für Schritt als Möglichkeiten ausbaut. Fest steht also: Die Zukunft trifft man nicht mit dem Präzisionsgewehr, sondern mit der Schrotflinte.

So zeigt etwa die visionäre Idee des autonomen Fahrens, wie sehr der Griff nach fernen Utopien für den technologischen Fortschritt notwendig ist, aber auch, wie sehr die Zukunft, die darin versprochen wird, irgendwann einen anderen Weg einschlagen kann. Das autonome Fahren wird von den US-Straßenverkehrsbehörden in sechs[41] Stufen eingeteilt – von null Automatisierung des Autos mit rein menschlicher Steuerung (Level 0) bis zur Vollautomatisierung ohne Fahrer:innen (Level 5). Ich finde es schwer vorstellbar, dass Stufe fünf jemals erreicht wird, selbst wenn wir einen technologischen Durchbruch erleben, von dem wir heute vielleicht noch gar nichts wissen. Dass eine Stadt wie beispielsweise Los Angeles an einem regnerischen Tag voll sein soll mit 5,5 Millionen vollautonomen, fahrerlosen Autos und mehr als einer Million Lastwagen und Lieferwagen, sprengt mein Vorstellungsvermögen. Welche Art von Technologie oder bemannter Leitstelle soll diese monströse Anzahl von kleinteiligen Verkehrsbewegungen unter Kontrolle, frei von Konflikten und Unfällen halten? Mir jedenfalls fällt diese Vorstellung schwer. Und zwar schon allein, wenn ich an die Gesamtkosten denke: Um nur eines der autonomen »Waymo«-Fahrzeuge von Google sicher zu lenken, ist eine Computerinfrastruktur im Wert von sicherlich einer Million Dollar erforderlich. Um diesen Anwendungsfall zu einem lukrativen Geschäftsmodell zu machen, müssten die Kosten auf etwa 2000 Dollar pro Auto sinken. Zum jetzigen Zeitpunkt scheint mir das eher unwahrscheinlich. Oder gar undenkbar utopisch?

Es zeigt sich hier jedoch genau das Argument, auf das ich hinauswill: Wie jede mächtige Utopie muss auch ein Straßenverkehr ohne menschliche Fahrer:innen in den Autos keine endgültige Verwirklichung finden. Er sollte nur einer kritischen Anzahl von Menschen, Autofahrer:innen, Passagier:innen, Erfinder:innen und Investor:innen plausibel genug erscheinen, um mit den Plänen und Visionen für neue Fahrzeugmodelle,

Im Zukunftslärm: Future Fact Nr. 12

Autonomes Fahren – eine Logik, fünf Level und sechs Stufen
Die amerikanische Society of Automotive Engineers (SAE) unterscheidet sechs Level des autonomen Fahrens von Level-0 eines gar nicht autonomen Verkehrs bis hin zur Voll-Autonomisierung auf Level 5. Bestandteile der Level 1-2 sind in verschiedenen Modellen wie z. B. beim Tesla Autopilot oder Volvo Auto-Assist schon verwirklicht. Sie erlauben es diesen Wagen unter bestimmten Umständen, selbst zu bremsen, lenken oder zu beschleunigen. Dabei liegt die Hauptverantwortung, das Auto umgebungs- und verkehrsgerecht zu steuern, weiterhin beim Fahrer. Erst auf Level 3 vollzieht sich die auch rechtlich-moralisch relevante Verschiebung der Verantwortung vom Fahrer auf das System. Der Präsenz des Fahrers ist nur noch für den Notfall verlangt. Level 4 und 5 hingegen beschreiben voll-autonome Fahrzeuge, in denen der Fahrer lediglich als Passagier vorkommt. Auf Level 4 ist dies auf bestimmte Straßentypen und -netze beschränkt. Level 5 hingegen beschreibt die Utopie eines grenzenlosen, autonomen Verkehrs zu jeder Zeit und an jedem Ort. Interessant an diesem System ist, dass schnell ein Beurteilungsprinzip für Investitionsentscheidungen geschaffen wurde, das die Automobilbranche dominiert und eine Utopie machbar erscheinen lässt und sogar zum Maßstab macht.[42]

Autopiloten und Verkehrsleitsystemen zu beginnen. Schon das kann genügend Antrieb geben, um die etlichen Hürden zu überwinden, die einem autonomen Straßenverkehr auf der vollautonomen Stufe 5 noch im Wege stehen. Damit würde der aktuell simpel koordinierte Verkehr auf jeden Fall auf eine nächste Stufe gehoben werden.

Denn selbst wenn die Entwickler:innen und Ingenieur:innen beim Thema Autonomisierung des Straßenverkehrs im Laufe dieses Zukunftsprojekts vielleicht nur Stufe drei oder vier erreichen, werden wir dadurch immer noch eine völlig neue Situation auf den Straßen erleben. Man kann also mit Fug und Recht behaupten, dass eine Utopie auch hier ihre Zugkraft walten lässt und ihre Mission, den Straßenverkehr technologisch weiterzuentwickeln, irgendwann erfüllen wird – ohne natürlich selbst Realität zu werden. Wohlgemerkt: Ohne die Utopie eines vollständig fahrerlosen Verkehrs wäre es überhaupt nicht so weit gekommen. Erst mit ihr wurde das Denkmodell konstruiert, von dessen oberster Stufe wir träumen können, die uns aber auch einsehen lässt, dass wir dort vielleicht nie wirklich ankommen werden und dass die tatsächliche Zukunft des Verkehrs am Ende doch ganz anders aussehen könnte.

Die an einer Zukunft bauenden Pionier:innen unter den Unternehmer:innen wissen ohnehin, dass der Weg zur Verwirklichung ihrer Visionen oft unerwartete Wendungen nimmt. Einer meiner Freunde hatte zum Beispiel bereits in den 1980er-Jahren ein frühes Navigationssystem für Autos entwickelt, das auf am Rad angebrachten magnetischen Sensoren beruhte, mit deren Hilfe Bewegungen auf digitalen Stadtplänen nachgezeichnet werden konnten. Das System kam sogar auf den Markt, war aber nur ein kurzer kommerzieller Erfolg. Denn von den schon bald kostenlos nutzbaren satellitengestützten GPS-Navigationsdaten ist dieses Konzept technologisch überholt worden. Und doch war auch dieser Erfinder einer Utopie nachgegangen. Er entwarf eine Zukunftsvision, die auf dem richtigen Weg war – wenn auch nur für eine kurze Zeit. Immerhin hat der Innovationsansatz die navigierbare Digitalisierung von Straßenkarten hervorgebracht, ein Geschäftsmodell, welches bis heute sehr gut funktioniert. Allerdings längst nicht mehr in erster Linie nur für die Fahrzeugnavigation, sondern für Dienste wie Google und Apple Maps. Das Beispiel zeigt einmal mehr, dass man zunächst eine glaubwürdige Idee und Utopie aufbauen muss, bevor man sie, in diesem Fall durch die Unterstützung von Investor:innen, verfolgen kann. Aber die Lektion lautet auch hier wieder: Man sollte offen dafür bleiben, ob man sich der zuvor skizzierten Utopie auf direktem Wege annähert, oder auf dem Weg die Richtung ändert. In der Start-up-Szene nennt man diese Bewegung pivotieren, beim Segeln kreuzen. Natürlich ist es wichtig, mit dem Geist eines Pioniers/einer Pionierin mutig in die Zukunft zu gehen, aber genauso hilfreich ist der kritische Blick auf die Unerreichbarkeit von Utopien, die Entwicklung einer

Resilienz sowie die Bereitschaft, die Richtung zu ändern und eine andere Zukunft zu projizieren, sollte dies auf halbem Weg notwendig werden. Ganz konkret: Es wäre sinnlos, ein großes Investitionsbudget für autonomes Fahren Level 5 zu investieren, während eine Investition in Level 2, 3 oder 4 zweckmäßiger erscheint. Wer weiß, was unmöglich ist oder undenkbar erscheint, kann sich besser darum bemühen, es tatsächlich möglich zu machen.

Vor allem Unternehmer:innen sollte diese Form der Flexibilität in Fleisch und Blut übergehen. Und ich würde ihnen raten, sich in die Denkweise eines/einer Entdecker:in auf einer Expedition hineinzuversetzen: Es ist immer eine Reise ins Unbekannte. Es gibt ein vermeintlich weit entferntes Ziel. Und es liegen bewährte oder eher nur vage gezeichnete Karten vor, sowie ein paar verschwommene Berichte früherer Pionier:innen auf dieser Route. Wer sich auf dieser Grundlage auf den Weg macht, wird weder alles im Voraus wissen oder unter Kontrolle haben können. Andererseits wird er aber auch nicht gar nichts wissen oder überhaupt keine Kontrolle haben – was die Expedition zu einer reinen Odyssee machen würde. Eines ist der/m Unternehmer:in, die/der etwas Neues entwickelt, damit klar: Eine Kurskorrektur auf dem Weg zu seiner Utopie ist von vorneherein eine wichtige und sinnvolle Möglichkeit, vor allem dann, wenn es um die Unerreichbarkeit großer Zukunftsnarrative geht. Während es mit dem Leben im Weltall nichts geworden ist (es mangelt dort an Sauerstoff und die Strahlung ist nicht überwindbar), ist der Markt für Satellitentechnologie nach dem Apollo-Programm kommerziell hochattraktiv geworden – die Raumfahrt hat pivotiert.

Schauen wir dafür das Beispiel der Initiatoren des Bruchsaler Luftfahrt-Start-ups »Volocopter« an. Deren ursprünglicher Plan war es, einen unbemannten Transporthubschrauber für den urbanen Raum zu bauen, eine Art Drohne, die in dicht besiedelten Städten rasch Medikamente oder andere wichtige Güter von A nach B bringen könnte. Die Gründer:innen des Start-ups erzählten, dass sie und ihre Investor:innen irgendwann beschlossen hatten, die Idee zu der eines vollwertigen Lufttaxis für den Personentransport zu erweitern. Entscheidend war dabei, dass sich immer mehr herausstellte, dass die Öffentlichkeit für solche Dienste psychologisch mittlerweile bereit war. Plötzlich wurde auf diese Weise aus einem leicht adaptierten Narrativ

– in ein Taxi einzusteigen, wie wir es gewohnt sind, nur eben hoch über der Stadt schwebend – eine machbare Anwendung und ein Geschäftsmodell. Dieses Beispiel zeigt auch, wie technikbegeisterte Visionär:innen jeweils zur Projektionsfläche für die visionären Ideen der Öffentlichkeit werden. Und sie unterstreicht die grundsätzliche Rolle eines Start-ups in der Gesellschaft – nämlich verschiedene mögliche Zukünfte aufzuzeigen, auf die die Gesellschaft zusteuern könnte. Auch wenn das manchmal bedeutet, unerwartete Kurswechsel zu vollziehen. Natürlich ist das leicht denk- und nutzbare Taxi-Narrativ magisch anziehend für eine Zukunftsvision, fliegende Taxis hat es schon in vielen Zukunftsfilmen gegeben. Das Zukunftsnarrativ von »Volocopter« wird praktisch von dieser geradezu magnetischen Vorstellung angetrieben. (Obwohl eine solche Idee, wenn man genauer drüber nachdenkt, weder wünschenswert noch machbar erscheint, also wohl Utopie bleiben muss, jedenfalls verglichen mit der heutigen Dichte individueller Mobilität in Metropolen.)

Die Ära der digital-technischen Transformation, die wir im Augenblick erleben, lässt Zukünfte und Utopien boomen, erzeugt den hier beschriebenen Zukunftslärm. Der rasante Fortschritt diverser Technologien hat einen Horizont für so viele neue bahnbrechende Produkte und Dienstleistungen eröffnet, dass dadurch mehr Nutzungs- und Geschäftsszenarien entstehen als jemals zuvor. Das Aufkommen des Cyberspace als Medienkanal hat darüber hinaus die Art und Weise, wie Ideen geboren, kommuniziert und verbreitet werden, radikal demokratisiert und erweitert – bis zu einem Punkt, an dem sie den größten Teil des aktuellen Zukunftslärms ausmachen. Schließlich kann in einem digitalen Umfeld jeder Mensch seine Gedanken und Ambitionen mit kostengünstigen Mitteln selbst veröffentlichen und sich mit einer Utopie, einer kühnen Vision, einem spektakulären Plan oder einem fesselnden Narrativ ins Getümmel werfen, um ein großes Publikum von Verbraucher:innen, Investor:innen oder Technologiepartner:innen hörbar und sichtbar zu erreichen. Die Informationsgeschwindigkeit und Transparenz des Internets verschaffen in Echtzeit einen globalen Überblick darüber, wo welche Ideen gerade entstehen und wo und mit welcher Art von Manpower, Budget und Erfolg solche Visionen bereits nahe an die Umsetzung gekommen sind.

Aufgrund dieses beispiellos vielfältigen digitalen Horizonts werden utopische Ideen heutzutage leichter geboren und sie entwickeln sich schneller vom ersten zaghaften Gedanken über den embryonalen Entwicklungs-
stand bis hin zur vollen Wucht der Marktreife.

Visionen müssen nicht nagelneu sein – wiederverwertete Utopien sind oft griffiger

Wenn es darum geht, eine Utopie zu entwickeln, müssen Start-ups das
Rad nicht völlig neu erfinden, der Magnetismus des Taxi-Narrativs im
»Volocopter«-Beispiel verdeutlicht dies. Für sie geht es häufig nur darum,
die richtige Stelle zu finden, an der sie ihre Technologie mit einer bereits bestehenden Utopie verbinden können. So wie Kennedy und die
NASA ihren Plan für die Mondlandung und die Kolonisierung des Weltraums auf eine übergreifende, zuerst von Jules Verne skizzierte Utopie
einstellten, so können auch moderne Gründerfirmen ihren Kund:innen,
der Öffentlichkeit und den Investor:innen ihre neuen Ideen in bekannte
ähnlich epochale Erzählungen verpackt präsentieren. Ist eine Utopie also
vielleicht schon vorhanden, sollte sie einfach aufgegriffen und darauf aufgebaut werden. So kann ein attraktives Zukunftsnarrativ entstehen – als
plausible Idee, deren Attraktion darin besteht, an der Grenze zum Undenkbaren zu liegen.

Genau das hat zum Beispiel auch Facebook-Gründer Mark Zuckerberg
getan. Die Idee des *Metaverse* – ein Thema, das in letzter Zeit mehr und
mehr von ihm forciert wurde, unter anderem dadurch, dass er sogar den
Namen seiner Holdinggesellschaft in »Meta« geändert hat – ist viel älter
als Zuckerbergs aktuelle Impulse zu dem Thema. Der Begriff, die Idee und
das, wofür sie steht, nämlich eine parallele, digital bewohnbare Welt im
Cyberspace, existiert schon seit etwa 30 Jahren.[43] Etliche Science-Fiction-
Filme, wie zum Beispiel die »Matrix«-Reihe der Wachowski-Schwestern
von 1999, wurden auf Grundlage einer ähnlichen Idee gedreht. Damit
konnte Zuckerberg von vornherein auf eine existierende Utopie zugreifen,

die auch schon von anderen Intellektuellen und Künstler:innen aus- und weitergedacht worden war.

Im Zukunftslärm: Future Fact Nr. 13

Das Metaverse hat als Memex begonnen
Wie auch das Metaversum, das 1992 in Neal Stephensons Science-Fiction-Roman Snow Crash[44] zum ersten Mal auftauchte, sind viele Elemente der heutigen digitalen Hard- und Software zunächst als Fiktion erdacht worden. Eines der bekanntesten Beispiel düfte der Memory Extender (Memex) sein, der 1945 von Vannevar Bush in einem Artikel für den Atlantic Monthly vorgestellt wurde. Der Memex sollte die Form eines Schreibtisches samt Kamerafunktion, Spracherkennung und Touchscreens haben, auf dem sich elektronische Inhalte per Hyperlink miteinander verknüpfen ließen. Zweck des Apparates sollte die Förderung der Denk-, Erinnerungs- und Assoziationsfähigkeit seiner Benutzer:innen sein.[45]
Wenn es also beim Metaversum wie bei Jules Verne ist, wo die Idee Mondfahrt 100 Jahre bis zur Umsetzung brauchte, können wir 2045 mit dem Memex rechnen.

Und doch übernahm Mark Zuckerberg dabei die wichtige Aufgabe, sie nicht nur rein gedanklich weiterzuspinnen, sondern auch einen Weg zur Machbarkeit aufzuzeigen, in dem er konkrete, technologische Vorschläge zur Herstellung einer solchen virtuellen Welt machte, die es Menschen ermöglichen würden, das Metaverse zu betreten und zu bevölkern. Zuckerberg agiert hier im Grunde nicht anders als John F. Kennedy, der zur Untermauerung seiner Vision auf die ihm Anfang der 60er-Jahre zur Verfügung stehende Raketentechnologie verwies. Erst diese Tatsache ließ die Besiedlung des Weltraums plausibel erscheinen. Die Technologie für den potenziellen Zugang menschlicher Siedler:innen zu einem digitalen Metaversum hat momentan vielleicht einen vergleichbaren Reifegrad erreicht, der es Unternehmern wie Zuckerberg ermöglicht, deren Vision mit Plausibilität zu unterfüttern.

Bei aller Notwendigkeit für plausible Fiktion bei der Formulierung eines Zukunftsnarrativs sollte man dennoch darauf achten, den anfänglichen technologischen Innovationssprung der eigentlichen Idee nicht zu klein zu gestalten. Es ist vielmehr entscheidend, dass darin eine vollständige Abkehr von der Gegenwart zu finden ist. Kluge Unternehmer:innen wie Elon Musk haben ihre Visionen daher von Anfang an als große Utopien gesponnen – so etwa wiederverwertbare Raketen, Autopiloten, die den/die Fahrer:in ersetzen, Personenbeförderung zwischen San Francisco und Los Angeles in nur 30 Minuten, Kolonisierung des Mars, Schaffung einer Schnittstelle zwischen menschlichen Gehirnen und Mikrochips. Musks Erzählungen wirken in dieser Hinsicht ein wenig wie die eines modernen Jules Verne. Sie klingen wie weit hergeholte und weit vorausdenkende Utopien, von denen viele noch nicht einmal plausibel sind. Alle diese Utopien existierten aber schon vor ihm, wie beispielsweise der wunderbare Bericht von »Business Insider« über die lange Geschichte von Hyper-Loop-Röhren zeigt.[46]

Im klaren Unterschied zu Jules Verne ist Elon Musk jedoch ein Visionär, der seine Ideen von einem unternehmerischen Standpunkt aus angeht, während Verne seine Utopien schriftstellerisch genutzt hat und dabei gleichwohl viel Zukunft geschaffen hat.

Utopien brauchen einen unbestechlichen Blick, um Schlimmes zu vermeiden

Verfolgt ein Unternehmen eine Utopie, hat sein dazu passendes Narrativ jeweils seinen eigenen Lebenszyklus, in dem die Erzählung immer wieder überprüft und angepasst werden muss. Es ist einerseits die Hauptaufgabe eines Unternehmers, die eigene utopische Vision mit Engagement zu propagieren. Diese klassische Evangelisten-Rolle ist unverzichtbar, da die potenziellen Nutzer:innen der geplanten Zukunft, die meistens auf einer technologischen Innovation beruht, mit ins Boot geholt und ihre Erwartungen geschürt werden müssen, während zeitgleich auch die Investor:innen überzeugt werden müssen, dass es sich hier um das nächste große Ding handelt. Andererseits müssen dieselben Unternehmer:innen regelmäßig überprüfen, wo ihre Vision realistischerweise jeweils steht. Im Laufe der Zeit werden sich die Zukunftspläne von Start-ups nämlich von der anfänglichen plausiblen Fiktion zum Business Case, zur machbaren Umsetzung und schließlich zur Markteinführung weiterentwickeln. Wer es dabei versäumt, sein Narrativ in all diesen Phasen neu auszurichten, setzt sich einer Gefahr aus. Denn ohne regelmäßigen Reality Check wird man nicht erkennen, ob die Reise schon zu Ende ist, weil woanders die Vision bereits verwirklicht wurde, oder wann das Narrativ aktualisiert werden muss, um, wie im Fall von »Volocopter« gerade beschrieben, die Reise mit neuem Kurs fortzusetzen.

Im Zukunftslärm: Future Fact Nr. 14

Über die Faktenneutralität von Zahlen

In seinem Buch »Narrative and Numbers« beschreibt Aswath Damodaran, Professor für Funding an der Stern School of Business, die Gefahren, die darin liegen, sich ausschließlich auf Zahlen zu verlassen. Zahlen seien nie so neutral wie sie schienen, sondern folgten oft einer versteckten Agenda. So entstünden beim Sammeln, Analysieren und Präsentieren von Daten aus kleinen Verzerrungen große Fehler. Der größte Irrtum liege in dem Umstand, dass wir unsere datengesteuerte Welt überwiegend auf Daten aus der Vergangenheit aufbauen, ohne dass die Vergangenheit aber immer ein guter Prädiktor für die Zukunft sei. Für den Aufbau einer inspirierenden und dennoch faktenbasierten Zukunft setzt Damodaran daher lieber auf das Zusammenspiel von Zahlen und Narrativen.[47]

Wirklich gefährlich wird es allerdings, wenn die unternehmerischen Verfechter:innen utopischer Visionen nicht mehr in der Lage sind, ihre Geschäftsideen mit der gebotenen Nüchternheit zu überprüfen, sich in ihre Utopie geradezu verliebt haben und nicht mehr von ihr loskommen. Ein Paradebeispiel hierfür ist der Fall »Theranos«, ein amerikanisches Start-up, das ein medizinisches Analysegerät von der Größe eines Kugelschreibers entwickeln wollte. Die Gründerin des Unternehmens, Elizabeth Holmes, behauptete, damit die Blutuntersuchung revolutionieren zu können. Ihr utopisch klingendes Versprechen lautete, mit nur einem durch einen Stich in den Finger entnommenen Bluttropfen ließe sich mit ihrer Technologie ein komplettes Blutbild erstellen. Damit wäre Ärzten oder chronisch kranken Patienten ein praktisches Gerät zur schnellen Gesundheitsanalyse an die Hand gegeben worden. Letztlich ignorierte die Start-up-Unternehmerin zu lange, dass die utopische Idee, all diese Untersuchungen in einem Gerät von der Größe eines Kugelschreibers oder einer Armbanduhr zu realisieren, nicht zeitnah realisierbar ist. Sie war nicht mehr in der Lage, ihre Geschäftsidee unvoreingenommen zu reflektieren, was ihr schließlich eine Anklage wegen Betrugs einbrachte. Auf tragische Weise wurde hier eine Zukunftsarchitektin zur Gefangenen ihres eigenen Narrativs.

Junge Gründungsunternehmen wie »Theranos« geben Versprechen ab, die ans Utopische grenzen. Das ist ein Stück weit normal und notwendig. Auch die EKG-Funktion einer Apple-Watch oder Ultraschallgeräte im Smartphone waren vor Jahrzehnten eine Utopie. Ein zugkräftiges Zukunftsnarrativ abzuliefern ist nicht per se betrügerisch, sondern an sich ein Stück weit unrealistisch. Dennoch kommt auch für hochfliegende unternehmerische Verheißungen irgendwann der Tag, an dem geliefert werden muss. Wer ein volldigitalisiertes, selbstfahrendes, elektrisches Tesla-Auto angekündigt hat, wird irgendwann mit einem solchen Fahrzeug aufwarten müssen. Wer eine wiederverwendbare Weltraumrakete in Aussicht stellt, muss sie irgendwann auch wirklich in den Himmel steigen und sicher wieder landen lassen. Ebenso wird jeder, der ein revolutionäres Blutanalysegerät unter dem vielversprechenden Namen »Edison« ankündigt, wie »Theranos« es getan hat, eines Tages Investoren erklären müssen, wann die Vermarktung dieses Produkts beginnt.

Andererseits wird es nicht reichen, unternehmerische Zukunftsnarrative ängstlich zu formulieren und sich dabei von vornherein nur auf geringfügige Verbesserungen einer bereits bekannten Technologie zu beschränken. Es bedarf daher eines Gespürs für das richtige Timing, um das Narrativ über seinen ganzen Lebenszyklus hinweg zu managen. Und es braucht vor allem auch das Vertrauen von Investor:innen von einer interessierten

Öffentlichkeit und Sensibilität gegenüber dem betrügerischen Missbrauch von Vorstellungskraft. Nötig ist ein informierter Umgang mit der Konstruktion von Zukünften und der Entschlüsselung von Utopien genauso wie der Faktencheck und die Kritik. Die leitende Utopie muss dabei stets attraktiv im Hintergrund brodeln, das Narrativ selbst sollte jedoch auf dem Weg zur Marktreife ständig moderiert und aktualisiert werden. Ein unternehmerischer Zukunftsplan aber, der ganz ohne Utopie auskommen möchte, ist auch schnell zum Scheitern verurteilt. Denn oft entwickeln dann weder die Nutzer:innen noch die Investor:innen oder andere Unterstützer:innen genug Fantasie und Tatkraft, um die Reise mitzumachen.

Was können wir also aus unserer Analyse über Utopien, plausible Fiktionen und die Gestaltung unserer Zukunft mitnehmen? Wir sollten zuerst groß denken. Das haben echte Innovator:innen seit jeher getan, seien es Bauhaus-Architekten, Schriftsteller wie Jules Verne, Politiker wie John F. Kennedy oder heutzutage Unternehmer wie Elon Musk. Die großen Probleme, die die Menschheit lösen will, seien es der Klimawandel, das globale Abfallproblem, der Umgang mit den wachsenden Einkommensdifferenzen oder die Frage der künftigen Energieerzeugung brauchen große narrative Gesten, wenn Lösungen dafür versprochen werden. Es lohnt sich also, groß anzufangen und die Reise zu einer Utopie so lange wie möglich zu befeuern – aber die richtige Ausfahrt, an der eine Idee Realität werden muss, sollte dabei nicht verpasst werden. Denn, wie Thomas More gesagt hat: Utopien sind von Natur aus keine Orte, die es in der Realität gibt. Die Utopie ist deshalb eine von fünf Kräften, die bei der Beurteilung oder Entwicklung von Zukunftsnarrativen Berücksichtigung finden sollte, übrigens von ähnlicher Bedeutung wie ihr Gegenpart, die Dystopie, die für die Bedrohung durch ein Ende steht.

Takeaway Kapitel 4, Utopien – über die Zugkraft unerfüllbarer Visionen

Utopien....

...haben wie die Zukunft eine lange Geschichte, in die es sich zu schauen lohnt.

...sollte man haben, denn sie zeugen von Hoffnung oder Ambition.

...bringen plausible Erzählungen hervor, die an das Undenkbare grenzen – und genau darin liegt ihre Kraft.

...zu formulieren lehrt einen, das Unkonkrete und Unerreichbare in Zukünften zu mobilisieren.

...sind keine Ziele, Pläne und können doch das Machbare verändern.

FÜNFTES KAPITEL

DYSTOPIE – DER BLICK IN DEN ABGRUND LÄSST GUTE NARRATIVE GEDEIHEN

Ein Eckpfeiler beim Aufbau von Zukunftserzählungen ist, sich das undenkbar Schlechte und Unerwünschte vorzustellen. Die Zukunftskraft der Dystopie besteht darin, sich dem Risiko ihres Eintretens zu widersetzen, sie zu bekämpfen. Man sollte also die Dystopie, den ewigen Gegenpart der Utopie, nicht abschreiben. Sie sich vorzustellen, ist ein produktives Gedankenexperiment. Es hilft Strategien zu sortieren, dem Magnetismus der Gegenwart zu widerstehen und zu einem kühnen, aber plausiblen Zukunftsplan zu gelangen.

Burg Giebichenstein in Halle ist der ideale Ort, um über die Gestaltung von Zukunft zu sprechen. Die mittelalterliche Burg, die heute eine renommierte Kunsthochschule beherbergt, ist ein trutziger, düsterer Bau, mit steilen Giebeln und spitzen Türmchen. Für das Frühjahr 2020 war dort eine akademische Vortragsreihe unter dem Stichwort »Apokalypse« geplant, zu der auch ich eingeladen war. Die dicken Mauern einer mittelalterlichen Burg schienen tatsächlich die perfekte Kulisse für einen wagemutigen Blick in den Abgrund zu sein. Denn gerade das sogenannte finstere Mittelalter schickte Wellen von Seuchen, politischer Instabilität und endlosen Kriegen über die Menschen, die wohl recht pessimistisch auf eine brutale

Welt geblickt haben mussten und in der ein Bollwerk wie die Burg Giebichenstein wie ein sicherer Hafen aus dem Elend herausragte.

Der Titel meines Vortrags lautete »Die Apostel der Zukunft – utopische und dystopische Erzählungen des technologischen Fortschritts«. Ich freute mich auf einen lebhaften, persönlichen Austausch mit den Studierenden über die Rolle, die Dystopien und ihre Schwester Utopie bei der Gestaltung der Zukunft spielen. Doch auf das, was kurz vor der Veranstaltung geschah, war ich nicht im Geringsten vorbereitet. Anfang März 2020 wurde die Welt plötzlich auf unheimliche Weise still und die Gedanken der meisten Menschen waren mit einem Mal von der Angst beherrscht, an einem neuartigen und furchteinflößenden Virus zu erkranken oder sogar daran zu sterben.

Die Covid-Pandemie hatte ihren Anfang genommen und damit jede Reise und jeden direkten geistigen Austausch zum Erliegen gebracht. »Man kann sich auf das Verlieren nicht vorbereiten, man muss damit umzugehen lernen«, hatte einer meiner Lehrer in Harvard, der Narrativ-Forscher Marshall Ganz, einmal in einer Vorlesung gesagt. Mir schien, als erfahre dieser Ausspruch nun seine eindringliche Bestätigung. Es gab hier keine Alternative, als diesen Moment zu akzeptieren und zu lernen, damit zu leben – für wie lange, war damals völlig offen.

Covid-19 – der schwarze Schwan als überraschender Abgrund

Es ist vermutlich unnötig zu erwähnen, dass ich mich wie der Gefangene einer Dystopie fühlte, die plötzlich Realität geworden war. Denn ich musste meinen Vortrag schließlich über ein Zoom-Meeting halten – als unfreiwilliger digitaler Einsiedler, bewaffnet lediglich mit einem Bildschirm und einem Chatbox-Messenger als einzigem Kanal für den gemeinsamen Austausch. Und doch passte meine Lage auch zu dem Ereignis, mit dem der aus heiterem Himmel eingetroffene **Schwarze Schwan** der Viruskatastrophe uns allen einen ungeschönten Blick in den Abgrund bot und ernste Fragen über unsere Zukunft aufwarf.

Gerade am Anfang der Pandemie schienen sich viele Menschen dazu ermutigt zu fühlen, unzählige kassandrische Prophezeiungen und Fragen auf die Leinwand möglicher Zukünfte zu projizieren. Würde die Welt hier stehen bleiben? Ist dies das letzte düstere Kapitel der menschlichen Gesellschaft? Wie können wir unsere Gegenwart jemals wieder in Gang bringen – geschweige denn unsere Zukunft? Es war, als ob dieser mysteriöse Virus uns plötzlich dazu gebracht hätte, auf obsessive Weise darüber nachzudenken, was die Zukunft bringen würde, und zwar in weitaus größerem Ausmaß als jemals zuvor.

Mehr oder weniger jeder einzelne Mensch begann damals über seine Gesundheit, sein Leben und seinen möglichen Tod nachzudenken, während gleichzeitig die Medien ununterbrochen über statistische Modelle und daraus resultierende Infektionsprognosen berichteten. Sollten wir es nicht schaffen, »die Kurve abzuflachen«, lautete eine weit verbreitete Ansicht, dann seien wir dem Untergang geweiht. Aus psychologischer Sicht ist das alles verständlich. Die menschliche Psyche verträgt zu viel Ungewissheit nicht gut und reagierte in diesem beispiellosen Moment der Angst und der Befürchtungen mit dem Versuch, Kontrolle über die Zukunft zu gewinnen.

Ausgerechnet Dystopien können Sicherheit und Orientierung geben

Und doch ist für den Bau der Zukunft und die Formulierung entsprechender Narrative die **Dystopie** im Nacken genauso wichtig wie die ersehnte Utopie am Horizont. Um sich eine Dystopie wirksam vorstellen zu können, muss man sich an die Ränder der Gegenwart begeben. Es gilt die Grenzen dessen auszuloten, was heute möglich ist, und sie dann zu überwinden oder gar zu sprengen. Beim Entwerfen von Zukunftsnarrativen zwingen einen dystopische Gedankenexperimente dazu, jene Trägheit zu überwinden, die dazu führen würde, die Gegenwart einfach abzunicken, oder sich nur schrittweise von ihr zu entfernen, ohne dabei echte Veränderung im Sinne einer wirklichen Zukunft zu erreichen. Indem die Dystopie ein Gemeinschaftsgefühl unter denjenigen hervorruft, die entschlossen sind, sie abzuwenden, wird das Schlimme auf unerwartete Weise zum Sprungbrett in Richtung Utopie – befreit vom Ballast der Gegenwart oder der Vergangenheit.

Zu Beginn der Covid-19-Pandemie konnte niemand vorhersehen, was der nächste Tag bringen würde. Es war eine Phase ohne die geringste Sichtweite und die Welt glich einem riesigen Flughafen, auf dem alle Flugbewegungen angehalten wurden, weil die Pilot:innen aufgrund des Nebels nicht einmal mehr Lande- und Startbahn vor ihren Augen sehen konnten. Ein Ausbruch aus dieser Gegenwart erschien momentan völlig unmöglich. In dieser Orientierungslosigkeit wandten sich viele Menschen dystopischen Romanen zu, um den Zukunftsnebel um sie herum zu lüften. Filme wie der zehn Jahre zuvor produzierte Thriller »Contagion«, mit Matt Damon und Kate Winslet in den Hauptrollen, erlebten eine unerwartete zweite Welle der Popularität. Millionen von Menschen, welche die Natur durch die Lockdowns in aller Welt auf ihre Zimmer geschickt hatte, um dort nachzudenken, sahen sich nun diesen Film an, der ein pessimistisches Szenario um ein stark ansteckendes und tödliches Virus herum entwirft. Realität und Fiktion der Pandemie begannen sich dabei unweigerlich zu überblenden und man konnte als Zuschauer:innen leicht den Eindruck gewinnen, in dieser Fiktion werde auf düstere Weise die sich tatsächlich anbahnende Zukunft der Welt vorhergesagt.

Auf die Frage nach einem Beispiel für eine Dystopie nennen viele Menschen tatsächlich meistens Filme, in denen überlebenswichtige ökologische, wirtschaftliche, politische oder technologische Systeme kollabieren. Auch jenseits des pandemiebedingten Revivals von Filmen wie »Contagion« wurde das Interesse an dystopischer Fiktion zuletzt immer stärker. Wissenschaftler:innen zufolge ist es sogar so, dass die breite Öffentlichkeit ein weitaus größeres Interesse am Konsum dystopischer als an utopischer Fiktion hat.

Dystopische Erzählungen extrapolieren Trends und Entwicklungen der Gegenwart und übersetzen sie in unheilvolle Versionen einer möglichen Zukunft. So findet man in dystopischen Geschichten oft totalitäre Systeme, in denen die Freiheit des Einzelnen drastisch eingeschränkt ist, und Held:innen, die sich wie David gegen Goliath gegen diese Zustände auflehnen. Die Liste solch fiktionaler Dystopien ist endlos und umfasst natürlich auch die düsteren Klassiker von George Orwells »1984«, Aldous Huxleys »Brave New World«, über Margaret Atwoods Roman »The Handmaid's Tale« bis hin zu Filmen wie »Minority Report«, wo eine fortgeschrittene Psychotechnologie es der Polizei ermöglicht, Mörder:innen noch vor dem Begehen ihrer Tat festzunehmen und einzusperren.

Und auch wenn die meisten dystopischen Romane deprimierend, düster und voller Konflikte sind, kreisen solche Erzählungen dennoch oft um die Hoffnung auf Veränderung. Eine Dystopie, wie sie in »Contagion« beschrieben wird, kann zwar Angst und Panik auslösen, aber sie bietet mit der Simulation einer zukünftigen Welt auch eine beruhigende Orientierung und eine Erkenntnis, die nach vorne in die Zukunft weist. Dystopische Erzählungen können also produktive neue Einsichten bieten – darüber, was als Nächstes passieren könnte, wer sich der Aufgabe stellen kann, die dem Untergang geweihte Welt zu verändern, oder welche Strategien erfolgreich aus der Dystopie herausführen könnten. Damit sind Dystopien oft auch Anleitung und Vehikel der Aufklärung und des Fortschritts. Die bevorzugte Lehre, die die meisten Menschen aus dystopischen Fiktionen ziehen, scheint darin zu liegen, die Lage der Dinge anerkennen zu können, frei nach dem Motto: »Die Zukunft sieht zwar düster, wenn nicht sogar katastrophal aus – aber immerhin habe ich das Schlimmste jetzt schon gesehen.« Darin bestätigt sich ein Paradox, das die psychologische Forschung schon seit Langem kennt: Erstens geben Dystopien Sicherheit – und zwar unabhängig davon, wie schrecklich sie sind. Und zweitens bleiben wir immer neugierig darauf, was die Zukunft bringt, mag sie auch noch so düster und beunruhigend sein.

Im Zukunftslärm: Future Fact Nr. 15

Zwischen Outbreak und Back-Show: TV-Dystopien während der Pandemie

»Contagion« war nicht der einzige apokalyptische Film, dessen Streamingzahlen während der Corona-Pandemie durch die Decke gingen. Der 1995 erschienene Film »Outbreak« von Wolfgang Petersen, in der eine Ebola-Variante zur potenziellen Kriegswaffe wird, war eine Zeitlang der am dritthäufigsten geschaute Film auf Netflix. Auch das Psychodrama »Safe« (1995) mit Julianne Moore, das die private Dystopie einer Frau schildert, die an einer heftigen Umwelterkrankung leidet, die sie schließlich dazu zwingt, isoliert in einem Iglu in der Wüste zu leben, erlebte eine Renaissance. Manche sahen in diesem Fernsehverhalten eine Art Expositionstherapie, bei der man als Zuschauer:innen das Ende einer fiktiven Apokalypse durchleben konnte, während das Ende der realen Krise draußen noch nicht abzusehen war. Schon nach einigen Monaten aber wandelte sich das Fernsehverhalten und die medialen Apokalypsen wurden abgelöst durch den friedlichen Eskapismus von Reality-TV und Back-Shows.[48]

Utopien bleiben abstrakt, Dystopien sind häufig am eigenen Leib erfahrbar

Ein weiterer Grund dafür, warum deprimierende Weltszenarien eine so vermeintlich paradoxe Anziehungskraft auf die menschliche Psyche ausüben, liegt vermutlich darin, dass man ihnen auch im realen Leben und an realen Orten begegnen kann. Im vorigen Kapitel haben wir gesehen, dass die Macht und der Nutzen von Utopien vor allem darin liegen, ökonomischen und politischen Zukunftsnarrativen Dynamik zu verleihen und ihnen die Kraft für die Motivierung vieler Menschen zu geben. Nicht so sehr hingegen ein konkretes Endziel zu beschreiben, dass jemand, der Zukunft baut, erreichen möchte oder kann. Ich kam dabei, wie oben dargestellt, zu dem Schluss, dass eine brauchbare Definition von Utopien sie sowohl als etwas gerade noch Vorstellbares und Plausibles beschreibt, aber auch als etwas, das unerreichbar bleibt, ein Ort ohne wirkliche Geografie, den niemand betreten kann.

Bei der Dystopie, der düsteren Schwester der Utopie, fällt das Urteil anders aus. Sie ist laut Etymologie *ein übler Ort*, was seine tatsächliche Erreichbarkeit zumindest nicht ausschließt. Und in der Tat kann ich dystopische Orte physisch ansteuern. Ich kann zum Beispiel nach Kalifornien reisen und dort mit eigenen Augen und am eigenen Leib miterleben, wie ein dystopisch um sich greifender Klimawandel Waldbrände entfacht und jahrhundertealte

Redwood-Bäume vernichtet. Wie sich ein vollkommen autonomer Verkehr ohne Fahrer:innen hinter dem Steuer für Autoinsass:innen anfühlt, kann ich im Gegensatz dazu nicht einmal ansatzweise erfahren, weil es, Stand heute, schlicht eine Utopie bleiben wird.

Hier liegt also ein entscheidender Unterschied zwischen Dystopie und Utopie: Die Dystopie ist sehr oft greifbar, man kann ihr quasi beim Entstehen zusehen und sie erleben. Das ist relevant, weil wir andernfalls keinen Anreiz hätten, sie aufzuhalten – zum Beispiel indem wir unsere Lebensweise ändern. Eine Dystopie, die ich nicht erleben kann, ist für mich keine wirkliche Bedrohung – nur eine abstrakte Erkenntnis. Utopien hingegen werden im Sinne von Thomas Moore für uns immer unerreichbar und unerfahrbar bleiben und funktionieren dennoch als Ziel- und Fixpunkt für ein Zukunftsnarrativ.

Selbst wenn wir anerkennen, dass nicht jede Dystopie immer eintreten wird, so bleibt von ihr dennoch zumindest ein Narrativ von einer widrigen Welt, die im Prinzip tatsächlich möglich wäre. Sollten wir beispielsweise den Klimawandel nicht aufhalten können, so werden einige von uns früher oder später in trockenen Wüstengebieten leben, und andere werden ihre Häuser in Überschwemmungen untergehen sehen. Es sind konkrete geografische Regionen mitsamt den dort lebenden Menschen, die, wenn die Klimawissenschaftler es richtig voraussehen, dystopische Zustände erleben werden. Diese Zukunft ist für uns alle nur allzu greifbar und übt daher auf uns so eine große Faszination aus.

Dystopien treffen dich und mich – aber oft auch uns als Gesellschaft

Wir alle haben unsere privaten Dystopien im Hinterkopf, die uns nicht loslassen. Unser unausweichliches biologisches Lebensende ist zum Beispiel ein Albtraum, der uns vermutlich alle gelegentlich heimsucht. Wir können nicht erahnen, was nach dem Tod kommt, oder was die andere Seite für uns bereithält. Und gerade dieses Unwissen darüber, was nach unserem Ableben kommt, ist für die meisten von uns eine beängstigende Perspektive.

Der Moment des Todes zieht also eine scharfe Grenze zwischen uns als lebende Wesen und unserer schlimmsten persönlichen Dystopie. Darin liegt indes auch ein nicht zu unterschätzender Wert. Denn es zwingt unseren Verstand, das scheinbar Undenkbare zu denken und eine klare Entscheidung darüber zu treffen, welche Zukunft tatsächliche eine Änderung im Vergleich zu unserer Gegenwart bedeuten würde, und welche Möglichkeiten zur Veränderung unsere noch verbleibende Lebenszeit bereithält. Mit anderen Worten: Die Dystopie des Todes hilft uns dabei, über die Begrenzungen der Gegenwart nach- und über sie hinauszudenken und uns auszumalen, wie ein ernstgemeinter Abschied vom Hier und Heute aussehen könnte – den wir ja brauchen, wenn wir eine wirkliche Zukunft bauen wollen. Das erlaubt uns wiederum der Verführung zu widerstehen, die Gegenwart nur minimal und schrittchenweise zu verändern. Unsere eigene biologische Endlichkeit gibt uns auch Schwung für den großen Sprung in eine Zukunft.

Im Zukunftslärm: Future Fact Nr. 16

Steve Jobs und der eigene Tod
In einer Rede vor Stanford-Absolvent:innen 2005 sprach Steve Jobs offen über seine Krebsdiagnose und die Effekte, die diese Konfrontation mit seiner eigenen Sterblichkeit auf seinen Antrieb hatte, das Leben anzugehen und seine Zukunft zu gestalten.[49] Angesichts des eigenen Todes, so Jobs, fielen alle Nebensächlichkeiten, wie Erwartungen, Stolz, Furcht vor Peinlichkeiten oder Scheitern, weg und machten den Weg frei, um die »großen Entscheidungen« im Leben bewusst zu treffen. Obwohl also niemand gerne sterbe, so Jobs, sei der Tod trotz allem die »beste Erfindung aller Zeiten«, weil er der Anwalt des Wandels und der Veränderung im Leben sei. Er schließt seine Rede mit einem Zitat aus »Whole Earth Catalogue« von Stewart Brands: »Stay hungry, stay foolish«. Sechs Jahre nach seiner Rede stirbt Jobs an den Folgen seiner Krebserkrankung.

So wie der eigene Tod unser persönlicher Albtraum ist, entspricht in einer gesellschaftlichen Perspektive der Weltuntergang der ultimativen kollektiven Dystopie, die alle Menschen betrifft. Aus rein wissenschaftlicher Sicht betrachtet, kann diese Dystopie verhältnismäßig einfach auf dem Zeitstrahl eingezeichnet werden. Allerspätestens zum Zeitpunkt, wenn in ein paar Milliarden Jahren das Licht der Sonne erloschen sein wird, von dem alles Überleben auf der Erde abhängt, wird es mit dem Leben vorbei sein. Aber auch jenseits dieser weit entfernten Tatsache der Astrophysik bleibt die Vorstellung von einem nahenden Ende der Welt für uns so unangenehm, dass es sich fast verbietet, darüber genau nachzudenken, was das bedeuten könnte. Gerade, weil wir als Menschen über so weitreichende kognitive Fähigkeiten verfügen, mit denen wir sowohl tiefgründig über die Welt reflektieren als auch mit großer Raffinesse Werkzeuge und Technologien erfinden und einsetzen können, sind wir davon geprägt, unser Leben permanent planen, schützen und verbessern zu wollen. Unser menschlicher Intellekt verleiht uns eine Weltsicht, in der es immer strategische Optionen gibt. Und daher fürchten wir den Moment, in dem wir genau das, was uns von allen anderen Lebewesen unterscheidet, durch eine plötzliche Katastrophe verlieren könnten. Dies käme einem Weltuntergang gleich, noch lange bevor die Sonne über uns verglüht ist.

Es ist daher nicht verwunderlich, dass die mündliche und schriftliche Geschichte der Menschheit mit Weltuntergangsvorhersagen durchsetzt ist, die uns immer wieder faszinieren. Schon vor 3.400 Jahren berichtet die Bibel vom Ende der Welt und warnt vor der bevorstehenden Machtübernahme durch einen bösen Antichristen. Es gibt die biblische Geschichte von der großen Flut, die Noah seine Arche mit Tieren füllen lässt, damit sie überleben. Und für jeden von uns ist nach dem Tod ein Jüngstes Gericht vorgesehen, dem möglicherweise ein Höllendasein folgt, so besagt es die katholische Orthodoxie. All diese Geschichten sind äußerst beängstigende Erzählungen. Religiöse Autoritäten haben sie jahrhundertelang benutzt, um die Menschen an einen christlichen Katechismus zu ketten. Auch dann noch, als diese Zukunftsnarrative ihre kontrollierende Kraft zunehmend verloren haben, indem sie durch moderne Welterklärungen der Wissenschaft und des Rationalismus überschrieben wurden.

Was wir nicht wollen, schafft noch keine Zukunft

Trotz Rationalismus hat die Macht, die Dystopien auf unsere Sicht und Interpretation der Welt ausüben können, nicht nachgelassen. Wir sind äußerst sensibel, wenn sich eine Dystopie ankündigt, und sei es nur als Möglichkeit. Selbst in unserem technologisch nüchternen Zeitalter kann uns eine Dystopie atavistische Schauer über den Rücken jagen und unser Denken und Handeln beeinflussen. Man muss sich bloß die Schockwellen vor Augen führen, die gerade die ersten Wochen der Covid-19-Pandemie im März 2020 auslösten, als das unberechenbare, mysteriöse neue Virus Millionen Menschen rund um den Globus in Angst und Schrecken versetzte wie kaum etwas anderes zuvor.

Was hat es dann aber mit meiner Empfehlung auf sich, sich Dystopien vorzustellen und aktiv mit ihnen zu arbeiten? Da die Dystopie der ewige Gegenpol zur Utopie ist, erzeugen erst beide zusammen jenes produktive Kraftfeld, in dem Allianzen oder Gemeinschaften von Gleichgesinnten entstehen, die sich für das Überleben entscheiden, indem sie einen Plan, eine Vision, eine plausible Fiktion, die einer Utopie folgt und schließlich Maßnahmen zur Gestaltung der Zukunft entwickeln.

Im Zukunftslärm: Future Fact Nr. 17

Wir lieben die Dystopie mehr als die Utopie
Forschungsarbeiten zufolge bevorzugten Menschen, wenn es um Geschichten geht, schon vor der Pandemie Dystopien vor Utopien. Psycholog:innen sehen dabei eine besondere Resonanz zwischen dystopischem Material und den intellektuellen Veränderungen im jungen Erwachsenenalter, wenn es darum geht, größere Zusammenhänge zu verstehen und sich in diesen zu orientieren. Hierbei hilft die Überzeichnung der Dystopien. Werke wie Orwells »1984« waren immer auch Ausdrucksmittel des Widerstands, die mit diesem Mittel Kritik an den bestehenden Verhältnissen übten.

Sie gestatten es, falschen Zweckoptimismus über Bord zu werfen, um Probleme klar in den Blick zu nehmen und erinnern an das, was man liebt und braucht – Freiheit, Gesundheit, eine funktionierende Gesellschaft und Umwelt –, indem sie dessen Verlust beschreiben. Dabei erlauben Dystopien die Identifikation mit einer Heldenfigur, in der der menschliche Wille gegen die Umstände ankämpft und gelegentlich auch triumphiert. Gerade junge Erwachsene finden damit sowohl ihre unsichere Gegenwart als auch einen möglichen Ausweg in der Dystopie vorskizziert. In der zweiten Lebenshälfte nimmt die Vorliebe für Dystopien dementsprechend immer mehr ab. Dystopien fallen schließlich hinter die Utopie.[50]

Dabei spielt es eine wichtige Rolle, dass Dystopien immer an die Gegenwart gebunden sind, indem sie von heutigen Trends ausgehen, sie extrapolieren und übertreiben und das Ergebnis in eine düstere Zukunft projizieren, in der diese aktuellen Trends dann zu übergroßer und bedrohlicher Dominanz aufgelaufen sind. Was heute noch als normal gilt, etwa eine demokratisch kontrollierte Überwachung der Öffentlichkeit, entwickelt sich in der dystopischen Zukunftsvision zu einem übergriffigen, brutalen und willkürlich agierenden Polizeistaat voller außer Kontrolle geratener Behörden. Oder eine Genforschung, die heute innerhalb enger ethischer Grenzen agiert, verwandelt sich innerhalb einer Zukunftsdystopie zu einer ungezügelten moralfreien Maschine zur Stammzellenvermehrung und Schaffung optimierter Menschen. Die Dystopie wird also aus dem geboren, was heute vorstellbar ist. Die schon erwähnte empirisch belegbare Neigung, sich lieber dystopischen Gedanken auszusetzen, als utopischen Gedanken nachzugehen,[51] könnte hierin ihre Ursache haben. Als ideale Erfüllung einer Vision sind Utopien im Vergleich zu Dystopien weniger konflikt- und spannungsgeladen – man könnte fast sogar sagen, sie sind langweiliger als Dystopien.

Aber erst wenn wir uns zwischen beiden Polen befinden, öffnet sich unser Horizont für das, was denkbar ist, und wir lassen Dinge zu, die vorher vielleicht tabu waren – wie beispielsweise die Einführung drakonischer Ausgangssperren in Friedenszeiten innerhalb weniger Tage, nachdem wir von einer weltweiten Viruspandemie erfahren. Auch der Flug zum Mond unter John F. Kennedy folgte nicht nur einer Utopie. Er diente auch dazu, eine lauernde Dystopie abzuwehren – die Möglichkeit nämlich, dass russische Kosmonauten als erste den Erdtrabanten betreten würden und dass damit der Sozialismus auch den Weltraum erobern würde, nachdem schon auf der Erde China, Vietnam und andere Länder dem Kommunismus anheimgefallen waren. Auch Kennedys Zukunftsnarrativ kam demnach nicht ohne Dystopie aus.

Die Dystopie ist damit also der grobe Keil, der den groben Klotz der Gegenwart aufbrechen kann, damit wir in die Zukunft aufbrechen können. Entscheidend dabei ist aber: Sie führt uns nur vor Augen, was wir nicht wollen. Würden wir angesichts dessen alles Utopische aus unseren Zukunftsentwürfen ausschließen, würden wir nur eine negative Entwicklung abwenden und unsere Zukunft lediglich durch eine Vermeidungsstrategie gestalten. Für die notwendige, überzeugende Abkehr von der Gegenwart würde das nicht reichen. Eine Zukunft, die ausschließlich auf Dystopien aufbaut, lädt nicht dazu ein, darüber nachzudenken, welche Art von Zukunft wir eigentlich wollen.

Aus der Dystopie des Klimawandels resultiert auch eine Wachstumsperspektive

Die Dystopie von der Zerstörung der Ressourcen unseres Planeten ist mindestens seit den 1970er-Jahren Teil der öffentlichen Debatte. Dass es Grenzen für ein nicht nachhaltiges Wirtschaftswachstum geben könnte, dass Wälder, Ozeane und die Atmosphäre unter zu viel Luftverschmutzung durch Industrie und Verkehr leiden, dass die schiere Menge an nicht wiederverwertetem Abfall eines Tages zum Problem werden könnte – diese Erkenntnisse dämmern uns seit Jahrzehnten. In der Tat deuten die außer Kontrolle geratenen Überschwemmungen, Wirbelstürme, Hitzewellen und Waldbrände, die sich in den letzten Jahren häufen, auf eine dramatische globale Krise hin, die erst jetzt von immer mehr Menschen als mögliche Vorboten des Endes der Menschheit interpretiert wird.

Nur vor einem solch dramatischen Hintergrund lassen sich große Teile der Gesellschaft dazu bringen, neue gangbare Wege zu suchen, um in Zukunft in nachhaltigem Einklang mit ihrem Planeten zu leben – und tatsächlich ändern viele Menschen aus diesen Gründen bereits ihren Lebensstil auf grundlegende Weise. Aus den sich derzeit rasant ändernden Konsumgewohnheiten, etwa die um sich greifende Vorliebe für pflanzliche, klimafreundliche Ersatzprodukte, vom Insektenprotein-Burger bis zur veganen Ernährung, das Ende der Plastiktüte oder die wachsende Popularität des Fahrrads als innerstädtisches Verkehrsmittel zeugen von der Einsicht, dass die Entwicklung der planetaren Krise inzwischen weithin als eine Dystopie mit immer höherer Eintrittswahrscheinlichkeit wahrgenommen wird.

Immer größere Teile der Öffentlichkeit empfinden also den Klimawandel als einen Übergang von der alten Normalität zu einem Beginn einer immer greifbarer werdenden, selbst verursachten Dystopie. Dieses Gefühl gibt den Anstoß für die Suche nach einer ausgleichenden Utopie, die den Weg weist, um die Katastrophe wenigstens einzudämmen. Verfechter solcher Gegennarrative erklären uns, dass wirksame Gegenmittel gegen diese Krise bereits einsetzbar seien. Wir müssten lediglich Wähler:innen, Unternehmen und Politiker:innen mobilisieren und anschließend gigantische Investitionssummen in die für den Klimawandel relevanten Technologiebereiche wie Digitalisierung, Wassermanagement, Stadtplanung, Güterverkehr, Lebensmitteltechnik, Landwirtschaft und Energiespeicherung stecken. Die durch Hightech ermöglichte Netto-Null-Emissionen-Welt ist eine neue Utopie der emissionsfreien Welt. Oft ist die Dystopie auch ganz einfach die andere Seite der Utopie. Während für manche künstliche Intelligenz und humanoide Robotik ein Traum ist, ist das für andere der schlichte Horror.

Der enorme Einsatz von Technologie, der für die Lösung planetarer Probleme erforderlich ist, macht die Bekämpfung des Klimawandels auch zu einer Zielsetzung für die Wirtschaft. Der Anstieg der globalen Temperaturen, die Ausweitung der Wüstengebiete und das Steigen des Meeresspiegels, so lautet das Argument, werden nicht allein durch künftige Einsparungen oder die Einschränkung von Konsum und Investitionen bewältigt werden können. Vielmehr werden in der kommenden Netto-Null-Emissions-Gesellschaft die meisten Prozesse durch Elektrizität angetrieben, was einen gigantischen Bedarf an erneuerbarer Energie erzeugt. Die digitale Revolution wird eine vergleichbar ermöglichende und ähnlich große Rolle bei der Eindämmung des Klimawandels spielen. Digital intelligent gemachte Stromnetze sind dabei einerseits die unverzichtbare Grundlage, um die erneuerbaren Energien in großem Maßstab zu nutzen. Andererseits werden durch die Digitalisierung auch enorme Mengen an Elektrizität für den Betrieb all der Prozessoren, Server, Netzwerke und Clouds nötig, die uns im Kampf gegen eine sich verändernde Atmosphäre unterstützen sollen. Beide Megatrends, die saubere Technologie und die digitale Revolution, verstärken sich in Zukunft also gegenseitig, sodass die Bewältigung des Klimawandels auch zu einem echten Wachstumsmotor werden könnte. Auf diese Weise wird aus der anfänglichen Dystopie des Klimawandels eine plausible Fiktion einer technologiegestützten nachhaltigen Zukunft des wirtschaftlichen Wachstums.

Dystopien werden verdrängt, Utopien zu Hülsen

Psychologische Studien bestätigen uns Menschen eine immanente Verlustaversion.[52] Das bedeutet, dass wir den Schmerz möglicher Verluste doppelt so hoch und stark wahrnehmen, wie das Glück eines möglichen Gewinns. Diese wissenschaftliche Erkenntnis bestärkt meinen Eindruck, dass uns Dystopien immer ein wenig näher sind als Utopien. Diese Einseitigkeit hat Konsequenzen für die Rolle, die eine Dystopie bei der Gestaltung der Zukunft zu spielen hat. Es bedeutet nämlich, dass ich eine Dystopie nicht so ausgiebig erzählen muss wie eine Utopie, um die gewünschte Wirkung zu erzielen. Warum ist das so? Wahrscheinlich, weil Dystopien, die ja eine greifbare und oft reale Bedrohung darstellen, ohnehin schon in den Massenmedien breit diskutiert und verbreitet werden. Das allgemeine Wissen und der Diskurs in der Öffentlichkeit bringen sie uns ständig ins Bewusstsein. Eine immer schnellere Welt, in der wir hoffnungslos hinterherhinken, in der die Gesellschaft immer weiter auseinanderfällt, die Schere immer weiter auseinandergeht, konfrontiert uns mit dystopischen Alltagsnarrativen. Welche Dystopie sich auch immer zu einem bestimmten Zeitpunkt in der Geschichte anbahnt, ihre Umrisse und ihr Bedrohungspotenzial sind großen Teilen der Gesellschaft wahrscheinlich bereits mehr oder weniger bekannt oder zumindest vermutet.

Im Zukunftslärm: Future Fact Nr. 18

Wenn uns der Gewinn zu wenig freut
Mit Verlustaversion beschreiben die Psychologen Daniel Kahneman und Amos Tversky die Tendenz von Menschen, bei Risiken mögliche Verluste höher zu bewerten als mögliche Gewinne.[53] Dies führt bisweilen zu irrational risikoaversem Verhalten: Zum Beispiel, wenn das Risiko äußerst unwahrscheinlicher Nebenwirkungen einer Impfung als möglicher Verlust empfunden wird, ihr medizinischer Gewinn jedoch als gering eingestuft wird, weil er den gesunden Status quo nur aufrechthält, nicht aber verbessern kann. Eine andere Spielart der Verlustaversion ist der sogenannte Besitztumseffekt, der Menschen dazu veranlasst, Dinge, die sie besitzen, als wertvoller einzuschätzen als objektiv gleichwertige Dinge, die sie nicht besitzen.[54]

Dies ist bei Utopien nicht der Fall. Bei ihnen kommt es darauf an, die Vorteile, für die sie stehen, erst herauszuarbeiten, damit sie ihren Zweck erfüllen. Kurz gesagt: Der Schaden und das Verhängnis, das eine Dystopie mit sich bringt, werden sehr viel schneller wahrgenommen als die positiven Möglichkeiten, die das Streben nach einer technischen oder gesellschaftlichen Utopie bereithalten könnte. Während die meisten Dystopien mit ein paar schnellen Strichen skizziert sind, weil sie gewissermaßen auf Vorwissen bauen können, bedürfen Utopien oft einer ausgefeilten, bisweilen sogar blumig-hymnischen Erzählform, um Zugkraft zu entwickeln.

Stellen wir uns für einen Moment eine Gruppe von Wissenschaftler:innen vor, die an einer bahnbrechenden Technologie wie beispielsweise der Kernfusion arbeiten, weil sie davon überzeugt sind, dass diese der Welt eine günstige, praktisch unerschöpfliche und saubere Energiequelle bieten würde.

Diese Wissenschaftler:innen müssten nicht lange darüber reden, was sie dazu veranlasst hat, diese Vision zu verfolgen. Denn uns allen ist klar, dass eine solche Lösung das dystopische Problem der viel zu hohen CO_2-Emissionen unserer auf fossilen Brennstoffen basierenden Lebensweise lösen würde. Wir wissen auch, dass eine solche Energieerzeugung – bei der Tritium- und Deuterium-Atome unter Hitze und Druck zu einem Helium-Atom verschmolzen werden, wobei die dabei entstehende Nettoenergie zur Stromerzeugung genutzt werden kann – für unser Ziel, die Welt zu dekarbonisieren, von riesigem Nutzen wäre. Mit anderen Worten: Die Dystopie, gegen die sich die angestrebte Utopie richtet, erklärt sich von selbst, weil ihre massiven Nachteile weithin bekannt sind. Auch John F. Kennedy musste die Dystopie, die ihm für sein Mondflugnarrativ diente, nicht erst großartig erläutern. Dass die Russen schnelle Erfolge bei der Raumfahrt sowie bei der Einführung ihres kommunistischen Gesellschaftssystems in anderen Ländern vorzuweisen hatten, wurde damals in den Medien ausführlich berichtet und diskutiert. Die potenzielle Dystopie war also für jedermann sichtbar und bekannt. Sie bot Kennedy einen geeigneten Hintergrund, um seiner großen Utopie von der Besiedlung des Weltraums durch Menschen mehr als genug Schwung zu verleihen.

Utopien müssen aktiviert werden, wo Dystopien sich oft von selbst verstehen

Es gibt noch ein paar weitere Unterschiede zwischen Dystopie und Utopie, die für unseren Zusammenhang, was die Gestaltung von Zukunft angeht, wichtig sind. Beispielsweise verwirklicht sich keine Utopie von selbst. Sie muss vielmehr erarbeitet und dann auch aktiv angestrebt werden. Dystopien hingegen verwirklichen sich oft einfach dadurch, dass man nichts gegen sie unternimmt. Natürlich kann auch eine Dystopie in einigen Fällen aktiv herbeigeführt werden – zum Beispiel durch die Aktivierung der Atomraketencodes in Washington oder Moskau. Meistens aber scheinen Dystopien von selbst zu entstehen und dann durch einfaches Nichtstun zur Realität zu werden. Wenn man sich ihnen nicht aktiv in den Weg stellt, werden die Russen den Westen überrollen, lautete das vorherrschende Diktum des Kalten Krieges. Analog heißt es in der Religion: Wenn es nicht genügend Christ:innen gibt, die ihren Glauben gegen die Versuchungen des Antichristen stellen, wird er seine Bosheit über die ganze Welt verbreiten können. Und nach demselben Muster funktioniert auch die dritte, derzeit oft gehörte Mahnung: Der Klimawandel wird die Welt weitgehend unbewohnbar machen, wenn wir unseren Lebensstil nicht ändern.

Während man das Wahrwerden von Dystopien meist als Ergebnis menschlicher Selbstgefälligkeit, Bequemlichkeit, Gier oder Ignoranz begreifen kann, brauchen Utopien, selbst wenn sie falsch sind, aktivierende Slogans wie »*Get Brexit Done!*« oder Appelle wie: »Auf zum letzten Gefecht – die Internationale erkämpft das Menschenrecht«. Utopien leben also von der Überzeugung und dem aktiven Vorantreiben ihrer Verfechter:innen, aber auch der Menschen, die sie begeistern wollen. Um eine klassenlose Gesellschaft oder die Abschaffung der körperlichen Arbeit zu erreichen, um nur zwei bekannte Utopien zu nennen, müssen ihre Vordenker:innen aktiv werden und sich dafür in die Meinungsschlacht stürzen. Zum Beispiel, indem wir uns für den weitgehenden Einsatz von Robotern engagieren, die unsere körperliche Arbeit erledigen und damit für den wirtschaftlichen Wohlstand sorgen, der es uns erlaubt, untätig herumzusitzen und die Maschinen lediglich zu warten. Eine solche utopische Erzählung muss ihre Anhänger:innen fesseln. Niemand wird sich für eine Utopie begeistern und ihr näher kommen wollen, wenn ihre Initiator:innen passiv bleiben und ihrer Idee nicht fortwährend mit verbalen und praktischen Gesten Schwung geben. Das gilt umso mehr für Utopien, die nicht aus einer unmittelbar bevorstehenden Krise geboren sind, sondern einem eher theoretischen, von der Weltlage losgelösten Versuch entspringen, die Welt zu verbessern.

Zwar brauchen Dystopien nicht zwingend eine derartige andauernde Aufladung, können aber dadurch prägnanter werden. Zahlreiche negativnarrative Zukünfte deuten darauf hin, vom Verkehrsinfarkt über die Ressourcenwende »Es-ist-5-vor-12« bis zum nuklearen Winter. Dystopien motivieren über das Phänomen der Verlustangst zum Nichthandeln und zum weniger Investieren, sind aber allein ein schlechtes Handlungsmotiv. Zu glauben, Menschen würden durch Bedrohung aktiv und würden nur dann das Richtige tun, wenn sie durch besonders überhöhte galaktische Problemdarstellungen allein aktiv werden, ist wohl falsch. Vielmehr kann eine Dystopie ein guter Impuls, eine Grundlage für ein positives Zukunftsnarrativ sein, dass dann handlungsmotivierend wirkt. Deshalb sollte man nicht davor zurückschrecken, dystopische Sichtweisen in die Gestaltung von Zukunft einzubauen. Ganz gleich, ob ich den Klimawandel durch die enorme Anstrengung der Dekarbonisierung aufhalten will, oder ob ich ankündige, den Stadtverkehr durch fliegende Taxis umzugestalten, damit das Untergangsszenario eines Verkehrsinfarkts abgewendet wird – wenn wir eine Vorstellung davon entwickeln wollen, wie die Zukunft in zehn oder zwanzig Jahren aussehen soll, können wir auch ansprechen und einbauen, welche kommende Katastrophe, welches Elend oder welchen Missstand wir durch unsere Initiative abwenden wollen.

Wie wir es schon bei den Utopien gesehen haben, können auch Dystopien anders ausfallen, als wir es zunächst erwartet haben. Das kann selbst beim Klimawandel geschehen, einem Ereignis, das, wie es scheint, mit immer größerer Geschwindigkeit und Unvermeidbarkeit auf uns zurast. Wissenschaftler:innen glauben, in dieser Dystopie bestimmte Kipppunkte ausmachen zu können, Momente also, hinter die es kein Zurück mehr gibt, sobald sie eingetreten sind. Das klingt dramatisch. Aber können wir wirklich wissen, ob all dies tatsächlich so ablaufen wird, wie erwartet? Aus physikalischer Sicht ist der Klimawandel eine enorm komplexe Transformation unserer Erdatmosphäre. Müssen wir deshalb nicht davon ausgehen, dass der Klimawandel im zukünftigen Möglichkeitsraum eine enorme Bandbreite an Ergebnissen produzieren wird? Die Auswirkungen des weltweiten Temperaturanstiegs können damit also sowohl noch katastrophaler oder milder, jedenfalls aber anders ausfallen als erwartet. Es ist heute schwer zu sagen, welche neue Faktoren der wissenschaftlichen Gleichung des Klimawandels in Zukunft noch in eben dieser Zukunft hinzugefügt werden müssen. Auch diese Zukunft bleibt eine Projektion, wenn auch eine wissenschaftlich hervorragend begründete. Die Möglichkeiten, durch digitale Modelle und die Verfügbarkeit von Daten Berechnungen durchzuführen, die Zukünfte voraussagen, sind enorm gestiegen, was auch den Zukunftslärm, die Diskussion um mögliche Entwicklungsvarianten enorm erhöht.

Das Unerwartete lauert schließlich immer um die Ecke. Inmitten eines sich dramatisch verändernden Weltklimas traf uns zum Beispiel aus heiterem Himmel eine globale Pandemie und löste damit einen zusätzlichen weltweiten Schock aus, mit dem niemand gerechnet hatte. Das zeigt, dass wir uns nicht einfach auf eine Art von Zukunft festlegen und davon ausgehen können, dass die Reise dorthin so berechenbar wie das Programm einer Waschmaschine ablaufen wird. Durch die Ankunft der Pandemie kam vieles anders als antizipiert. Wer sich also ernsthaft mit Zukunftsgestaltung beschäftigt, muss eine weltweite Pandemie wieder fest im Korridor der Möglichkeiten haben, genauso wie wir in den 1980er-Jahren die erste katastrophale Kernreaktorschmelze in Tschernobyl miterleben mussten, um zu verstehen, dass ein solcher Vorfall auch noch ein zweites, drittes oder viertes Mal möglich ist. Die Dinge können immer eine unerwartete Wendung nehmen – auch in Dystopien.

Die Gefahren von Schuldzuschreibung und Ideologie

Unter dem Gesichtspunkt einer professionellen und wirkungsvollen Gestaltung von Zukunftsnarrativen ist es ratsam, sowohl Dystopien als auch Utopien einzusetzen, um besser zu kommunizieren. Und doch bergen beide Komponenten, obwohl sie sich in hohem Maße gegenseitig befruchten und produktiv sein können, auch ihre Schwächen, wenn nicht sogar Gefahren. Dystopien unterscheiden sich beispielsweise grundlegend dadurch von Utopien, dass in ihnen ein Schuldaspekt eine Rolle spielen kann. Schuld ist historisch betrachtet ein religiöses Motiv, bei dem man für ein sündiges Leben mit der Verbannung in die ewige Dystopie der Hölle bestraft wird. Auf die moderne Gesellschaft gedreht, könnte ein solcher Schuldspruch zum Beispiel lauten, dass die Katastrophe des Klimawandels unsere eigene Schuld, die Schuld aller oder die Schuld mancher ist. Das Versagen eines Systems oder einer Regierung, das der Wirtschaft oder der Gesellschaft, das der Chinesen, der Europäer, des Westens oder des Ostens. Dass wir, anstatt unser Leben rechtzeitig auf Nachhaltigkeit einzustellen, zu lange hedonistisch und verschwenderisch gelebt haben und dass sich nun die Natur unweigerlich mit einer fortschreitenden Apokalypse an uns rächt, mit unerträglichen Temperaturen, lebensfeindlichen Wüsten und tödlichen Überschwemmungen.

Das Moment von Schuldhaftigkeit, das Dystopien eigen sein kann, birgt eine Herausforderung. Es lädt zur Suche nach Sündenböcken und schließlich zu Verschwörungstheorien ein, negativen Narrativen, auf die sich Menschen genauso gerne einlassen wie auf positive Utopien. Die meisten heute im Umlauf befindlichen Verschwörungstheorien zeigen sich als ein undurchdringliches und interpretationsbedürftiges Ideenlabyrinth. Oft werden sie im Bündel mit der Auffassung verbreitet, nur ein winziger Kreis von Eingeweihten könne hinter hohe Mauern blicken und die wahren Hintergründe eines solchen Narrativs verstehen, während Normalsterbliche draußen bleiben müssen und keine andere Wahl haben, als, davon eingeschüchtert, den Annahmen der jeweiligen Verschwörungstheorie zu folgen. In diesen Fällen wird die Dystopie zum Hauptmotiv einer Kampagne gegen »Die da oben« bestimmte Gesellschaftsgruppen oder den Staat.

Mit seinen Dystopien vom »Deep State« und dem »Washingtoner Sumpf« beanspruchte zum Beispiel Donald Trump sowohl im Wahlkampf wie auch als gewählter US-Präsident eine solches Hohepriesteramt für sich. Nicht wenige seiner Wähler:innen waren der Meinung, dass sich tatsächlich mächtige, aber im Verborgenen agierende Kräfte, wie die US-Geheimdienste oder die Führungen von Militär und Ministerien, sich zusammengetan hatten, um Trumps Ansinnen zu blockieren, als Präsident die wahren Wünsche des amerikanischen Volkes durchzusetzen. Trumps Verschwörungstheorie legte seinen Anhängern auch nahe, dass diese Kräfte gebändigt, wenn nicht gar entmachtet werden müssten. Politischer Schamanismus dieser düsteren Sorte ist sehr gefährlich für die Demokratie. Und wie die zahlreichen Beispiele ähnlicher Verschwörungstheorien in allen möglichen Ländern und politischen Systemen zeigen, gedeiht er am besten auf dem Nährboden dystopischer Erzählungen. Übrigens gilt auch bei negativen Narrativen: Fiktional werden sie vielfach in Drehbüchern, Serien und Filmen in Szene gesetzt, die von korrupten Politiker:innen und unethisch handelnden Wirtschaftsbossen erzählen. Auch das deckt sich mit dem bereits erwähnten messbaren Trend, dass Menschen in der Tendenz mehr von Dystopien als von Utopien fasziniert sind.

Anders als die Dystopie überwindet die Utopie Schuldzuweisungen. Vielleicht, weil dort anstatt raunenden Hohepriester:innen und die Gemeinschaft spaltenden Schaman:innen eher Heldentypen wie John F. Kennedy anzutreffen sind, die mit ihren Visionen von einer besseren Gesellschaft die ganze Nation zu einer Reise in Richtung einer Utopie abholen wollen. In ihren Narrativen verwenden sie Dystopien nur, um den Kontrast zu verstärken, damit sich ihre positive Vision besser davon abheben kann.

Natürlich ist das absolut Gute auch im Gewand der Utopie eine große Gefahr, weil auf Erden illusionär. Beispielsweise neigen utopische Gedankengebäude dazu, ihre Adressat:innen mit Ideologien und Dogmatismus zu bedrängen und bei ihren Anführer:innen und Apologet:innen sogar nicht selten Paranoia auszulösen. Als etwa im Kalten Krieg der Ostblock den Kommunismus als ultimative Entwicklungsstufe einer jeden Gesellschaft vorschlug, gewissermaßen als globale Transformation hin zu mehr Gerechtigkeit und Selbstbestimmtheit, mussten letztlich alle Fakten, die diesem Utopie-Narrativ widersprachen, aus dem Weg geräumt werden. So wurde schließlich die gesamte westliche Welt zum Feind dieser Vision erklärt. In ihrer Panik, dass ihre Utopie doch scheitern oder ihre Glaubwürdigkeit verlieren könnte, verwandelten sich die politischen Systeme des Ostblocks in diktatorische Polizeistaaten, die in einer kollektiven Beruhigungsmaßname einen »antifaschistischen Schutzwall« errichteten – besser bekannt als Eiserner Vorhang.

Das bedeutet: Wenn man andere Menschen einlädt, einer gesellschaftlichen Utopie zu folgen, braucht man einen guten moralischen Kompass, der einem hilft, den Weg zu einer plausiblen Fiktion ehrlich und offen für Kritik und Kurskorrekturen zu erzählen und zu gestalten. Es wurde bereits erwähnt, dass jeder, der utopische Visionen vorschlägt, auch dazu bereit sein muss, ab einem bestimmten Punkt den Kurs zu ändern, sobald zu viele Fakten dagegensprechen. Als der Eiserne Vorhang schließlich Ende der 1980er-Jahre zu bröckeln begann, kamen selbst die hartgesottensten kommunistischen Regimes irgendwann an ihre Grenzen und änderten, als es unvermeidlich wurde, ihren autoritären Kurs – indem sie die für sie bis dahin schlimmste Dystopie, eine Marktwirtschaft mit freiheitlicher Demokratie, als ihre neue Utopie annahmen – und dafür mit ihrem Untergang bezahlten.

Im Kraftfeld zwischen Utopie und Dystopie lässt es sich gut gedeihen

Wenn sich dystopische und utopische Vorstellungen so produktiv gegenseitig befruchten, dann sind sie auch für die Konstruktion der Zukunft von Unternehmen von Nutzen. Und tatsächlich zeigt sich gerade im Bereich der Wirtschaft, wie eng beide miteinander verwoben sind. Eine Marktwirtschaft wird wesentlich dadurch gesteuert, dass die dystopische Vorstellung einer individuellen Unternehmenspleite eine permanent reale Möglichkeit darstellt – weil genau dies das System im Gesamtergebnis zu Wettbewerb, Wachstum und Wohlstandsvermehrung anregt. Unternehmen zählen es selten zu ihren Kernzielen, ewig zu existieren, und die Marktdynamik, innerhalb derer es agiert, muss als ein ständiger Umwälzungs- oder Umstrukturierungsprozess betrachtet werden, der die Führungskräfte auf Trab hält, zu wachsen und sich weiterzuentwickeln, statt zu verschwinden. Das Verschwinden einer Marke oder der Verlust der Selbstständigkeit, aufgekauft zu werden, in andere Unternehmen überzugehen, gehört oft sogar explizit zu den Zukunftshoffnungen von Gründer:innen und Manager:innen. Aber auch die Möglichkeit, dass ein Unternehmen irgendwann ein dystopisches Ende nicht mehr vermeiden kann, weil es nicht gelungen ist, eine profitable Zukunft für die Firma zu entwickeln, steht zugleich für die ultimative Niederlage, deren Schrecken Innovation und Wandel in allen Branchen, Volkswirtschaften und Gesellschaften in Gang hält.

In dieser Welt ist der Aufstieg des einen Unternehmens oft mit dem Niedergang eines konkurrierenden anderen verbunden. Ein Muster, mit dem Unternehmer, die Start-ups betreiben, nur allzu vertraut sind. Wegen noch fehlender Rücklagen oder Marktanteilen aus einem bestehenden Geschäft heraus kann bei solchen Unternehmen das Scheitern jederzeit durch einen auch nur kurzen Moment zu schwacher Wettbewerbsfähigkeit eintreten. Was in der Sprache der Gründungsunternehmer:innen als **Disruption** bezeichnet wird, ist nichts anderes als das dystopische Ende derer, die keinen ausreichend belastbaren Plan für ihre Zukunft hatten, gegenüber denjenigen, die, von derselben Dystopie getrieben, erfolgreich sind, weil sie es geschafft haben, die Gegenwart wirklich hinter sich zu lassen und ein zukunftsfähiges

Geschäftsmodell zu konstruieren. Aufgrund der Verwundbarkeit ihrer Unternehmen rechnen

Im Zukunftslärm: Future Fact Nr. 19

Disruptive Innovation
Als disruptive Innovation oder Technologie werden nach einem Begriff des Wirtschaftswissenschaftlers Clayton Christensen Entwicklungen bezeichnet, die in der Lage sind, etablierte Anbieter:innen eines Produktes oder einer Dienstleistung vom Markt zu verdrängen – zum Beispiel die Verdrängung von Tastentelefonen durch die Entwicklung von Touchscreens.[55] Auch wenn der Moment der Disruption unerwartet erscheint, haben diese Entwicklungen oft eine längere Vorlaufzeit. Bevor Flash-Speicher dazu geeignet waren, in Laptops eingebaut zu werden und anfingen, die etablierten Festplatten zu ersetzen, fanden sie schon lange Zeit Einsatz in USB-Sticks oder MP3-Playern und wurden auf diesem Gebiet weiterentwickelt und perfektioniert. Auf diese Weise gelingt es vor allem neuen unbekannten Unternehmen mit wenig Ressourcen immer wieder etablierte Anbieter:innen herauszufordern. Disruption nimmt also oft ihren Ausgang im Low-End-Markt, wo anspruchslosere Kund:innen billige, aber technisch nicht ausgereifte Produkte tolerieren, oder sie schaffen einen gänzlichen neuen Markt – vor allem dort, wo disruptive Anbieter:innen ihre Innovationen mit einem überzeugenden Narrativ verbinden können. Disruptionen sind aber nicht auf Technologie allein beschränkt – auch Institutionen wie Hochschulen stehen unter dem Druck, sich angesichts wachsender Online-Angebote in Zukunft narrativ neu aufzustellen.

Gründer:innen automatisch eher damit, dass sie das Investor:innen vertrauen verlieren und auf der Strecke bleiben, als das etablierte Unternehmer:innen tun. Solche Unternehmer:innen sind sich also bewusst, dass beispielsweise von hundert Finanztechnologie-Unternehmen im rasant expandierenden Sektor digitaler Zahlungssysteme vielleicht nur vier die kritische Seed-, Inkubator- und Akzelerator-Phase überleben und selbstständig an die Börse gehen, Unicorns werden – während die anderen abgewickelt, zerschlagen oder übernommen werden. Die Aussicht eines solchen Scheiterns gehören zur Geschäftsplanung bei jungen Unternehmen dazu. Doch diese Sorge treibt sie andererseits dazu, gewagte und radikale Pläne zu entwickeln, die ihren Utopien oft sehr nahekommen und sich gut von der Gegenwart lösen können. Mit anderen Worten: Dort wird belastbare Zukunft gebaut.

Am Anfang kühn und am Ende plausibel

In der Wirtschaft stehen, in der gewohnten Zweisamkeit, Dystopische Bedrohung und Utopische Kühnheit nah beieinander. Führungskräfte in den Unternehmen, die die Digitalisierung treiben, Gründer:innen und Start-up-Unternehmer:innen malen die Zukunft ihrer Geschäftsmodelle, Produkte und Dienstleistungen oft in rosigen Farben. Für sie ist es normal, ihr Unternehmen auf einem erfolgreichen Weg hin zu einer plausiblen Zukunftsfiktion zu beschreiben. Die Leistung und das Potenzial ihres Unternehmens möglichst optimistisch erscheinen zu lassen, um Investoren an Bord zu halten und den Unternehmenswert zu steigern, wird schließlich von ihnen erwartet. Hinzu kommt, dass angesichts des hohen Wettbewerbsdrucks in entwickelten Marktwirtschaften technologischer Fortschritt überhaupt oft nur dort stattfinden kann, wo er als eine Reise ins Unerreichbare dargestellt wird. Sich von vornherein Ziele näher an einer plausiblen Fiktion in Richtung auf eine Utopie zu setzen und am Ende vielleicht etwas zu erreichen, das ein wenig niedriger hängt, aber sich plausibel vom Status quo des Heute unterscheidet, ist der Grundmechanismus für Innovation und Verbesserung in der Wirtschaft wie in der Gesellschaft geworden. Führungskräfte wissen also sehr genau, dass Investor:innen und auch Kund:innen mit Überzeugung gerade dort einsteigen oder zugreifen, wo nahezu unglaubliche Ziele gesteckt werden – und wo genau deshalb einzigartiger unternehmerischer Einsatz, Opferbereitschaft und Mut gefragt sind.

Der *Beatles*-Gründer John Lennon und seine Frau, die Künstlerin Yoko Ono, warben im Dezember 1969 auf Plakatwänden in New York, Toronto und Tokio für das Ende des Krieges. »Der Krieg ist vorbei! Wenn ihr es wollt. Liebe und Frieden senden euch John & Yoko«, hieß es auf den Plakaten. Amerikas Vietnamkrieg wütete damals noch fünf Jahre weiter und hatte zum Zeitpunkt von Lennons Kampagne bereits 40.000 US-Soldaten das Leben gekostet. Es handelte sich bei der Aktion um eine clevere, utopische Strategie, eine kommunikative Intervention mit einer gewissen Portion Absurdität, die zwei prominente Künstler:innen zwischen Kunstwerk und Aktivismus inszenierten. Aber die Kampagne hatte auch eine ernste Absicht und ist für unseren Diskurs über die Gestaltung von Zukunft und Zukunftsnarrativen relevant. Lennon und Ono entfernten sich nämlich recht mutig von der Gegenwart und dem immer noch tobenden Krieg in Südostasien. Und sie versuchten, mit einer gewagten kommunikativen Geste die Zukunft des Friedens vorstellbar zu machen – auch wenn diese Utopie mit einer Erfüllung noch ein halbes Jahrzehnt auf sich warten ließ. Im Verlauf des Jahres 1971 erreichte die Aktion einen Höhepunkt mit der Veröffentlichung des heute berühmten Weihnachtsliedes »HappyXmas« durch die beiden, der im Hintergrundgesang des Chores deutlich das Kampagnenmotiv »war is over – if you want it«[56] trägt.

Im Zukunftslärm: Future Fact Nr. 20

Ist der Krieg schon aus?
Yoko Onos und John Lennons War is over-Kampagne war eine wohldurchdachte und geplante Kunstaktion, die eine simple Botschaft über Plakate, Poster, Radiodurchsagen und Annoncen zu so vielen Menschen wie möglich bringen sollte. Ihr gingen die berühmten Bed-Ins in Amsterdam und Montreal voraus, in denen Ono und Lennon ihr Hotelbett zum Ort des friedlichen Protestes gemacht hatten. Kern der Kampagne ist auch die Veröffentlichung des Weihnachtsliedes »HappyXmas«, das uns heute noch oft begegnet und in

dessen Hintergrundchor »War is over if you want it« deutlich hörbar ist. Dennoch dauerte der Krieg in Vietnam noch weitere fünf Jahre. Anstatt ihre Utopie aufzugeben, setzten Ono und Lennon weiter auf ihr Narrativ eines möglichen, weltweiten Friedens und riefen das Jahr 1970 zum »Year 1 After Peace« aus, in dem weitere Aktionen folgten. Wohlwissend, dass die Kraft der Utopie aus ihrer Unerreichbarkeit stammt, setzt Yoko Ono das War is over-Projekt bis heute im Internet fort.[57]

Ähnlich fernliegend wie die Hoffnung auf endgültigen Frieden, vor allem zum Zeitpunkt von Lennons und Onos Aktion, scheint zum Beispiel die einmal wieder aktuelle Utopie, wonach menschliches Leben mit medizinischen Mitteln weit, am besten auf ewig, verlängerbar sei. Zumindest aus heutiger Sicht klingt dies nach einer unwahrscheinlichen Fiktion mit nur geringer Chance, jemals Wirklichkeit zu werden. Aber ähnlich wie die leicht absurde *War is over!*-Intervention den Friedensprozess ein Stück weit doch beflügeln konnte, vermögen solche kühnen Abweichungen von dem, was in der Gegenwart medizinisch vorstellbar ist, gleichwohl die Forschung zu beflügeln und Investorengelder zu mobilisieren. In vielen Geschäftsmodellbeschreibungen, vor allem von Start-up-Firmen, steht die Utopie deshalb ganz groß auf dem Deckblatt. Da ist von der Verjüngung menschlicher Organe oder gar von der Überwindung des Todes durch biologische Eingriffe die Rede, parallel zur humanoiden Robotik und zur Autonomie des Autos. Wer weiß schon heute, wo genau im Raum der zukünftigen Möglichkeiten diese Vorschläge einmal landen werden – auf der Erfolgs- oder auf der Misserfolgsseite. In jedem Fall wird hier aber eine Zukunft konstruiert, die möglich klingt und nicht als reine Spinnerei abgetan werden kann, sondern eben Utopie ist. Wie die Dystopie ist auch die Utopie in unseren Köpfen oft präsent. Für John Lennon und Yoko Ono wurde die Utopie vom Frieden im Vietnamkonflikt erst Jahre später Wirklichkeit. Die Verwirklichung einer durchschnittlichen menschlichen Lebenserwartung von 150 Jahren muss vielleicht noch ein paar Jahre länger warten.

Medien: Dystopien und Potenziale

Wenn ich mir mein eigenes Geschäftsfeld anschaue, die Strategie-, Kommunikations-, Public-Relations- und Marketingberatung, so äußern einige Branchenbeobachter:innen und Insider:innen Dystopien bezüglich der Zukunft klassischer Medien. Mancher denkt, dass die Werbeeinnahmen, die eine Hauptfinanzierungsquelle von Medien sind, in Zukunft nicht mehr zur Verfügung stünden, weil es dafür wirksamere oder nachvollziehbarere Kanäle gäbe. In diesem Szenario wird davon ausgegangen, dass die Aufspaltung der etablierten Nachrichten- und Kommunikationskanäle in Millionen digitaler Mikrokapillare jeden Einzelnen von uns zu potenziellen Publizist:innen und Minipropagandist:innen macht, die ausschließlich eigene Wege zum Senden und Empfangen von Nachrichten nutzen.

Für sich allein genommen lässt sich diese Diagnose immer noch positiv wenden. Wenn nämlich die Bürger:innen über mehr und mehr selbst kontrollierte und befüllte Kanäle kommunizieren können, stärkt das die Demokratie im allgemeinen Zukunftslärm. Die Wahrscheinlichkeit, sich in der Gesellschaft Gehör zu verschaffen wächst schließlich mit der Verfügbarkeit eigener Medienkanäle wie YouTube, Twitter oder LinkedIn und man kann darin auch ein pluralisierendes Gegengewicht sehen zum oligopolistisch strukturierten Übergewicht traditioneller Medien wie Zeitungen oder Fernsehsender.

Doch einige Branchenbeobachter:innen treiben diese Entwicklung auf eine pessimistische Spitze und sehen uns in nicht allzu ferner Zukunft in der Dystopie einer »Eins-zu-eins-Gesellschaft« ankommen. In einer solchen Welt würde jeder von uns ein atomisiertes digitales Leben führen, das unsere Wahrnehmung und unsere Urteilsfähigkeit auf die beschränkte Umgebung einer persönlichen Informationsblase reduziert. In diesem Stadium würden wir mit niemandem mehr teilen können, was wir sehen und fühlen, da wir als absolute digitale Einsiedler:innen über eigene Eingangs- und Ausgangskanäle nur noch mit uns selbst kommunizieren. Diese Dystopie nimmt nicht nur den Untergang jeglicher Form von Massenmedien vorweg, sie sagt auch den Untergang aller sozialen Beziehungen voraus – ein Endstadium, in dem der gesellschaftliche Zusammenhalt irreparabel zerstört sein wird.

Zweifellos handelt es sich um eine sehr düstere, beinahe schon apokalyptische Dystopie. Sie geht nicht nur vom Tod unserer Branche, sondern auch vom Absterben unserer Gesellschaft als einem eng verbundenen kommunikativen Organismus aus. Als jemand, der jahrzehntelang in der Kommunikation tätig ist, möchte ich dieser Dystopie eine utopisch anmutende plausible Fiktion entgegensetzen. Die Zersplitterung der Informationsinhalte und Kommunikationskanäle wird irgendwann unweigerlich einen Kipppunkt erreichen. An ihm werden sich neue, für die Gesellschaft verbindliche Gravitationszentren der Massenkommunikation und eine Renaissance des persönlichen Charismas menschlicher Botschafter:innen von Informationen einstellen. Mein Hauptargument ist schlicht der Umstand, dass es tief im Bewusstsein eines jeden Menschen verankert ist, nicht nur mit sich selbst zu reden, und dass wir es auf Dauer nicht ertragen werden, auf eine Existenz hermetisch abgeschlossener Monolog-Eremit:innen reduziert zu werden. Im Gegenteil: Es entsteht eine neue Pluralität von Gesellschaft, die neben der technischen Möglichkeit des Selbstpublizierens auch die Anstands- und Gebrauchsmechanismen erst neu entwickeln muss.

Daher wird unsere Gesellschaft keineswegs in den düsteren Endzustand absoluter digitaler Isolation abgleiten, in dem jenseits der eigenen Blase Funkstille herrscht. Vielmehr werden plötzlich alte Kommunikationsformen, zum Beispiel die direkte Debatte von Angesicht zu Angesicht, eine Wiederauferstehung erleben. Damit wird sich auch eine neue Medienlandschaft herausbilden, mit einer neuen Generation kommunikativer Leitfiguren, die über neue Kanäle in allen Bereichen der demokratischen Gesellschaft jeweils ihre ebenso neu konfigurierte Gefolgschaft mit ihren Narrativen anführen werden. Ich behaupte heute, dass dies innerhalb des Raums aller möglichen Zukünfte ein plausibles Ergebnis für unsere Branche sein wird. Darüber hinaus ist es auch eine Utopie, die uns bereits heute tätig werden lässt, indem wir in den Kommunikationsstrategien, die wir für unsere Kund:innen aus Wirtschaft und Politik entwickeln, mehr und mehr Wert auf die authentische Positionierung realer Menschen legen.

Enthusiastische Abgründe und abgründige Zukünfte

Die Entwicklung einer Zukunftsvision, ob in der Wirtschaft oder der Politik, ist oft ein zweischneidiges Schwert. Denn was einem als Utopie gilt, kann jederzeit von anderen als Dystopie empfunden werden. So dürften zum Beispiel weite Teile der Gesellschaft nicht besonders erpicht darauf sein, ihren 546. Geburtstag zu erleben, selbst wenn Genforscher ein so langes Leben als plausible Fiktion ihrer Arbeit verfolgen. Und es ist zu vermuten, dass nicht alle Menschen eines Tages auf dem Mars untergebracht und begraben werden wollen, geschweige denn in die digital duplizierte Welt eines *Metaverse* einziehen oder ihr Lenkrad einem hochintelligenten Autopiloten überlassen möchten – nur, weil Technovisionäre wie Elon Musk oder Mark Zuckerberg diesen Utopien mit enthusiastischem Eifer nachjagen. Vielmehr lebt eine nicht geringe Anzahl von Menschen in grundsätzlicher Sorge vor der Vorstellung, dass ihr Alltag mehr und mehr von Daten und Algorithmen organisiert wird. Das Sammeln und Auswerten ihrer digitalen Standort- und Nutzungsdaten, ihrer E-Mail-Kommunikation, ihres Konsumverhaltens, ihrer Gesichts- und Körpermerkmale beunruhigt sie eher. Und sie lehnen das Angebot von mehr personalisiertem Komfort, der im Internet im Gegenzug für die vollständige Durchleuchtung ihres Denkens, Handelns und Tuns ermöglicht wird, dankend ab.

Gerade in der Wirtschaft lässt sich beobachten, wie ununterscheidbar nah Dystopisches und Utopisches häufig liegt und wahrgenommen wird. Vielleicht werden sich am Ende, wenn die letzten Technologieskeptiker:innen gestorben sind, die Utopist:innen mit ihren Plänen durchsetzen. Natürlich kann man diese Zukunft, das sollte an dieser Stelle des Buches klar geworden sein, nicht voraussagen. Es ist also nicht auszuschließen, dass der Grundkonflikt auf Dauer bestehen bleiben wird, und sich die Einsicht durchsetzt, dass zum Segen einer funktionierenden Gesellschaft Technologie und technischer Fortschritt besser in einen gesellschaftlichen Diskurs eingerahmt werden müssen. Jedenfalls ist die Debatte über dieses Thema in vollem Gange, und allein schon aus der Tatsache, dass einerseits viele Menschen Angst vor Maschinen und digitalem Fortschritt haben, während andererseits unbezweifelbar der technische Fortschritt Segen und Verbesserung mit sich bringt, folgt, dass man gut beraten ist, beide Kräfte, Utopie und Dystopie, zu berücksichtigen, wenn man ein

Zukunftsnarrativ gestalten will. Denn beide werden auch weiterhin um die Oberhand in den Köpfen von Milliarden von Menschen ringen. Sie müssen selbst über die Plausibilität des einen oder des anderen entscheiden.

Der große Bahnhof – wie Stuttgart zum Ausgleich kam

Auch in der Politik liegen Utopie und Dystopie oft sehr nah beieinander. Der Unterschied liegt dann nur noch im Auge des Betrachters und hängt maßgeblich von der Perspektive und persönlichen Betroffenheit durch einen politischen Zukunftsplan ab. Der Fall »Stuttgart 21«, ein groß angelegtes europäisches Verkehrs- und lokales Stadtentwicklungsprojekt, das auf eine umfassende Neuverknüpfung der Stuttgart durchquerenden Bahnstrecken abzielt, ist ein solches Beispiel. Als Kommunikationsberater habe ich mit meinen Kolleg:innen eine ganze Weile an einer Lösung für diesen gewaltigen Konflikt, der um einen neuen mehrstöckigen Eisenbahnknotenpunkt zwischen Gegner:innen und Befürworter:innen entbrannt war, gearbeitet. Das Bauprojekt, eines der größten in Europa, ist immer noch nicht abgeschlossen.

Die Planer von »Stuttgart 21« hatten eine große Zukunft im Kopf und träumten, ähnlich wie der bereits erwähnte *Big Dig*-Traum Bostons, von einem komplexen Tunnelsystem unter der Stuttgarter Innenstadt, der oberirdisch Platz für neue Stadtquartiere hätte schaffen sollen. Als die Projektkosten im Zuge der Finanzkrise 2008 explodierten, brach ein handfester Konflikt in der Gesellschaft aus. Die Dystopie, dass der Bau eines so umfangreichen Tunnelsystems die gesamte Innenstadt im Boden versinken lassen könnte, weil der Grundwasserspiegel der Stadt durch die Baumaßnahmen dramatisch absinken würde, rief Demonstrant:innen auf den Plan. Sie wiesen auf die Gefahr hin, dass ein solches Projekt bei allem politischen Prestige von den tatsächlichen Bedürfnissen der breiten Öffentlichkeit abgekoppelt sei, dass am Ende der Geldhahn abgedreht werden könne und »Stuttgart 21« als Investitionsruine enden würde. Die Hauptargumente zugunsten des Projekts waren hingegen der dringende Bedarf an neuen Wohnvierteln für Stuttgart und eine maßgeblich verbesserte Anbindung für Tausende von Pendlern, die täglich aus dem Umland ins Stadtzentrum zur Arbeit fahren.

Am Ende wurde der heftige Konflikt, der durch mangelnde gegenseitige Anerkennung, dem Fehlen eines aktiven Dialogs sowie durch das Versäumnis, der Öffentlichkeit in dieser strittigen Angelegenheit ein Mitspracherecht einzuräumen, angeheizt worden war, erst durch den Start eines offenen, transparenten Dialogs, dem Einsatz von Mediation und schließlich dem Abhalten einer Volksabstimmung gelöst. Das fragende Narrativ »Weiter streiten oder weiter bauen?« und der Hinweis, dass ein Ausstieg aus dem Projekt durchaus einen großen Teil der Summe kosten würde, der zur Fertigstellung erforderlich sei, überzeugte. Wenn schon keine Utopie, so hat sich doch eine plausible Fiktion für »Stuttgart 21« durchgesetzt, während die Vertreter:innen der kritischen Sicht nach einer fairen Debatte ihre Niederlage akzeptierten.

Im Nebel der Dystopien müssen gute Zukünfte Sicherheit bieten

Es zeigt sich aus den vorigen Beispielen, dass Dystopien eine entscheidende Rolle bei der Konstruktion der Gegenwart, aber vor allem der Zukunft spielen – unabhängig davon, ob dies auf individueller oder gesellschaftlicher, wirtschaftlicher oder gesellschaftlicher Ebene geschieht. Dystopien sollten also in unserem Bewusstsein präsent sein, auch wenn ihre Folgen schwer zu ertragen sind. Dystopien können den Untergang eines Unternehmens durch Insolvenz beschreiben, die Veränderung der globalen Lebensbedingungen durch einen katastrophalen Klimawandel oder den massenhaften Verlust von Arbeitsplätzen durch intelligente Maschinen. Dystopien gibt es in vielen Formen, Farben und Größen – und im Gegensatz zu Utopien kann man sie oft unmittelbar erleben, wenn man ihnen nicht aktiv entgegentritt.

Entscheidend ist jedoch, dass wir bei der Gestaltung von Zukunft – sei es als Kommunikationsexpert:in, Unternehmer:in, NGO-Aktivist:in, Politiker:innen, Eltern, Jugendliche oder in einer anderen Rolle – dazu in der Lage sein müssen, die relevanten Dystopien zu erkennen, sie zu erforschen und dann in unsere strategischen Analysen und Argumente einzubeziehen. Daraus schöpft sich der Mut, aus der Vergangenheit und der Gegenwart auszubrechen und einer Zukunft entgegenzugehen, die diesen Namen auch verdient.

Dabei sollte man den eigenen Standpunkt in Bezug auf diese vorgeschlagene Zukunft mit Sorgfalt abwägen. Was für den einen utopisch klingt, kann
für den anderen schiere Dystopie sein. In der postfaktischen Ära, in der wir
uns nun mal aktuell befinden, wird es daher immer wichtiger werden, die
Debatte über Dystopien zu steuern und zu moderieren, um dann Zukunftsvisionen anzubieten, an denen wir andere mit Begeisterung teilhaben lassen
können. Um auf meine persönliche Anekdote zu Beginn dieses Kapitels zurückzukommen: Vielleicht gibt eine Bastion wie die Burg Giebichenstein
eine gute Analogie für die Frage nach dem eigenen Standpunkt zwischen
Utopie und Dystopie ab. Ich stelle mir eine solche Burg als einen sicheren
Zufluchtsort von Gedanken vor, der sich vom mittelalterlichen Elend ab-
hebt. Wenn wir anderen, von denen wir uns wünschen, dass sie uns folgen,
ein Zukunftsnarrativ vorschlagen, müssen wir uns fragen, welche Elemente
wir am stärksten hervorheben, so dass im dystopischen Nebel sichere Wehr-
mauern erkennbar und vertrauensfähig sind.

Takeaway Kapitel 5, Dystopie – am Abgrund entsteht Energie

Dystopien...

...zeigen – beispielsweise in Filmen – Zeiten nach unerklärlichen
Katastrophen und damit eine weiße Leinwand.

...helfen, Zukünfte nicht zu optimistisch oder idealistisch zu
entwerfen.

...öffnen für das Undenkbare, Unerwartete und Unbequeme.

...können enorme transformative Kraft entfalten für die Mobilisierung möglicher Zukünfte.

...erden Utopien und machen im Widerspruch Machtinteressen
sichtbarer.

SECHSTES KAPITEL

VON MIR, FÜR EUCH – FÜR EIN STARKES ICH- UND WIR-GEFÜHL

Wie gestaltet man eine Zukunft, die andere mobilisieren kann? Viele Zukünfte nehmen individuelle Perspektiven ein, machen individuelle Sichten vorstellbar, besser, nützlicher moderner. Ebenso wichtig ist, was das Gemeinsame mobilisiert, stärkt, fördert und prägt. Ob für politische, gesellschaftliche oder Werbezwecke – individuelle und kollektive Zukunftsaussichten müssen in einem ausgewogenen Verhältnis zueinanderstehen, um überzeugende Zukunftsnarrative zu erzeugen.

Bei Kerzenschein saß ich mit meiner Frau in einem romantischen Restaurant in Schleswig-Holstein, das für seine kreative Küche bekannt ist. Es war November 2017. Wir hatten gerade die Vorspeise, eine köstliche Kürbissuppe mit Trüffeln, genossen und diskutierten bei einem Glas Pinot Grigio über die Zukunft unserer Kinder. Wir warteten auf den Hauptgang: pochierter Lachs auf gedünsteten Brokkoli-Sprossen.

Unser ältester Sohn plante einen *Work-and-Travel*-Trip nach Australien, während sein jüngerer Bruder ein Internatsjahr in Kanada erwog. Und plötzlich wurde klar, dass damit viel freie Zeit auch vor uns liegen würde. Bei Espressi und Dessert hatte der Plan für die elterliche Auszeit schon ziemlich konkrete Formen angenommen. Doch dann, aus heiterem Himmel, sahen wir einander in die Augen und wussten, dass wir alles, was wir uns in den zwei Stunden vorgenommen hatten, über Bord werfen würden. Wir würden nämlich selbst ins Ausland gehen. Innerhalb von Minuten war klar, dass wir den Stier bei den Hörnern packen mussten – und unsere Zukunft war geplant. Für die nächsten zwei Jahre würden wir unsere Bleibe im nieseligen Hamburg gegen einen Bungalow an der amerikanischen Ostküste eintauschen.

Ein Freund organisierte uns ein freies Quartier in Boston, um erst einmal anzukommen, und lud uns in ein umfangreiches Netzwerk privater und beruflicher Kontakte ein. Damals hatte ich bereits angefangen, intensiver akademisch zu arbeiten, beschäftigte mich mit Forschungskooperationen. Und da ich in Deutschland schon ein Projekt zum Thema Zukünfte begonnen hatte, schien mir Bostons hochkarätige Universitätslandschaft der ideale Ort zu sein für meine temporäre Wandlung vom Vorstand der größten deutschen PR- und Marketing-Agentur zu einem Wissenschaftler am *Weatherhead Center for International Affairs* der Harvard University. Mein Thema passte in den Forschungskanon von Harvard. Nebenbei ging es mir um die Frage, was menschliche Intelligenz über künstliche Intelligenz zu sagen hat, und was das für unsere Zukunft bedeutet. Nicht einmal sechs Monate später waren wir in unser neues Zuhause in Weston, etwas außerhalb von Boston, eingezogen, um bei einem weiteren Vier-Gänge-Menü die Zukunft zu begrüßen, die wir bei jenem Abendessen in Schleswig-Holstein aufgebaut hatten.

Unser plötzlicher Sinneswandel hat mir gezeigt, dass man eine Zukunft aktiv gestalten muss – und zwar genau dann, wenn sich unerwartet Gelegenheiten ergeben. Diese Einstellung hat uns dazu gebracht, einen Plan in Angriff zu nehmen, der gar nicht so einfach zu verwirklichen war: in der Mitte der beruflichen Karriere und Verantwortung ins Ausland zu gehen, mit den Liebsten im Schlepptau, der Partnerin und zwei kleinen Kindern, um dort etwas wirklich ganz anderes zu machen als das, was wir bisher gemacht hatten. Ich bin mir bewusst, dass dieser Schritt ein Privileg in Hinblick auf die dazu notwendige finanzielle Unabhängigkeit darstellt, die alles andere als selbstverständlich ist. Mehr noch, das Team in meiner Firma, sowohl meine Vorstandskolleg:innen als auch alle anderen, hatten sich damit einverstanden gezeigt und mir vertraut, vor allem aber sich selbst, denn sie hatten die volle Verantwortung für das Unternehmen ohne mich zu tragen. Das sollte sich nach meiner Rückkehr auch wirtschaftlich für unser Unternehmen auszahlen.

Wie diese Anekdote beginnt jede gute Zukunft, vor allem wenn sie mehr Fiktion ist als ein fester Plan, mit einer persönlichen Geschichte, das heißt mit der Perspektive eines Protagonisten: mit einem Ich-Blickwinkel. In dem Moment nämlich, in dem ein Individuum eine Botschaft, einen Plan oder auch nur eine Idee für eine Zukunft für uns alle hat, werden die Menschen fragen, weshalb man für sie eintritt, woher der- oder diejenige eigentlich kommt, und warum ausgerechnet dieses Individuum diese Zukunft vorantreiben möchte.

Im Zukunftslärm: Future Fact Nr. 21

First person narrative
»Call me Ishmael« – Nennt mich Ismael. Mit diesem berühmten First Person-Narrative, der »Ich«-Erzählperspektive beginnt Hermann Melvilles Roman »Moby Dick«. Eine narrative Taktik, häufig von Romanautor:innen aber auch von Journalist:innen eingesetzt, die wir aus vielen Bereichen, Talkshows, aber auch wissenschaftlichen Case-Studies kennen: Der Historiker John Forrester beschreibt es als »Denken in Fällen«. »Einen Einzelfall durch Appelle an die Empathie als universell erscheinen zu lassen, sodass die Erfahrung einer Person im Grunde zur Geschichte aller wird« (Jasanoff, 2010). Die Legitimation erfolgt hier durch die Authentizität des Erlebnisses, obwohl es sich um eine Sicht handeln kann, die keinesfalls generalisierbar ist. Expert:innen berichten dagegen häufig aus der Sicht eines Fachgebietes und legitimieren sich durch Wissen und Argumentation, repräsentieren aber allenfalls ihr Fachgebiet. Beide Perspektiven unterscheiden sich von einer wissenschaftlichen, die versuchen muss, Erkenntnisse zu beweisen, also eine Methode anzuwenden, die objektiviert, nachvollziehbar ist und damit auch generalisierbar. Geht es um Zukunftsnarrative, ist es deshalb wichtig, die Machtfrage zu stellen: Wem nützt, wem schadet, in wessen Interesse ist die gewünschte Transformation. Und zumindest wissenschaftliche Perspektiven einzubeziehen. Und nicht nur persönliche Erfahrung, Erlebnis, Empathie.[58]

Dem Harvard-Soziologen Marshall Ganz zufolge zeigt die »Ich«-Perspektive, »warum Du zu dem berufen wurdest, wozu Du berufen bist.«[59] Damit fokussiert er darauf, dass es in Geschichten entscheidend sei, den Bezug zum erzählenden Individuum sinnstiftend und authentisch abzubilden. Diese »Ich«-Perspektive bezieht sich also auf die Glaubwürdigkeit des Erzählenden und den Ursprung seiner Transformationsgeschichte. Deshalb fangen so viele zeitgemäße amerikanische Reden und Darstellungen auch mit einer auf die gewünschte Zukunft gemünzten Geschichte aus der eigenen Vergangenheit an. Nicht nur im Ursprung ist der Ich-Faktor relevant, sondern auch als Zukunftsaspekt. Die noch wichtigere individuelle Perspektive bezieht sich auf das Ergebnis der beschriebenen oder propagierten Veränderung, nämlich etwas für die angesprochenen Individuen selbst zu verbessern. Um mal ein überholtes Narrativ als schlechtes Beispiel anzusprechen, schaue ich in die Geschichte des Rauchens. Schon früh ging es bei der Vermarktung des Rauchens um Gesundheit, originellerweise um die Behauptung, Rauchen würde die individuelle Leistungskraft stärken und sogar der Gesundheit zuträglich sein, durch Abnehmen, Entspannung und Freude, wie Stanford Professor Robert Stackler schreibt.[60] Ein Werbeclaim der Marke »Lucky Strike« behauptete sogar, es gäbe einen Schutz vor Erkältung durch Rauchen.[61] Die Widerstandfähigkeit zu verbessern durch eine Nikotindosis war damals eine plausible Behauptung, ist es aber heute nicht mehr, wo die extrem schädlichen Nebenwirkungen bestens bekannt und untersucht sind. Allzu schnell machen wir uns über solche unzeitgemäßen Bilder lustig. Doch leistungsfähiger zu werden, eine persönliche Transformation anzubieten ist das ewige Narrativ einer individuellen Zukunftserzählung, sei es im Sport, bei Diäten, Ernährung oder in der *personal-self-help-* Bewegung, die zahllose Handy-Apps zur Selbstverbesserung erzeugt. Einigen dieser Angebote könnte es am Ende so ergehen wie dem Rauchen.

All die Selbstverbesserungs-Geschichten und Zukunftsperspektiven betreffen immer auch ein **Uns** als Teil einer Gemeinschaft. Nicht wenige Menschen brauchen nach einem Vier-Gänge-Menü eine Zigarette. Aber manche Raucher:innen, ganz unabhängig davon, ob und wie sehr sie sich persönlich verbessert hatten, waren dabei immer auch cooler – oder, wenn sie die tödlich starken französischen »Gauloises« oder »Gitanes« in gelbem

Maispapier rauchten, Mitglied einer trendigen, revolutionären Community. Als Konsument:innen der Marke »Marlboro« gab man sich dem Geschmack von Freiheit und Abenteuer hin, wurde Teil einer Cowboy-Community. Cowboys reiten an der Grenze der Zivilisation und bereiten den Boden, können und wollen aber deren Regeln nicht einhalten. All dies suggeriert dann auch die Zigarettenwerbung als Gemeinschaftsgefühl. Manche Werbung konzentrierte sich auf die persönliche Seite, manche auf diese Gemeinschaftsperspektive. Heute scheinen Zigaretten ein Ding der Vergangenheit zu sein, ein Instrument von Krankheit und eine Belastung für die Gesundheitssysteme und für uns alle. Ihre Zukunft sieht nicht gut aus. Das allein zeigt schon: Zukunftsnarrative können sich zeitabhängig stark verändern, auch die Erkenntnisse darüber, wie gut sie auf Fakten beruhen und welchen. Kennedy übrigens benutzte das Thema Rauchen in seiner berühmten Rede zu einer Verbindung von »Wir« und »Ich«, in dem er die gesellschaftlichen Kosten des Projektes Apollo in Höhe von 5,4 Mrd. Dollar darauf umrechnete, dass es weniger sei, als ein/e Durchschnittsamerikaner:in jährlich für Rauchen ausgebe.[62] So brach er eine gemeinschaftsstiftende Geschichte auf etwas individuell Vorstellbares herunter.

Die Beziehung zwischen der »Ich«-Perspektive und der Sichtweise der Gemeinschaft ist für die meisten Zukunftserzählungen von wesentlicher Bedeutung. Marshall Ganz bezeichnet die »Wir«-Geschichte als eine kollektive Geschichte mit »gemeinsamen Zwecken, Zielen und Visionen« innerhalb einer Gemeinschaft oder Organisation. Wie bei der »Ich«-Geschichte geht es auch bei der »Wir«-Geschichte um Herausforderungen, Entscheidungen und Ergebnisse. Beide Perspektiven sind, wie Utopie und Dystopie, über die wir gerade in den vorigen Kapiteln sprachen, wichtige Faktoren im Fünf-Zukunftskräfte-Modell, um das sich dieses Buch dreht.

Im Zukunftslärm: Future Fact Nr. 22

»When the legend becomes fact, print the legend!«
An der Grenze zwischen Gegenwart und Zukunft, in einer Kleinstadt Shinborne im unzivilisierten Westen duellierte sich ein junger Anwalt notgedrungen mit einem Ganoven und war fortan der »Mann, der Liberty Valance erschoß« – ein John-Ford-Western-Filmklassiker. Zuvor war er in der von Banditen beherrschten und unterdrückten Stadt für Bildung, Gerechtigkeit und Frieden eingetreten. Am Ende wurde er Senator in Washington und genoß einen legendären und unbestechlichen Ruf. Nur, es war nicht die Wahrheit, auf die seine Zukunft gründete. Denn sein von John Wayne gespielter Farmer Tom Doniphon hatte den Banditen so aus dem Hinterhalt erschossen, dass es beim Duell niemand merkte, um seinen des Schießens nicht mächtigen Freund zu retten. Später beichtet er die Wahrheit einem Journalisten, der deren Veröffentlichung mit einem der berühmtesten Filmzitate ablehnt: »When the legend becomes fact, print the legend!« Das Narrativ des für Gerechtigkeit eintretenden Senators, der für die Menschen Gutes bewirkt, war auch gegen dessen schlechtes Gewissen dominant. Auf dem Filmplakat von 1962 jedoch stand John Wayne, der Schütze, im Vordergrund vor James Stewart, dem Senator, als zentraler Charakter und als derjenige, der das Narrativ in der Hand hatte.[63]

Ich und Wir: Kraftfeld, in dem Zukunft mobilisiert

Wenn wir diese Überlegungen von der privaten auf die gesellschaftspolitische Ebene heben, wird deutlich, wie beide, das »**Ich**« und das »**Wir**«, in ein angemessenes Gleichgewicht gebracht werden müssen, wenn man zum Beispiel die Zukunft eines politischen Systems oder einer Gesellschaft in einer gewissen geschichtlichen Periode plant. Die Verfassung der USA ist ein hervorragendes Beispiel dafür. Ihr Text zielt darauf ab, die Zukunft eines Landes zu gestalten, und beginnt mit den Worten »Wir, das Volk«, also eindeutig in der Perspektive der ersten Person Plural. Derselbe Satz spricht jedoch nur wenig später davon, »das Glück der Freiheit **für uns selbst** zu bewahren« – eine Verschiebung in Richtung »Ich«-Perspektive also. Die Tatsache, dass sich das »Ich« und das »Wir« selbst auf dieser fundamentalen Ebene der Verfassung eines Landes die Waage halten, zeigt, dass beide Perspektiven in allen politischen Narrativen, die versuchen, die Zukunft einer Gesellschaft zu entwerfen, ihren Platz finden müssen. Das »Wir-Gefühl« einer Gruppe – zum Beispiel einer demokratischen Gesellschaft – beruht im Idealfall auf gemeinsamen, von der Verfassung geschützten Werten, auf gleichen Rechten und Pflichten, die sich in den Gesetzen widerspiegeln und für alle gelten. Die Anerkennung von »Wir«-Werten und »Wir«-Rechten ist die Basis für das gemeinsame Zusammenleben, denn sie schafft Verständnis und Wissen darüber, was jeder vom anderen erwarten kann. Diese Werte bieten nicht nur der Gruppe eine praktische Orientierung, sondern auch dem Einzelnen, der sie in sein Selbstverständnis integriert.

Ein Gleichgewicht zwischen beiden Perspektiven bedeutet, dass weder das »Ich« noch das »Wir« dominant werden. Kein politisches oder wirtschaftliches Narrativ sollte zu reinem Egoismus oder vollständigem Kollektivismus aufrufen. Stattdessen muss ausreichend Raum an Möglichkeiten gelassen werden, damit beide Perspektiven produktiv werden können. Es lohnt sich, an dieser Stelle noch einmal einen Blick auf John F. Kennedys *New Frontier*-Narrativ zu werfen, das sowohl jeder/m einzelnen Amerikaner:in viel Raum zur intellektuellen und ökonomischen Entfaltung eröffnet hat, aber gleichzeitig auch der Nation als Ganzes entscheidende Schritte nach vorn ermöglichte.

Kennedys Appell an die Amerikaner:innen, sich zu neuen Grenzen aufzumachen, funktionierte nur unter der Voraussetzung, dass sich jeder Einzelne, Männer und Frauen aller Hautfarben und sozialer Herkunft, dafür begeistern konnte. Er baute dafür auf ein ausgeprägtes Gefühl der Zusammengehörigkeit, mit dem alle Gräben überbrückt werden sollten, damit die Nation an einem Strang ziehen und geschlossen vorankommen konnte. »Ich« und »Wir« vermischen sich hier eindrucksvoll und ausgewogen. Es bleibt ein Raum, in dem sich die tatsächliche Zukunft entfalten kann, so weit geöffnet, dass der Wettbewerb der Ideen florieren und individuelle Anreize zum

Mitmachen und Aktivwerden gesetzt werden können. So baut sich die Zukunft einer Gesellschaft.

Man kann die Bedeutung dieser beiden Perspektiven kaum überschätzen, wenn es darum geht, dass ein Narrativ in einer Kampagne für die Zukunft überzeugende Zugkraft erlangen soll. Beide schaffen, ähnlich wie Utopie und Dystopie, ein unverzichtbares bipolares Kraftfeld, in dem die Zukunft produktiv erdacht und gestaltet werden kann. Einerseits stecken diese Pole ab, was denkbar ist und was in Zukunft Realität werden könnte. Andererseits implizieren diese Koordinaten immer noch die Freiheit, sich für eine vorgeschlagene Zukunft zu begeistern oder sie zu ignorieren und sich einem anderen Zukunftsnarrativ anzuschließen. Auch hier zeigt sich, dass der Raum möglicher Zukünfte als ein Wettbewerbsraum gedacht werden muss, in dem sich die attraktivsten Narrative durchsetzen und die weniger überzeugenden den Kürzeren ziehen.

Im Zukunftslärm: Future Fact Nr. 23

Wir sind das Volk. Wir sind ein Volk. Wir sind mehr.
Auch die stärksten Narrative sind nicht davor gefeit, missbraucht zu werden, wie die Geschichte einer der in Deutschland wohl bekanntesten Wir-Botschaften zeigt: Unter den Rufen »Wir sind das Volk«, protestierten in den Jahren 1989 und 1990 auf den sogenannten Montagsdemonstrationen in Leipzig viele Bürger:innen gegen die politischen Verhältnisse in der DDR. Gegen die Verleumdungen und Ausgrenzungen durch die staatliche Propaganda reklamierten die Demonstrant:innen damit ihre Zugehörigkeit zur Volksgemeinschaft. Der Satz wurde später leicht nuanciert zu »Wir sind ein Volk«, um die anwesenden Polizeibeamt:innen in das gemeinsame »Wir« zu integrieren und zum Gewaltverzicht aufzufordern. In dieser Version diente der Spruch auch, um für die Wiedervereinigung mit Westdeutschland zu demonstrieren. Im Zuge der Migrationskrise 2014/15 eigneten sich rechtspopulistische Gruppen wie Pegida den Spruch an und verkehrten seine integrative

Ausrichtung ins Gegenteil, um damit gegen Asylbewerber:innen und den Bau von Moscheen zu demonstrieren. Nach rechten Ausschreitungen in Chemnitz fand 2018 unter dem Titel »Wir sind mehr« eine Konzertreihe gegen rechts und für ein offenes »Wir« statt.[64]

Wenn der Gesellschaft Orientierung fehlt: Das »Wir« gewinnt Zugkraft

Für viele Zukunftsnarrative der gesellschaftlich-politischen Sphäre hat die »Ich«-Perspektive natürlich eine besonders große Bedeutung. Ein Politiker wie Kennedy wirkte wie ein Katalysator, der eine ganze Nation plötzlich wissen ließ, was als Nächstes zu tun war. Das Gleiche geschah in etlichen Ländern nach dem Zweiten Weltkrieg. Der Wiederaufbau war schnell bewältigt. Aber eine neue Identität – das, wofür man als Gesellschaft in Zukunft stehen wollte – war nicht leicht und schon gar nicht schnell zu finden. In dieser unklaren, desorientierten gesellschaftlichen Verfassung übernahmen Politiker:innen eine besondere Verantwortung, indem sie auf beinahe therapeutische Weise dabei halfen, die zukünftige Bestimmung einer Nation mitzugestalten. Kennedy schlüpfte in den frühen 1960er-Jahren für die USA in diese Rolle. Willy Brandt, ein Sozialdemokrat, tat es als Bundeskanzler knapp zehn Jahre später für Deutschland, indem er die Bundesdeutschen dazu aufforderte, »mehr Demokratie zu wagen«. Damit ersetzte er einen von oben verordneten Politikstil durch die Aufforderung, Entscheidungen auch an der Basis der deutschen Gesellschaft zu treffen. Er senkte das aktive und passive Wahlalter und lud so mehr junge Menschen zur Mitgestaltung ein. Transformative Persönlichkeiten sind für die Gesellschaft von entscheidender Bedeutung, damit sie sich weiterentwickeln und entscheiden kann, welche Art von Zukunft sie gestalten möchte. Damit sie erfolgreich sein können, bedarf es in der Regel einer politischen Phase, in der die kollektive Stimmung stagniert und die Menschen melancholisch zurück- statt nach vorne blicken. In solchen Fällen scheinen Narrative über Neuanfänge am besten zu funktionieren. Diejenigen, die sich auf solche

Narrative berufen, sehen sich in der Regel als wahre Reformer:innen oder Erneuerer:innen – und werden auch so wahrgenommen.

Vor Kennedys Amtsantritt stand Amerika in Bezug auf seine soziale und wirtschaftliche Mobilität still. Doch, nachdem das Narrativ von den »neuen Grenzen« Verbreitung fand, engagierte sich nahezu eine ganze Nation von damals 180 Millionen Amerikaner:innen für den Aufbau der Zukunft der USA. Auch Deutschland befand sich 1969 ohne Orientierung und gelähmt zwischen einer unbewältigten NS-Vergangenheit und dem eisernen Vorhang des Kalten Krieges – bevor Willy Brandt auf den Plan trat. Und auch in Deutschland wurden die Dinge erst dann in die Hand genommen, als mit »mehr Demokratie wagen« von Brandt ein plausibler Weg in die Zukunft skizziert worden war. Mit einem Mal konnten die Deutschen freier atmen und an alten Tabus rühren. Sie konnten sich zum Beispiel endlich ohne Zögern eingestehen, dass zu viele ehemalige Nazis in ihren öffentlichen Verwaltungen und in der Justiz saßen. Und sie konnten anerkennen, dass Willy Brandt kein Verräter war, nur weil er den Zweiten Weltkrieg als Emigrant in Norwegen verbracht hatte. Plötzlich war mehr Bildung für mehr Deutsche verfügbar, die froh waren, sich von den Glaubenssätzen einer konservativ verknöcherten Nachkriegsepoche verabschieden zu können, die den Wiederaufbau zwar wagte, aber den Blick zurück vermied und die Vergangenheit verdrängte. Brandt stand für eine charismatische und offene politische Führung und öffnete die Menschen in der gesellschaftlichen Mitte für neue Sichtweisen, gab möglichen Zukünften mehr Raum – dieses Angebot wurde dankend angenommen.

Im Zukunftslärm: Future Fact Nr. 24

Wie aus dem Eingeständnis von Schwäche ein Meme für innere Stärke wird.
Am 7. Dezember 1970 besuchte Willy Brandt Warschau, um das Verhältnis zwischen Polen und Deutschland für die Nachkriegszeit neu auszurichten. Bei der Kranzniederlegung am Ehrenmal für die Toten

des Warschauer Ghettos kam es zum weltweit beachteten Kniefall, aus dessen Foto ein Meme wurde, das um die Welt ging. Ohne Worte gelang es Brandt damit, nicht nur eine starke »Ich«-Botschaft der Verantwortung für die Vergangenheit auszusenden, er verwandelte auch einen Moment des Überwältigtseins in ein Sinnbild moralischer Aufrichtigkeit und Stärke. Die Reaktionen auf den Kniefall waren in Deutschland gespalten. Während ein Großteil der Journalist:innen die Geste lobte, fanden es etwas mehr als die Hälfte der westdeutschen Bürgerinnen und Bürger übertrieben. Auch der damalige französische Präsident Pompidou klagte über Brandts mangelndes Schamgefühl. In jedem Fall trug das Meme maßgeblich zum Bild von Brandts öffentlicher Persona und Authentizität bei und zeigt, dass man gelegentlich mit den Konventionen brechen und Schwäche zeigen muss, um Stärke zu beweisen. Willy Brandts narratives Leitmotiv aus seiner ersten Regierungserklärung »Wir wollen mehr Demokratie wagen«, ist heute im Koalitionsvertrag »Mehr Fortschritt wagen« der Scholz-Regierung als Zukunftsmotiv zitiert.

Ein klares *öffentliches Selbst:* der erste Baustein für gute Zukunftsnarrative

Die Beispiele von Kennedys »neuen Grenzen« und Brandts »mehr Demokratie wagen« haben gemeinsam, dass die Menschen eine Beziehung zu den beiden Protagonisten aufgebaut haben. Das Publikum hat sich die Narrative über mögliche positive Zukünfte buchstäblich angehört und Neugier entwickelt. Diese Neugierde zu fördern und Anknüpfungspunkte für Fantasie zu bieten und Raum für fantasievolles Engagement aufzuzeigen ist immer auch eine Frage medialer Vermittlung. Natürlich: Wir sind alle dafür empfänglich, uns von den Visionen und Zukünften anderer inspirieren und mitreißen zu lassen.

Mögliche Zukünfte, die von Einzelpersonen, Führungskräften, Politiker:innen oder Unternehmer:innen beschrieben werden, zirkulieren in den

öffentlichen Debatten und beeinflussen sie. Bestand können diese Zukunftsnarrative aber nur haben, wenn sie es auch einem Massenpublikum ermöglichen, sich mit ihnen auseinanderzusetzen. Daher brauchen Zukunftsvorschläge Merkmale, die Neugierde fördern und Anknüpfungspunkte
für Fantasie bieten, die Gemeinschaft stiften. Zukunftsvisionen beeinflussen unsere eigenen Vorstellungen von möglichen Entwicklungen und inspirieren unsere Vorstellungskraft. Zukunftsvisionen entstehen deshalb nicht
in einem sozialen Vakuum, sondern in Beziehung zwischen uns selbst und
dem über Medien, Plattformen und Kanäle vermittelten Austausch mit der
Öffentlichkeit.

Der bereits erwähnte Soziologe Marshall Ganz, Dozent an der *Harvard
Kennedy School*, hat sich der Erforschung von Führungsnarrativen gewidmet und wertvolle Erkenntnisse darüber gewonnen, wie öffentliche Narrative (*public narratives*) geformt werden. Für Ganz geht es bei deren Entstehen darum, Werte in die Tat umzusetzen, so wie es auch bei Führung
darum geht, Verantwortung zu übernehmen und andere zu befähigen, in
Hinblick auf ein gemeinsames Ziel zu handeln. Ein öffentliches Narrativ
kann keine Zugkraft entwickeln und wird Menschen nicht zum Handeln
bewegen, wenn es die Gruppen, die das eigene Ich umgeben, nicht einbezieht. In einem Zukunftsnarrativ muss das Ich daher auf angemessene Weise
mit der »Wir«-Perspektive verwoben werden. Nur so, argumentiert Ganz,
wird ein »öffentliches Selbst« (*public self*) generiert, das in der Gesellschaft
wirklich Fuß fassen kann.

Ganz rät den Initiator:innen eines Zukunftsnarrativs, über deren eigene
Berufung in Hinsicht auf ihr Narrativziel nachzudenken, die Perspektive,
aus der heraus sie dann auch andere zum Mitmachen auffordern wollen, zu
analysieren. Dazu empfiehlt er interessanterweise die Beantwortung einiger
praktischer Fragen: Welcher Nation, Bewegung oder Kultur fühlst du dich
zugehörig? Wer sind die Menschen, mit denen du dich verbunden fühlst?
Mit wem teilst du eine gemeinsame Vergangenheit – und mit wem deine
gemeinsame Zukunft? Die Wendepunkte und maßgeblichen Erkenntnisse,
die den Lebensweg der/s Initiatorin/s eines bestimmten Narrativs bestimmt
haben, sollten offengelegt werden: biografische Fakten, wie die Herausforderungen, denen man sich schon gestellt hat, die Entscheidungen, die man

getroffen hat, die Werte, die man angenommen hat und die Ergebnisse, die man erzielt hat. Bei dieser Übung geht es nicht nur darum, eine persönliche Geschichte zu erzählen, sondern dabei deutlich zu machen, warum und wie genau diese »Ich«-Geschichte auf zwingende Weise in die vorgeschlagene »Wir«-Zukunft übergeht, und wie viele Menschen daran anknüpfen können.

Der Kennedy-Faktor: Wer bist du, dass du unsere Zukunft gestalten willst

Die Antwort auf die Frage »Warum tue ich das?« muss den Adressat:innen eines Zukunftsnarrativs auf eine Weise gegeben werden, dass sie bei ihnen auch ankommt. Für den Erfolg von Kennedys *New Frontier*-Appell war es beispielsweise entscheidend, dass die Wähler:innen, denen er sich als Kandidat der Demokratischen Partei und später als US-Präsident präsentierte, nicht nur seine damals aktuelle visionäre Denkweise kennenlernten, sondern auch wussten, woher er kam – geografisch, sozial, ökonomisch und in Bezug auf seinen katholischen Glauben.

So gab zum Beispiel die weithin bekannte Tatsache, dass Kennedy Spross einer prominenten, wohlhabenden, irisch-amerikanischen Familie aus Neuengland war, seiner Bewerbung als vielversprechender Gestalter der Zukunft Amerikas Auftrieb. Einzelne Mitglieder der Kennedy-Familie hatten über Generationen hinweg erfolgreiche Führungsaufgaben übernommen. Warum also nicht auch »JFK« als denjenigen betrachten, der dies als Nächstes tun sollte. Nach Kennedys eigenen Worten war seine Entscheidung, für die Präsidentschaft zu kandidieren, zum großen Teil auf den Wettbewerbsgeist zurückzuführen, den ihm seine Eltern von klein auf mitgegeben hatten, wie auch die Ansicht, dass Politik der beste Weg sei, die Dinge zum Besseren zu wenden. Kennedys Vater, Joseph P. Kennedy, hatte seinen Sohn sogar öffentlich ermutigt, für das höchste politische Amt der USA zu kandidieren – auch wenn er zunächst JFKs Bruder als den geeigneteren Kandidaten angesehen hatte.

Interessanterweise erzählte Kennedy öffentlich von dem Moment, in dem ihm bewusst wurde, dass er eine politische Karriere einschlagen würde.

Er wandte sich damals von seiner Arbeit als Zeitungskorrespondent ab, der über politische Ereignisse direkt nach dem Zweiten Weltkrieg berichtet hatte. Seine Zeit als Berichterstatter in Europa, einer Phase voll spannender Erfahrungen und Reportagen aus erster Hand, machten Kennedy nach seiner Rückkehr in die USA zu einem gefragten Redner. Er brauchte, wie er seinem Tagebuch anvertraute, ganze drei Wochen, um seine erste Rede zum Thema »England, Irland und Deutschland: Sieger, neutral und besiegt« zu schreiben. Die Rede kam so gut an, dass ein demokratischer Politiker ihm, gleich nachdem Kennedy geendet hatte, in Aussicht stellte, dass er mit seiner Art von Talent innerhalb von zehn Jahren Gouverneur von Massachusetts werden könnte. In diesem Moment, so beschreibt Kennedy, habe er angefangen, eine politische Karriere in Betracht zu ziehen, denn »bis dahin hatte ich nicht einmal darüber nachgedacht.«[65] Im Wahljahr 1960 wussten die Amerikaner:innen also um Kennedys »Ich«-Perspektive sehr gut Bescheid. Sie wussten, für wen sie stimmten und welcher Hintergrund und welche intrinsische Motivation diesen jungen und rhetorisch begabten Kandidaten antrieb. Und damit wussten sie ebenfalls, dass auch die kühne »Wir«-Perspektive, die er in seinem Narrativ über die Zukunft ihres Landes in Aussicht stellte, plausibel und glaubwürdig war.

Stärken und Schwächen: Beides kann das öffentliche Selbst fördern

Weniger bekannt dürfte der amerikanischen Öffentlichkeit damals gewesen sein, dass hinter dem strahlenden John F. Kennedy auch ein gebrechlicher Mann stand – jemand, der krank war, unter dem Addison-Syndrom litt und seine chronischen Rückenschmerzen nur durch ständige Einnahme von Schmerzmitteln in Schach halten konnte. Seine politischen Gegner nutzten diese Tatsache, soweit sie bekannt war, dann auch offen gegen Kennedy aus, um seine Eignung für die Präsidentschaft in Zweifel zu ziehen. Es gab also keinen Grund für die amerikanische Öffentlichkeit, sich nicht zu fragen: Hängt sein Erfolg als Redner und politischer Akteur am Ende einfach nur von den Medikamenten ab, die ihn auf den Beinen hielten?

Vielleicht hat gerade auch dieses Bild des fragilen und angeschlagenen Mannes seinem politischen Narrativ Auftrieb gegeben. Versuchte nicht auch Amerika sich damals von seinen Gebrechen zu befreien – von der immer stärkeren Zersplitterung der Gesellschaft, von der Perspektivlosigkeit der Mittelschicht, die in einer schweren Rezession hart erkämpften Boden verlor, vom chronischen Rassismus, von der paranoiden Jagd auf angebliche Kommunisten im Lande? Die Menschen wollten sich aus ihrer nationalen Malaise herauskämpfen, und hier kam ein Mann, der die Erzählung vom gemeinsamen Aufbruch in die Zukunft präsentierte, um die Zeit der leidvollen Stagnation hinter sich zu lassen. Und der Mann, der dazu aufrief, hatte einen Vorschlag, wie man einen Neuanfang schaffen könnte.

Eine solide »Ich«-Perspektive: stärkt die Narrative persönlicher Biografien

Es gibt viele Menschen, die nicht gleich eine Zukunft im großen Stil des *New Frontier*-Narrativs aufbauen wollen. Stattdessen versuchen sie geschäftliche oder kreative Visionen zu verwirklichen, um die Welt unmittelbar um sie herum zu gestalten– nicht das Schicksal ganzer Nationen oder Gesellschaften. Die Beispiele sind Legion, in unserem Kontext der »Ich«-Perspektive möchte ich drei hervorheben, die ich für besonders erwähnenswert halte, da sie ihre eigenen Zukunftsnarrative geschaffen haben, die sie dann beharrlich verfolgt haben. Alle drei Personen stammen aus unterprivilegierten Verhältnissen und bauten ihre persönlichen Geschichten auf, um im späteren Leben erfolgreich zu sein. Sie alle haben ihre »Ich«-Perspektive so gestaltet, dass sie tatsächlich spektakuläre Ergebnisse erzielen konnten.

Nehmen wir die britische Schriftstellerin Joanne Rowling, die man besser unter ihrem Künstlernamen J.K. Rowling kennt. In jungen Jahren auf Sozialhilfe angewiesen, schrieb sie in späteren Jahren mit der »Harry-Potter«-Serie eine der meistverkauften Fantasy-Buchreihen aller Zeiten. Eine alleinerziehende Mutter, die mit Depressionen zu kämpfen hat, entdeckt die transformative Kraft des Schreibens und führt sich selbst in eine Zukunft, die sie, obwohl dies vermutlich nicht ihr primäres Ziel war, zur Milliardärin gemacht hat. Sie hat die Kinder- und Erwachsenenfantasie mit ihrer Figur Harry Potter nachhaltig verändert und inspiriert.

Das zweite Beispiel ist der Italiener Leonardo del Vecchio, den seine verwitwete Mutter in ein Waisenhaus gab, weil das Geld für die Erziehung des Kindes nicht reichte. Der Waisenjunge ist heute einer der reichsten Italiener – del Vecchio ist Eigentümer der Brillenmarken Oakley und Ray Ban. Auch seine Geschichte als erfolgreicher Geschäftsmann, der sich nach oben gearbeitet hat, zahlt auf dieses Narrativ ein.

Und schließlich ist da noch Howard Schultz, Gründer der Kaffeehauskette Starbucks. Ebenfalls ein Kind aus einfachsten Verhältnissen und in einer New Yorker Sozialwohnung aufgewachsen. Doch auch er hatte nach eigenen Angaben seine Zukunft als Besitzer eines Kaffee-Unternehmens schon früh vor Augen. Um diese zu verwirklichen, brauchte er aber nicht nur Klarheit über seine eigene Vision. Schultz musste daraus zunächst seine eigene »Ich«-Perspektive ziehen und dann natürlich noch eine für seine Kunden – nämlich die vom ersten Anbieter hochwertiger Kaffeegetränke aus nachhaltiger Produktion in coolen innerstädtischen Kaffeehäusern.

Erfolg im Silicon Valley: Geht auch ohne Studienabschluss

Natürlich gibt es unterschiedliche Motive, warum Unternehmer tun, was sie tun. Aber auch für diejenigen, die nur von einer technischen Idee träumen, die die Gesellschaft voranbringt, und für die es in erster Linie nicht darum geht, ihrer sozialen Herkunft zu entkommen, ist die Dimension der »Ich«-Perspektive wichtig. Im Technologiesektor kann zum Beispiel ausgerechnet ein Studienabbruch den Rahmen für eine ideale »Ich«-Perspektive liefern, die dem Narrativ vom Aufbruch in die Zukunft erst den nötigen Schwung verleiht.

Kein/e Investor:in gewährt Unternehmer:innen wie Elon Musk eine Finanzierung, nur weil er einen Bachelor-Abschluss in Physik und in Betriebswirtschaft hat. Sie glauben vielmehr an seine Fähigkeit, Ideen in die öffentliche Debatte zu bringen, die ganze Gesellschaften sich für ihre Zukunft begeistern lassen. Vermutlich deshalb hat Musk die Tatsache herunterge-spielt, dass er tatsächlich einmal ein Hochschulstudium abgeschlossen hat. Viel häufiger hörte man ihn davon reden, dass er sein Promotionsstipen-dium an der Stanford University schon am zweiten Tag hingeworfen hat.

Musk riet sogar schon öffentlich davon ab, Ingenieurwissenschaften zu studieren. Um bei »SpaceX«, seinem eigenen Raketen-Unternehmen arbei-ten zu können, sei das keine Voraussetzung. Sein Argument: Das Wissen auf jedem akademischen Fachgebiet sei heute nahezu kostenlos im Internet für jedermann zugänglich. »Lerninhalte sind überall frei verfügbar«, so Musk, man müsse nur in der Lage sein, sie strukturiert aufzunehmen. »Ich sehe den Besuch einer Universität nicht als Beweis für herausragende Fähigkeiten. Im Idealfall verlässt man die Universität ohne Abschluss.«[66]

Für Zukunftsnarrative von Unternehmern wie denen von Musk liegt der eigentliche Schwerpunkt darauf, der richtigen, und dafür bis zu ei-nem gewissen Grad auch vagen Vision zu folgen. Auch deshalb wird in den meisten Stellenausschreibungen seiner Unternehmen als einzige An-forderung genannt, außergewöhnlich zu sein. Denn ein Umfeld kühner, aber noch vage visionärer Vordenker:innen helfe ihm, von selbstfahrenden Autos zu träumen, von der eigenen Beerdigung auf dem Mars und davon, die Reise durch den gesamten US-Bundesstaat Kalifornien per Hyperloop auf einen 30-Minuten-Trip zu verkürzen. Vom Typ her war Musk schon immer ein eher pauschaler Prophet des technologischen Fortschritts, gar nicht so sehr der Visionär, der eine genau festgelegte Zukunftsvision anbie-tet. Mit dieser Haltung stieg er zum Beispiel bei Tesla ein, nachdem dort die Idee, elektrische, autonome Autos zu bauen, schon länger vorangetrie-ben worden war. In seiner eigenen Erzählung zeichnet Musk sich als mehr oder weniger universaler Architekt der Zukunft, als ein allgemeiner Ermög-licher dessen, was einmal sein könnte. Es ist alles in allem also eine »Ich«-Perspektive, die perfekt auf eine offene Zukunft passt, die sich in Rich-tung vieler Möglichkeiten entwickeln kann. Unabhängig davon, ob man Musks Einstellung zur Zukunft teilt oder nicht: Man sollte seine Fähigkeit anerkennen, gerade mit systematisch unklar belassenen, nur skizzenhaften Zukunftsbildern zu überzeugen. Darin werden Ideen aus der Vergangen-heit aufgenommen und auf entscheidende, aktuelle Weise weitergedacht.

Darin liegt für mich eine bewundernswerte Art, sich die Zukunft als offenen Raum vorzustellen.

Aussteigergeschichten: Zukunftsnarrative mit großer Popularität

Neben Elon Musk gibt es auch Tech-Visionär:innen, die ihr Studium tatsächlich abgebrochen haben. Ihre Geschichten erzählen davon, wie sie sich die Zukunft vorstellen jenseits bürgerlicher Vorstellungen von wirtschaftlicher Sicherheit und biografischer Konvention. Ihre zentrale Botschaft ist, dass es sich lohnt, all dies für eine bahnbrechende Idee hinter sich zu lassen. Solche Visionär:innen denken abseits ausgetretener Pfade und sie sind von einer eigenen Dringlichkeit getrieben, weil sie Dinge sehen, die andere nicht erkennen. Vielleicht neigt man genau deswegen dazu, sich leichter auf die Zukunftsvorstellungen solcher Menschen einzulassen. Man glaubt ihnen schlicht, dass sie einer guten Vision folgen und alles in ihrer Macht Stehende tun werden, um ihr nahe zu kommen.

Steve Jobs, Gründer und die langjährig treibende Kraft des US-Tech-Unternehmens Apple, ist im Gegensatz zu Musk ein wirklicher Aussteiger. Er erkannte die Lücke im Desktop-Computer-Markt für schönes Design und Benutzerfreundlichkeit und er füllte sie – ganz ohne Universitätsabschluss – mit einer äußerst erfolgreichen Geschäftsidee. Und es stimmt ja: Für die Idee einer Computersoftware, bei der die meisten Funktionen mit nur einem Klick funktionieren, braucht man keinen Diplomabschluss in Informatik von einer teuren Elite-Universität. Benutzerintelligenz und Benutzerfreundlichkeit, Qualität im Software- und Hardwaredesign sind bis heute die Komponenten des Narrativs, das Apple lebt. Steve Jobs selbst hat sein spezifisches Ich-Vermächtnis, seine ganz eigene Perspektive auf die Zukunft, kurz vor seinem Tod auf den Punkt gebracht, als er die Welt aufforderte, »hungrig« und »unvernünftig« zu bleiben.[67]

Bill Gates wählte ebenfalls die Aussteigerperspektive, indem er sein Mathematikstudium mittendrin abbrach, weil er lieber die Zukunft gestalten wollte. Gates erkannte 1980 eine Marktlücke, die er zunächst mit dem Zukunftsnarrativ füllte, dass es bald einen »PC auf jedem Schreibtisch in jedem

Haus« geben würde.[68] Damals war sein Unternehmen, Microsoft, ein reiner Softwarehersteller, der keine Hardware produzierte. Dennoch hatte Gates die Vision eines Lebensstils, der sich um den Personal Computer drehte, der damals noch so weit von uns entfernt war, wie es das autonome Fahren heute ist. Jobs und Gates bekamen die Gelegenheit, ihre Aussteigerperspektiven auf die Zukunft in zahlreichen Interviews und bei unzähligen öffentlichen Auftritten zu erläutern – wodurch diese schließlich ein bestimmender Bestandteil ihrer öffentlich wahrgenommenen Persönlichkeiten und Unternehmen wurden.

Garagengeschichten: Gründungsmythos treibt den Erfolg

Neben dem Topos des Hochschulabbrechers gibt es einen weiteren, der die »Ich«- und »Wir«-Perspektive eines Narrativs untermauert – den des Garagengründers. Auch dieser Karrieretyp verleiht Narrativen Rückenwind, die von einer technologisch verbesserten Zukunft sprechen. Die Garagen, in denen Menschen ihre Unternehmen gründeten und in denen sie begannen, Großes zu denken, in denen der Grundstein für ihre transformativen Ideen gelegt wurde, gibt es wirklich – vom Schuppen in Milwaukee, in dem 1903 das Kultmotorrad Harley Davidson das Licht der Welt erblickte, bis hin zu den teilweise denkmalgeschützten Garagen der Technologiegründer:innen von heute.

Die Köpfe hinter dem heutigen Suchgiganten Google, Sergey Brin und Larry Page, begannen 1998 in einer gemieteten Garage in Menlo Park, Kalifornien, die Vision von einen durchsuchbaren Webseiten-Index für das Internet zu formen. Nur ein paar Kilometer entfernt, in Palo Alto, gilt eine dunkelrosa gestrichene Garage sogar als die Wiege des Silicon Valley. Heute ein kleines kuratiertes Museum, diente sie den Tech-Erfindern und Stanford-Absolventen Bill Hewlett und David Packard bereits 1938 als erster Versuchsstandort des Technologieunternehmens HP. Auch Bill Gates und Steve Jobs waren Garagenkinder, wenn es um ihre frühen Geschäftsideen und Technologievisionen ging. In einer Garage im grünen Los Altos bastelten Jobs und sein Freund Steve Wozniak Mitte der 1970er-Jahre mit mikroelektronischen Bauteilen und bereiteten damit den Boden für das heutige Unternehmen Apple, während Gates und sein Geschäftspartner Paul Allen ihre ersten Programme in einer Garage in Albuquerque, New Mexico, schrieben.[69]

Ein provisorischer Geburtsort für große Geschäftsideen – im Fall von Jeff Bezos war es übrigens sein privates Wohnzimmer und bei Mark Zuckerberg ein Studentenwohnheim – wird als fast obligatorischer Bestandteil vieler moderner Tech-Geschichten angesehen. Wer in jungen Jahren die provisorischen Verhältnisse einer Garage auf sich nimmt, so der narrative Eindruck, der meint es wahrscheinlich wirklich ernst mit seinem Zukunftsnarrativ. Eine Garage ist ein denkbar idealer Ort für plausible Fiktion, ein Ur-*MakerSpace*, aus dem etwas Neues herauskommen muss. Ähnlich wie beim »Ehrentitel« des Studienabbrechers, scheint auch eine kurze Lebensphase als Garagenvisionär in widrigen, ungeheizten, tageslichtarmen Verhältnissen die Glaubwürdigkeit eines Tech-Narrativs zu erhärten. Denn auch sie erzählt davon, hemmende gesellschaftliche Normen über Bord zu werfen, von wirklich freiem Denken und von der zielstrebigen Fokussierung auf einen vielversprechenden Zukunftshorizont. Auf seine Weise rundet der Garagen-Topos das Bild der/s Hochschulabbrecherin/s ab. Es umreißt eine Gruppe, die man dem Meta-Narrativ »unkonventionelle Gründer:in« bezeichnen könnte. Es zeichnet sich durch eine starke »Wir«-Perspektive in der späteren Anhängerschaft aus, so dass etwa im Fall von Apple die Fangemeinde fast einer Jüngerschaft gleichkommt.

Das Schicksal der Autoindustrie: ein entscheidendes Ringen von »Ich«-Perspektiven

Wie sehr »Ich«-Perspektiven in der Geschäftswelt miteinander konkurrieren können, zeigen zwei mächtige Narrative, die in der Automobilbranche gegeneinander antreten. Auf der einen Seite steht Tesla, angeführt vom Multi-Ideen- und Multi-Narrativ-Unternehmer Elon Musk, der als Pionier umweltfreundlicher Elektromobilität auf eine Zukunft des autonomen Fahrens abzielt. Musk besetzt viele klassische Zukunftsnarrative, das der Mondrakete und des Traums, zum Mars zu fliegen. Mit dem Hyperloop greift er einen hundertjährigen Traum von der Mobilität in Röhren auf. Auch die Automarke Tesla selbst hat er nicht erfunden, sondern hauptsächlich beschleunigt. Musk ist ein Meister darin, Visionen für die Zukunft der von ihm bearbeiteten Sektoren zu entwickeln, nicht so sehr darin, die Technik selbst zu entwickeln. Er ist ein Meister in der Anwendung plausibler Fiktion als Zukunftstechnik. Teslas großer Erfolg zeigte der traditionellen Autoindustrie, dass digital ausgefeilte Elektrofahrzeuge gebaut und wettbewerbsfähig vermarktet werden können.

Auf der anderen Seite steht Volkswagen. Obwohl der Wolfsburger Weltkonzern lange Zeit ein Nachzügler war, hat das im Gegensatz zu Tesla seit Langem etablierte Mobilitätsunternehmen unter seinem Chefstrategen und Vorstandsvorsitzenden Herbert Diess damit begonnen, Tesla Paroli zu bieten, indem es ein ähnlich mächtiges, eigenes Zukunftsnarrativ in die Welt setzte. Das von VW vorgeschlagene Narrativ ist durchaus komplexer. Diess hat die konsequente Umstellung der VW-Modellflotte auf Elektroautos angekündigt, beginnend mit den kleineren Fahrzeugen der Kompaktklasse. Und er knüpft damit historisch an das Ursprungsnarrativ von VW als Anbieter erschwinglicher Massenmobilität an. Doch Diess hat noch weitere Komponenten in die Zukunftserzählung von VW eingewoben, nicht zuletzt das Narrativ von Deutschland als einer großartigen Ingenieurnation, die Tesla mit den deutschen Tugenden wie Präzision, Zuverlässigkeit und Qualität bei Produkt und Services entgegentreten will. Wie dieser mächtige Kampf zweier globaler Giganten um die »Wir«-Perspektive in der zukünftigen Mobilität letztlich ausgehen wird, bleibt abzuwarten. Es ist jedoch ohne Zweifel ein den Sektor transformierender Kampf, der zeigt, wie gesunder Wettbewerb zwischen Narrativen den Aufbau der Zukunft im Hinblick auf nachhaltige Mobilität beschleunigen kann.

Ökosysteme für Unternehmen: Ein ausgewogenes »Ich« und »Wir« schafft Erfolg

Ein aktuelles Beispiel für eine Zukunftserzählung, die das »Ich« und das »Wir« auf interessante Weise in ein Gleichgewicht bringt, ist Mark Zuckerbergs Ankündigung, Facebook in ein »*Metaverse*-Unternehmen« zu verwandeln. Mit seiner Ankündigung vom Juli 2021 hat er die Weichen für einen Wandel seines Unternehmensnarrativs gestellt. Das Metaversum ist nicht nur eine Zukunftsfiktion, die vom Unternehmen hinter der Marke Facebook propagiert wird, das sich nun selbst Meta Group nennt. Es ist im Laufe der Jahre zu einer gemeinsamen Vision der Tech-Industrie und einer ganzen Anzahl ihrer führenden Köpfe geworden. Die globale Reichweite und finanzielle Feuerkraft der Meta Group sowie deren umfangreiche technischen Ressourcen lassen jedoch das Szenario zum ersten Mal plausibel erscheinen, dass das Metaversum tatsächlich eine Form von virtueller Realität werden wird.

Dabei ist Zuckerbergs persönliche Vision des Projekts, seine »Ich«-Perspektive auf die Dinge, tief in ein Ökosystem von »Wir«-Perspektiven eingebettet. Er selbst hat sich dahingehend geäußert, dass die Verwirklichung des Metaversums eine gemeinsame, pluralistische Anstrengung vieler Tech-Partner sein sollte. »Ein großer Teil unseres nächsten Kapitels wird hoffentlich darin bestehen, in Partnerschaft mit vielen anderen Unternehmen, Kreatoren und Entwicklern zum Aufbau dieses Systems beizutragen«, heißt es in seiner Erklärung vom Juli 2021.[70] Damit betont Zuckerberg den Sinn für Zusammenarbeit und das »Wir«-Gefühl einer Branche, die normalerweise eher wettbewerbsorientiert ist. Und er vertraut offensichtlich darauf, dass das *Metaverse*-Narrativ mächtig genug sein wird, um vielfältige externe und interne Interessengruppen zu mobilisieren und in die technologische Vision einer fernen Zukunft einzubinden. Das »Wir«-Motiv von Zuckerberg ist weniger ein soziales, ein gesellschaftliches, sondern mehr das einer technologisch getriebenen Entwicklungswelt und der dazugehörigen Entwickler- und Nutzergemeinschaft.

Kommunikative Kraftentwicklung durch Gemeinschaft

Wie setzt man also ein Gewebe aus Ich- und »Wir«-Perspektiven in einem Narrativ am besten ein, damit eine maximale kommunikative Wirkung erzielt wird? Hier muss das Rad nicht neu erfunden werden, denn die Mechanismen erfolgreicher Werbekampagnen liefern praktische Vorlagen. Schließlich tun Kreative oft nichts anderes, als Narrativen metaphorische Gestalt zu geben, um eine große und aufregende Zukunft zu versprechen. Dabei spielt es kaum eine Rolle, ob dabei ein Auto, eine Zahnpasta, ein Fitness-Abo, ein Bankkonto, ein Video-Streaming-Angebot oder eine Wohnung in einem Mehrfamilienhaus im Mittelpunkt steht. Ein/e Verbraucher:in kauft ein Produkt oder eine Dienstleistung – und die Werbung ermutigt ihn dazu, das Erworbene in eine Zukunft einzubauen. Die Werbebotschaft vermittelt jeweils, dass mit dem Kauf eine angenehme Zeit bevorsteht, dass diese Zeit dem Leben der/s Verbraucherin/s einen Sinn geben oder es praktischer machen wird, dass der/die Käufer:in von nun an häufiger als bisher gut gelaunt sein wird, und sich ihm sogar tiefere Einblicke in die Welt und in das eigene Denken bieten könnten. Es ist die klare Aufgabe der Werbung, Konsumgüter und Dienstleistungen mit solchen Zukunftserzählungen aufzuladen. Und wer lange in diesem Handwerk arbeitet, bettet ganz instinktiv und ohne viel darüber nachzudenken immer auch schon das Ich und das Wir in neu entwickelte Werbe-Narrative ein.

Just do it: Langstreckennarrativ mit schauriger Inspiration

Der Werbeslogan des US-amerikanischen Sport- und Lifestyleartikel-Herstellers Nike ist dafür ein passendes Beispiel. Übrigens ist das erneut ein Unternehmen, dessen Gründungsmythos in der provisorischen Umgebung eines Autokofferraums beginnt.[71] Der Slogan von Nike ruft Konsument:innen ein aufmunterndes »*Just do it*!« entgegen und ist seit 1988 in Gebrauch – eine ungewöhnlich lange Lebensspanne für einen Werbeslogan, die die besondere Güte und Beständigkeit dieses Zukunftsversprechens unterstreicht. Aus Marketingsicht kann man es als wahrgewordenen Traum beschreiben, dass der Slogan, den sich ein Hersteller von Fitnessartikeln vor Jahrzehnten einmal ausgesucht hat, ein solch überragendes kommunikatives Durchhaltevermögen zeigt.

Auch die Entstehungsgeschichte des Slogans ist aufschlussreich und relevant für seinen erzählerischen Erfolg. Der Pitch wurde von der Werbeagentur Wieden & Kennedy gewonnen, die wie Nike in Portland, Oregon, ansässig ist. Dass »*Just do it!*« so lange erfolgreich war, deutet darauf hin, dass die beiden führenden Köpfe der Agentur keine Theoretiker gewesen sein können. Beide standen vielmehr mitten im Leben und kannten die Welt aus vielen praktischen Perspektiven. Der inzwischen verstorbene David Kennedy verbrachte seine Freizeit gerne mit Metallschweißen und Eisfischen auf den zugefrorenen Seen um Portland. Doch sowohl Kennedy als auch sein Partner Dan Wieden wussten auch, wie man sich die Macht moderner Massenkommunikation auf innovative und originelle Weise zunutze macht. So wurde der Nike-Slogan von den letzten Worten des berühmten Todeskandidaten Gary Gilmore inspiriert, die dieser kurz vor seiner Hinrichtung 1977 ausgesprochen hatte. »*Let's do it!*« waren Berichten zufolge die letzten vier Worte des Straftäters, der nach dem Geständnis zweier Morde die Justiz aufforderte, ihn hinzurichten. Das gewaltiges Medienecho darauf, das den Fall weit über die USA hinaus bekannt machte, war den beiden nicht verborgen geblieben. Die Werbefachleute aus Portland liehen sich daher Gilmores letzte Worte als Inspiration für den Werbespruch aus, unter dem die Produkte eines weltweit tätigen US-Unternehmens vermarktet werden sollten.

Dass »*Just do it!*« eine »Wir«-Perspektive hat, liegt auf der Hand. Der Satz, der Teil eines Narrativs ist, das darauf abzielt, Sport- und Freizeitartikel zu verkaufen, fordert jeden seiner Adressat:innen auf, aktiv zu werden – sei es körperlich, geistig oder beides. In jedem Fall soll der Appell ein breites Publikum dazu bringen, zu neuen Horizonten aufzubrechen und alle Zweifel, die es bislang davon abhielten, beiseitezuschieben. In dieser Hinsicht ist der Slogan vergleichbar mit der erfolgreichen »Wir«-Perspektive von John F. Kennedys *New Frontier*-Narrativ. »*Just do it!*« will, dass die Menschen ihre Schüchternheit und in Fitnessfragen unangebrachte Bescheidenheit ablegen und das tun, was sie insgeheim schon immer tun wollten: sich selbst zu verwirklichen, unabhängig davon, ob sie korpulent oder schlank, fit oder unfit, sportlich oder unsportlich, weniger oder besser gebildet, männlich oder weiblich, weiß oder schwarz sind. Vielleicht könnte man sogar so weit gehen, zu sagen, dass Nike mit »*Just do it*« am Ende gar kein physisch greifbares Produkt mehr verkauft, sondern eher eine gut verpackte Dosis Motivation. Der Spruch lädt dazu ein, Autonomie und Selbstverantwortung zu genießen und dieses Bewusstsein durch Klarheit, Orientierung und Anleitung zu stärken. Auf jeden Fall ist es ein Slogan, der möglichst viele Menschen dazu aufruft, sich auf eine epische Reise in eine veränderte Zukunft zu begeben. Und seine Schlichtheit wird vermutlich künftig noch weitere Millionen von Verbraucher:innen dazu bewegen, sich das zuzutrauen – auch wenn das Narrativ selbst inzwischen über vierzig Jahre alt ist.

Die »Ich«-Perspektive des Slogans läuft auf den von jedem Einzelnen als breit und ergebnisoffen empfundenen Appell hinaus, einfach mitzumachen und etwas zu tun – ganz egal aus welchem Anlass. Das macht die Aufforderung nicht nur zugänglich, sondern auch in verschiedenen Kontexten anwendbar. Was genau soll getan werden? Warum und wann? Diese Leerstellen werden der/m Betrachter:in oder Zuhörer:in selbst zur Füllung überlassen. Außerdem lassen die drei Worte »*Just do it!*« letztlich auch offen, wie viele Personen angesprochen werden sollen. Es kann eine Person allein meinen, die ihr eigenes Ego motivieren will, neue Dinge zu tun. Der Satz kann aber auch eine Milliarde oder mehr Menschen, eine Art globale Nike-Community, ansprechen und sie dazu bringen, den Schwung eines gemeinsamen Vorhabens zu spüren und ihn mitzugehen. »Just do it!« basiert also auf perfekten kommunikativen Grundvoraussetzungen und kann zudem selbst von Menschen mit minimalen Englischkenntnissen verstanden werden. Im Bewusstsein sozialer Wesen wie uns Menschen fällt es damit einem solchen Slogan nicht schwer, starke »Ich«- und »Wir«-Perspektiven zu aktivieren.

Es gibt noch einen weiteren Aspekt, der die starke »Ich«-Perspektive dieses Slogans hervorhebt. Der Kauf und das Tragen von Sportbekleidung hat immer auch eine soziale Dimension, die das Ich und das Wir miteinander verbindet. Wie jedes andere Konsumprodukt, das wir kaufen und für andere sichtbar nutzen, ist auch die bevorzugte Sportbekleidung ein

Statement, auf die das Umfeld reagieren muss. Die Aussicht auf eine solche Reaktion gehört zu den wichtigsten Gründen, ein solches Produkt zu erwerben. Ich möchte in meinen neuen Nike-Turnschuhen gesehen und interpretiert werden. Ich möchte damit entweder provozieren, zu Komplimenten einladen oder dazu auffordern, sich meinem Style anzuschließen und selbst diese Schuhe zu wollen. Im Konsumalltag ist die »Ich«-Perspektive also immer schon auf der Suche nach einem ausgewogenen Gleichgewicht mit einer entsprechenden »Wir«-Perspektive. Und es steht außer Frage, dass Nike mit einem weltweiten Marktanteil von über 50 Prozent[72] den richtigen Slogan gewählt hat, um Milliarden von Verbraucher-Ichs und Verbraucher-Wirs dazu zu veranlassen, es »einfach zu tun«. Die Qualität und identitätsstiftende Wirkung solcher professionellen Leitmotive ist auch zukünftig gefragt. Nicht nur, dass kommerzielle Werbebotschaften in hohem Maße gesellschaftliche Zusammenhänge mit ansprechen, auch gesellschaftliche Transformationsbotschaften selbst bedürfen einer kommunikativen Aufwertung.

Kommmunikation kann der Gesellschaft helfen, sich aus Krisen zu befreien

Unsere globale Gesellschaft steht in den kommenden Jahren in vielerlei Hinsicht vor einem radikalen Wandel. Damit wird auch der Bedarf an professionellem kommunikativem Fachwissen zunehmen und das Know-how von Expert:innen, transformative Narrative zu gestalten, wird wertvoller werden. Genau diese Fähigkeit hat sich die Werbeindustrie in jahrelanger kreativer Praxis angeeignet. Gelegentlich wird dieses Handwerk als Manipulationsversuch missverstanden. Dabei durchschauen die meisten Empfänger:innen der Botschaft eines Werbeslogans dessen beeinflussende Stoßrichtung. Wie die meisten öffentlichen Transformationsgeschichten wird aktiv versucht, das Handeln von Menschen zu verändern und natürlich braucht es ein Bewusstsein der Menschen darüber.

Auch werden Werbebotschaften häufig als bloßes Mittel zur Erzielung kurzfristiger Verkaufserfolge bei Konsumartikeln gesehen. Dabei können sie nicht nur Verkaufsanreize in einem Markt schaffen, sondern auch längerfristige Markenwerte aufbauen. Warum sollen ähnliche Mechanismen nicht auch Werte und Zukunftskapital für Gesellschaften aufbauen? Eine Werbeanzeige, die zu mehr umweltfreundlicher Energienutzung oder zur Einführung von *Bike-Sharing* aufruft, kann einen tiefergehenden Wandel bewirken und bisher vorherrschende Werte, Wahrnehmungen und Handlungen in eine nachhaltigere Richtung lenken. Natürlich haben die Begriffe der Klimabewegung von Kipppunkten über das plakative »Zwei-Grad-Ziel« bis hin zur Definition des »Anthropozäns« eine andere gesellschaftliche Dimension als mancher Werbeslogan – aber auch diese Begriffe sind im Kern bewusst erzeugte und geprägte Transformationsgeschichten mit dem Anspruch, Wahrnehmung und Handlung zu verändern. Für mich steht fest: Am Ende werden gesetzliche Maßnahmen allein die Emotionen der Menschen nicht mit der gleichen Intensität Handlungsimpulse geben können wie narrative Kommunikation, obwohl beide Instrumente ihren Sinn und ihre Aufgabe haben. Die Formate, Mechanismen und Kommunikationsformen, die professionelle Kommunikationsstrategien hervorbringen können – nicht zuletzt auch das Wissen, wie Zukunftsnarrative zu gestalten sind – sollten als Einladung verstanden werden, sie für die Konstruktion unserer Zukunft zu nutzen.

Neben der Balancierung der utopischen und dystopischen Kräfte in Zukunftsnarrativen ist eine gute Abwägung der »Ich«- und der »Wir«-Perspektive von hoher Bedeutung, als Ursprungsgeschichte und als Zukunftserzählung. Wenn es um Glaubwürdigkeit und Legitimation geht und auch als persönliches oder gesellschaftliches Versprechen einer Zukunft, als Hoffnung und als Raum von etwas gut Vorstellbarem.

Takeaway Kapitel 6, Von mir, für euch – für ein starkes »Ich«- und »Wir«-Gefühl

Gemeinschaft ...

...zu adressieren fängt mit einem glaubwürdigen persönlichen Beweggrund an.

...fordert ein robustes »öffentliches Selbst«, authentisch, mit Stärken und Schwächen.

...zu mobilisieren hilft zur Selbstverbesserung ebenso wie zum Gemeinsinn.

...sorgt, mit Zukunftsnarrativen, für einen Ausgleich von »Ich«- und »Wir«-Perspektiven.

SIEBTES KAPITEL

TECHNOLOGIE – VERÄNDERUNGSMOTOR FÜR DIE GESELLSCHAFT

Technologien prägen unsere Vorstellungen und Projektionen auf Zukunft. Aber die Möglichkeiten von Zukunftstechnologien gehen oft auch darüber hinaus, was wir uns vorstellen können. Möglichkeiten für Veränderungen entstehen und damit auch die Notwendigkeit neuer Entscheidungen. Sie prägen uns und unsere Vorstellungen von der Zukunft. Deshalb ist es wichtig, in Zukunftsplänen immer auch die Rolle von Technologien zu integrieren.

Der Pharmahersteller Schering war für Berlin so etwas wie ein Leuchtturm in der politischen Brandung des Kalten Kriegs. Als DAX-Unternehmen blieb er der eingemauerten Stadt durch dick und dünn treu. Schering behielt nicht nur den alleinigen Hauptsitz und die Produktionsstätten in der Frontstadt des Eisernen Vorhangs. Als Exklave von Westdeutschland abgeschnitten, leistete das Unternehmen auch seinen Beitrag für das 200 Kilometer entfernte Bundesgebiet. Seine auf Hormontherapien spezialisierten Wissenschaftler waren die ersten, die ab den 1960er-Jahren die junge Bundesrepublik mit der Antibabypille versorgten.[73]

Auch für Investoren war Schering eine gute Adresse – bis in die 80er- und 90er-Jahre, als sogenannte Biotech-Unternehmen auftauchten und rasch zu beachtlicher Größe heranwuchsen. Der über hundert Jahre alte Gigant aus dem Berliner Stadtteil Wedding, der in den klassischen Entwicklungs- und Produktionsmethoden der Branche tätig war, fühlte sich durch die neue

Konkurrenz am Kapitalmarkt zunehmend herausgefordert. Die Gefahr, dass das Unternehmen den härter werdenden globalen Übernahmekampf der Pharmabranche nicht überleben würde, nahm täglich zu.

Damals hatte sich unser Kommunikations- und Marketingunternehmen gerade um eine Unternehmensberatung erweitert. Der erste Auftrag des Teams bestand darin, für einen bedrängten Schering-Vorstand strategische Optionen zu formulieren. Unser zentrales Argument war damals: Auch Schering hatte schon einen Erfolg in der Biotechnologie vorzuweisen – es war ein Medikament gegen Multiple Sklerose mit dem Markennamen »Betaferon«. Wir schlugen also vor, ein Zukunftsnarrativ zu entwickeln, das Schering als deutschen »Biotech-Blue-Chip« positionieren sollte. Wochenlang hatten wir an dem Konzept gearbeitet, von der Annahme geleitet, dass Schering als besonders altes Unternehmen auch eine besonders starke Zukunftsvision brauche. Der Schering-Vorstand nahm unseren Vorschlag jedoch nicht an. Zwar wurde »Betaferon« damals bereits biotechnologisch hergestellt. Der Einfluss dieses Bereichs auf die anderen Produkte des Unternehmens sei aber nicht so groß, dass eine solche Behauptung gerechtfertigt wäre, war die Begründung. Tatsächlich dauerte es noch rund ein Jahrzehnt, bis sich biotechnologische Verfahren auch in der Arzneimittelentwicklung in größerem Maßstab durchsetzen konnten. Unser Vorschlag war damals also noch zu futuristisch – obgleich er eine mutige Zukunftsbotschaft darstellte.

Dass es trotz allem eine verpasste Chance war, zeigte sich an der Übernahmeschlacht, in die Schering wenig später verwickelt wurde. Auf ihrem Höhepunkt warben die beiden Pharmakonkurrenten Merck und Bayer mit Kaufangeboten in zweistelliger Milliardenhöhe um Schering. Bayer ging schließlich als Sieger hervor und integrierte den ehemals stolzen Berliner Hersteller. Nach einer kurzen Gnadenfrist löschte Bayer den 150 Jahre alten Namen Schering vollständig. Im Nachhinein betrachtet könnte es dieser kurze Moment des Zögerns gewesen sein, ein Augenblick des fehlenden Mutes, mit dem man Anleger:innen die Geschichte eines aufstrebenden Biotechnologiekonzerns hätte erzählen können, der das Unternehmen die eigenständige Zukunft gekostet hat. Ist dies eine Frage von klassischer Strategieentwicklung oder von Kommunikationsarbeit? Beides, wenn man davon ausgeht, dass eine gute Unternehmensstrategie sich über ihr Narrativ entfaltet und sich dadurch Wert für ein Unternehmen entwickelt.

Das Schicksal von Schering lieferte mir wesentliche Erkenntnisse für die Frage, wie eine auf Narrativen basierende Kommunikation die Zukunft von Unternehmen gestalten kann. Die erste ist: Narrative, die die Erwartungen von Anlegern wecken können, haben das Potenzial, Unternehmen nachhaltig wertvoller zu machen. Solche Erzählungen müssen allerdings mit Mut und Elan präsentiert werden, damit sich dieser Effekt voll entfalten kann. Zweitens: Neue vielversprechende Technologien in Aussicht zu stellen, sichert nicht nur das eigenständige Überleben, wie es im Fall von Schering möglich gewesen wäre. Sie sind in einer Ära des investorengetriebenen Kapitalismus und einer gewaltigen technologischen Transformation von Gesellschaft und Wirtschaft auch ein unverzichtbarer Baustein jeder erfolgreichen Unternehmenserzählung. Wir haben bereits gesehen, wie sich auch politische Narrative stark auf Technologien stützen können – man betrachte nur die kommunikativen Mechanismen von John F. Kennedys unerschrockener Vision von der Mondlandung und der Besiedelung des Weltalls. Nicht viel anders wirken die narrativen Kräfte bei der Beschreibung einer Unternehmenszukunft.

Technologie und Gesellschaft verschmelzen zu *Sociotechnical Imaginaries*.

Doch welchen Stellenwert hat Technik überhaupt im 21. Jahrhundert? Beim Wort Technologie denken viele Menschen zunächst an Computer, Handys und Software, obwohl Technologie in unserem täglichen Leben so viel mehr umfasst. Die Harvard-Wissenschaftlerin Sheila Jasanoff hat die schiere Bandbreite unserer Lebenswelt, die Technologien inzwischen abdecken, treffend erfasst.[74] Ihr zufolge sind es inzwischen Tausende von Werkzeugen und Instrumenten, Produkten, Verfahren, Materialien und Systemen. »Zusammengesetzt aus den griechischen Wörtern techne (Fertigkeit) und logos (Lehre), bedeutete 'Technologie' in seiner frühesten Verwendung im siebzehnten Jahrhundert die Lehre vom Handwerk. [...] Heute denkt man bei

diesem Wort wohl zuerst an die Welt der Elektronik [...] an alles, was mit
Chips und Schaltkreisen ausgestattet ist. [...]. Aber es ist gut, sich daran zu
erinnern, dass zu den Technologien auch die Waffenlager von Armeen, heiß
laufende Fertigungsmaschinen, genetisch veränderte Organismen, die geni-
alen Spielereien in der Robotik, unsichtbare Produkte der Nanotechnologie,
die Fahrzeuge und Infrastrukturen der modernen Mobilität, die Linsen der
Teleskopie und Mikroskopie, die Strahlen und Scanner der Biomedizin und
außerdem das gesamte Universum komplexer, künstlicher Materialien gehören, aus denen fast alles, was wir anfassen und benutzen, hergestellt ist«[75],
analysiert sie.

Jasanoff hat zusammen mit ihrem Kollegen Sang-Hyun Kim den Begriff
der *Sociotechnical Imaginaries*[76] geprägt und meint damit menschliche Visionen einer kollektiven Zukunft, die maßgeblich vom wissenschaftlichen und
technischen Fortschritt geprägt sind. Unter einem ähnlichen Gesichtspunkt
hat der in den USA forschende Germanist J. M. van der Laan eine »techno-
zentrische Kultur« diagnostiziert, die wir heute als Umfeld bevorzugen. Die
Technologie beschreibt er als das »Gewebe unserer Existenz (...) wir erwarten
dementsprechend große Dinge von ihr. Wir wenden uns an sie, um Antworten auf all unsere Fragen und Lösungen für all unsere Probleme zu erhalten,
auch für solche, die die Technologie selbst geschaffen hat.«[77]

Im Zukunftslärm: Future Fact Nr. 25

Narrative und das Konzept von Sociotechnical Imaginaries

Eine Zukunft entsteht nicht nur aus einem Diskurs, einer Ideologie
oder einem umsetzbaren Plan. Eine Zukunft entsteht aus einem Sociotechnical Imaginary[78], so etwas wie einer Leitmetapher, die durchaus übergeordnete Narrative einbezieht, mit der positive Visionen
und sozialer Fortschritt mit einer technologischen Entwicklung zu-
sammenkommen, von Wissenschaft und Gesellschaft gemeinsam
entwickelt, koproduziert werden. Der Begriff Imaginary signalisiert
den fiktionalen Anteil daran. Ein häufig dafür genanntes Beispiel ist

das World Economic Forum in Davos von Klaus Schwab, aus dem letztlich auch dessen Beschreibung einer »Vierten Industriellen Revolution« hervorgegangen ist und das von vielen Ländern als Imaginary in Technologiestrategien eingeflossen ist; manche haben es auch als Plan ganz direkt umgesetzt, in Korea zum Beispiel durch ein präsidentielles Komitee, welches den Begriff im Namen führt.[79] Klaus Schwabs jüngstes Buch ist im Jahr 2022 zum Thema »The Great Narrative« erschienen.

Wenn wir also über unsere Zukunft nachdenken, können wir ihre wechselseitige Abhängigkeit von Technologien nicht leugnen. Neue technologische Erfindungen der Gegenwart stellen Lösungen für die Herausforderungen dar, mit denen sich Erfinder:innen in der Vergangenheit auseinandergesetzt haben. Umgekehrt hält aber Technologie in der Regel nur über den Umweg von mutigen, in der Gesellschaft kursierenden Zukunftsvisionen Einzug in unsere Welt – man denke beispielsweise an Jules Vernes Vision der Mondlandung, deren Rolle im Kapitel Vier über Utopien analysiert wurde. Ich finde es spannend, über Technologien zu spekulieren, die noch kommen werden, aber es fasziniert mich genauso, Narrative auf ihre technologischen Merkmale hin zu untersuchen, die unsere Vorstellung von der Zukunft bestimmen.

Jede Ära baut auf hochfliegende Technologieentwürfe – ob sie später wirksam sind oder nicht

Beinahe jede Zukunftsvorstellung, die Menschen sich ausmalen, beruht darauf, dass ein Aspekt ihres Lebens durch technischen Fortschritt verbessert werden würde. Die Erwartung, mit der man in den 1970er-Jahren auf das Alltagsleben im Jahr 2000 geblickt hat, begeisterte damals das Denken. Bis zur Jahrtausendwende, so hofften wir mit großer Erwartung, würden Dinge wie Videotelefonie und programmierbare Küchengeräte unsere täglichen Abläufe verbessern. Aus damaliger Sicht waren es sensationelle Ideen und technische Visionen. Heute, gut zwei Jahrzehnte nach der Jahrtausendwende, sind sie weit verbreitet und kaum noch der Rede wert. Daran zeigt sich, wie zeitgebunden technologische Visionen jeweils sind. Erst recht erweist sich, dass solche Visionen etwas über die Probleme, Fortschrittsvorstellungen und Träume einer Gesellschaft zu einem bestimmten Zeitpunkt aussagen und darüber, wie Technologien dazu auserkoren werden, für eine bessere Zukunft zu sorgen.

Oder blicken wir auf die 1960er-Jahre. Damals war die Mehrheit der Verbraucher und Technologieexperten davon überzeugt, dass Kernreaktoren in allen Formen und Ausprägungen bald alles Mögliche mit unerschöpflicher Energie versorgen würden – von Autos wie dem Ford *Nucleon* über Staubsauger und Schiffe bis hin zur Raumsonde, die aufbricht, um sich die Saturnringe näher zu betrachten. Die Nutzung der Kernkraft war das beherrschende Thema dieser Jahre. Erst heute wird uns bewusst, wie sehr das Denken damals in einem Zeitalter der atomaren Utopie gefangen war. Die meisten dieser futuristischen Erwartungen wurden schließlich enttäuscht, weil sich das Problem der radioaktiven Abfälle als kaum lösbar herausstellte. Indes ist heute nicht mehr auszuschließen, dass Kerntechnik eine Renaissance erleben könnte. Nicht wenige Stimmen schlagen vor, Atomenergie als CO_2-freie 'Brückentechnologie' auf dem Weg zu einer Versorgung mit ausschließlich erneuerbaren Energiequellen wieder in unseren Energiemix hineinzunehmen. Narrative können sterben und wiederauferstehen – und die Kernkraft könnte dafür auch ein Kandidat sein.

Im Zukunftslärm: Future Fact Nr. 26

Geo-Engineering in der Qattara-Senke

Unter dem Stichwort »Geo-Engineering« werden menschliche Makro-Interventionen in das System der Erde diskutiert und erforscht. Ein Vorhaben, das die Absurdität mancher Zukunftsprojekte zeigt, betraf die Quattara-Senke, eine gewaltige geografische Absenkung in der ägyptischen Wüste. 1916 hatte der deutsche Geologe Albrecht Penck den Plan, die Senke mit Wasser aus dem Mittelmeer zu füllen.

Das Wasser sollte verdunsten, über der Wüste abregnen und landwirtschaftliche Flächen erschaffen. Nach dem Zweiten Weltkrieg wurde die Idee weiterverfolgt und sah vor, dass der Wassereinlauf Turbinen zur Stromerzeugung antreiben sollte. Da die Senke durch Verdunstung nie voll werden würde, sollte auf diese Weise eine natürliche Energiepumpe entstehen. Unter Leitung des Wasserbauingenieurs Friedrich Bassler, der die Gegend aus seiner Zeit im Nazi-Afrika-Korps kannte, wurde eine Machbarkeitsstudie durchgeführt: Zur Sprengung des dortigen Gebirges für den Zulauf aus dem mehr als 80 Kilometer entfernten Meer wurde ernsthaft der Einsatz von 110 Atomsprengköpfen diskutiert.[80] Die einzige zurzeit wirklich plausible Zukunft des Geo-Engineerings bleibt hingegen die gute alte Aufforstung.

Technologien und ihre Narrative schrauben das Innovationstempo immer höher

Hinter jeder dieser episodisch auftretenden Begeisterungsstürme für einen bestimmten Technologietyp steht ein wirkungsvoll formuliertes, komplexes Narrativ. »Das Automobil erzeugt ein Narrativ von Geschwindigkeit, Wohlstand, Freiheit, Mobilität, Prestige und Macht. Es kann Objekt der Zuneigung oder des Ärgers sein. Der heute allgegenwärtige Computer bringt [dagegen] ein Narrativ von Effizienz, Produktivität, Unmittelbarkeit, Macht, Vernetzung, Fortschritt und Wissen hervor.«[81] Mit diesen Worten umreißt J.M. van der Laan zum Beispiel zwei führende Produktnarrative unserer Zeit, die, wenn sie auch noch nicht so dramatische Infragestellungen wie die Kernkraft durchlebt haben, dennoch bereits mit ersten Phasen gesellschaftlicher Skepsis konfrontiert waren.

Gleichwohl könnte der phasenweise überschwängliche Optimismus für die Technologieschübe einzelner Epochen der Grund dafür sein, dass sich die Technikgeschichte der Menschheit über die Jahrtausende hinweg immer weiter beschleunigt zu haben scheint. Die attraktive Vision einer permanenten Lebensverbesserung hat offenbar dazu geführt, dass ihre Narrative in immer kürzerer Frequenz die Menschheitsgeschichte begleiten. Und tatsächlich sind bahnbrechende Technologien in zunehmend kürzeren Abständen entstanden. Zwischen der Beherrschung des Feuers durch den Menschen und der Entdeckung des Rades oder der Erfindung der Sonnenuhr vergingen zum Beispiel eine Million Jahre. Zwischen der Erfindung des Buchdrucks, der Dampfmaschine und der Glühbirne lagen dagegen nicht einmal 400 Jahre. Und zwischen den ersten Automobilen und Flugzeugen und der Wissensrevolution des heutigen Internets sowie der modernen Bio- und der Nanotechnologie vergingen gerade einmal weitere hundert Jahre. Heute leben wir in einem hyperdynamischen Technologiezeitalter, in dem die Geschwindigkeit der technologischen Innovation noch einmal spürbar zugenommen hat. Und wieder blicken wir mit Spannung und Vorfreude in den Raum der zukünftigen Möglichkeiten. Erneut lassen uns unsere Erwartungen hoffen, dass wir bald weitere transformative Verbesserungen in unserem Alltag begrüßen können.

Genschere gegen Krebs – ein Narrativ, das die Forschung beflügelt

Im Bereich der Gentechnik erwarten wir beispielsweise, dass sich rasch entwickelnde Technologien wie das Genom-Editing mit der Genschere CRISPR-Cas9 uns schon bald helfen werden, bestimmte Arten von unerwünschter genetischer Mutation rückgängig zu machen – indem wir die DNA einer Zelle systematisch mit Informationen darüber versorgen, welche ihrer Elemente ausgeschaltet, hinzugefügt oder ersetzt werden sollen. Krebs, bestimmte Formen von Blindheit, neurodegenerative Krankheiten wie das Huntington-Syndrom, aber auch Mukoviszidose oder Muskeldystrophie gelten als vielversprechende erste Anwendungsgebiete für diese bahnbrechende Technologie.[82]

Wie weit diese Methode, die noch utopisch, aber nicht unplausibel erscheint, eines Tages – zu praktikablen Heilmitteln beitragen kann, ist heute noch ungewiss. Es besteht indes kein Zweifel daran, dass das Narrativ von der Möglichkeit, kontrolliert in die DNA unserer Zellen einzugreifen, also in die grundlegenden Baupläne des Lebens, enorme Wirkung entfaltet.

Dieses Narrativ hat die Kraft, große Forschungsbudgets und wissenschaftlichen Eifer zu mobilisieren, die vergleichsweise schnell zu bahnbrechenden Ergebnissen führen könnten. Denn eine Volkskrankheit wie Krebs mit
Verabreichung einer einfachen Spritze oder Infusion behandeln zu können,
wäre schließlich ein Quantensprung der Medizin und der Verbesserung unseres Lebens.

CRISPR-Cas9 – selbst begrenzter Erfolg hält die Reise in die Zukunft in Gang

Umso begeisterter war ich, als ich während meines Aufenthalts in den USA
am *Broad Institute* in Cambridge, Massachusetts, Einblick in die Machbarkeit einer solchen Zukunft bekam. Das renommierte Forschungszentrum,
es wird gemeinsam von der *Harvard University* und dem *Massachusetts Institute of Technology* (MIT) betrieben, war maßgeblich an der Entschlüsselung
des menschlichen Genoms beteiligt; Eric Lander, sein ehemaliger Direk-
tor, wurde von US-Präsident Joe Biden zum wichtigsten wissenschaftspoliti-
schen Berater ernannt.

Aus vielen Gesprächen mit den hochrangigen Expert:innen des *Broad Institute* habe ich mitgenommen, dass der Plan, CRISPR-Cas9 für eine brei-
tere medizinische Anwendung einzusetzen, noch auf wackeligen Beinen
steht. Das Editieren der DNA unserer sich ständig erneuernden Körperzel-
len, um damit eine Tumorbildung zu unterbinden, ist unter anderem deshalb schwierig, weil einige Informationen, auf welche die Schere zugreifen
müsste, über verschiedene Abschnitte des Genoms hinweg verteilt sind, während andere eindeutig an einer einzelnen Stelle lokalisiert werden können.
Je nach medizinischem Ziel kann die Bearbeitung der DNA also schwieriger oder einfacher sein. Die Informationen darüber, wie groß wir werden,
scheinen zum Beispiel so komplex verteilt zu sein, dass wir sie in absehbarer
Zeit nicht sinnvoll bearbeiten werden können. Auf der anderen Seite aber
ist es mit einer Gentherapie bereits jetzt gelungen, das Fortschreiten einer
bestimmten schwerwiegenden Erbkrankheit, nämlich der spinalen Muskel-
atrophie, mit nur einer einzigen Injektion langfristig zu stoppen.

Solange es solch durchschlagende Erfolge gibt, funktioniert das Narrativ vom völlig neuen medizinischen Zukunftshorizont, und es hält Forscher:innen und Forschung finanzierende Politiker:innen dazu an, diese vielversprechende Reise fortzusetzen. Es liegt aber gleichfalls auf der Hand, dass, sollte Genom-Editierung die Zukunft der Behandlung von Krankheiten und Impfungen tatsächlich nachhaltig prägen, auch die wichtige ethische Frage aufgeworfen wird, ob alles, was möglich ist, wirklich umgesetzt werden sollte. Schließlich greift die Technologie in die Grundlagen unseres biologischen Seins ein – unsere Gene. Die bereits erwähnte Sheila Jasanoff arbeitet derzeit am Aufbau einer globalen Beobachtungsstelle für Genom-Editierung und sie ist davon überzeugt, dass begleitend ein breiter, tiefgreifender und kritischer Diskurs geführt werden muss, um eine gesellschaftliche Haltung zu entwickeln und einzubringen. Populäre Vorstellungen davon, was diese Auswirkungen sein könnten – zum Beispiel die Veränderung des optischen Erscheinungsbildes von Menschen bei Merkmalen wie Augenfarbe oder Körpergröße wählbar zu machen – spiegeln möglicherweise nicht die eigentliche Stoßrichtung der medizinischen Forschung rund um die Genom-Editierung wider. Zu stark popularisierte Narrative können und werden durch die von ihnen induzierte Vorstellungskraft also immer auch ein Stück weit in die Irre führen, wenn es um die Entwicklung der Zukunft geht. Und doch argumentiert dieses Buch dafür, dass eben solche Fiktionen und die dadurch freigesetzten Vorstellungskräfte notwendige Bestandteile sind, wenn es darum geht, technologische Zukünfte zu planen, weil sie uns das Potenzial, das in diesen Zukünften liegt, auf eine tiefgründige Weise diskutieren lassen.

Technologie nimmt Fahrt auf, wo vernetztes Know-how seine Narrative bündeln kann

Neben mächtigen Narrativen wird die moderne Technologiegeschichte vor allem auch durch die lokale Nähe von Grundlagenforscher:innen zu den Wissenschaftler:innen, welche die Anwendung und Markteinführung dieser Technologien vorbereiten, angetrieben und beschleunigt. In Cambridge,

Massachusetts, kann man sehen, wie das gut funktioniert. Das *Broad Institute* liegt direkt gegenüber von Moderna, einem 2010 gegründeten Biotech-Unternehmen, das durch die Entwicklung eines mRNA-Impfstoffs gegen das Covid-19-Virus weltbekannt wurde und schon seit Langem versucht, Methoden der Genom-Editierung für die Krebsheilung zur Anwendungs- und Marktreife zu bringen. Nur 25 Autominuten davon entfernt ist der Hauptsitz und das neue Labor von Millipore, einer US-Beteiligung des Wissenschafts- und Technologieunternehmen Merck. Die US-Tochter stellt Werkzeuge für andere Forschungsunternehmen zur Verfügung, die zur Anwendung der Genschere gebraucht werden. Und um zur Bostoner Forschungsklinik *Mass General* zu gelangen, sind es auch nur wenige Meter über die Longfellow Bridge und den Charleston River. Der Weg von der Grundlagenforschung zur angewandten Biotech-Forschung bis hin zur klinischen Praxis kann hier in weniger als 750 Metern zu Fuß zurückgelegt werden.

Aufsehenerregende Narrative bestimmten die Frühphase der Grundlagengenetik

Technologische Zukünfte entstehen aus grundlegenden Entdeckungen. Beispielsweise wurde mit der Entwicklung der grundlegenden Mechanismen von Gentherapien das »Gen-Zeitalter« eingeläutet – so wie die Entdeckung und physikalische Beherrschung der Kernspaltung in den 1960er-Jahren die Tür zum »Atomzeitalter« aufstieß. Solche elementaren Technologien sind Bestandteil entsprechender Meta-Narrative, die etwas grundlegend Neues vorwegnehmen, aber zunächst nur in sehr groben Zügen vorstellbar sind. In der Realität dauert es dann oft noch viele Jahrzehnte, bis die aus diesen Grundlagen abgeleiteten Anwendungen zu praktikablen Verbesserungen unseres Alltagslebens führen.

Im Zukunftslärm: Future Fact Nr. 27

100 Sekunden vor Mitternacht

Die Doomsday Clock zeigt, wie nahe die Menschheit einer selbst verursachten Zerstörung ist. Sie wurde im Jahr 1947 vom Bulletin of the
Atomic Scientists zum ersten Mal auf 7 Minuten vor 12 gestellt. Im
Jahr 1991, nach dem Zusammenbruch der Sowjetunion, wurde die
Uhr auf 17 Minuten vor 12 gestellt – was den mit Abstand positivs-
ten Wert darstellt. Seit 2020 steht sie vor allem wegen Versäumnissen
beim Aufhalten des Klimawandels auf 100 Sekunden vor 12 – so nah
wie noch nie. Die Gründungsmitglieder des Bulletin of the Atomic
Scientists stammten aus Amerikas Nuklearwaffenprogramm, dem
Manhattan Project. Erschüttert durch die Ereignisse von Hiroshima
und Nagasaki erklärten die Wissenschaftler:innen, es sei ihr Ziel,
durch Information die Gefahr einer vom Menschen selbstverschul-
deten Apokalypse zu reduzieren. Die Atomuhr ist also auch ein Symbol für ein wissenschaftliches Selbstverständnis, das die ethischen und
rechtlichen Konsequenzen der Forschung mitbedenken möchte.[83]

Daher ist die wissenschaftliche Grundlagenforschung in der Regel langfristig
angelegt. Zum Beispiel ist ein mit mir befreundeter Wissenschaftler schon seit
Jahrzehnten damit beschäftigt, Zellproben von Krebspatienten zu sammeln.
Er und sein Team analysieren, kartieren, digitalisieren und konservieren diese
Proben. Die Grundannahme dieser Grundlagenforschung ist, dass Krebs
nicht zuerst organspezifische Tumore wie Brust-, Prostata- oder Gehirnkrebs
verursacht. Stattdessen gehen diese Forscher:innen davon aus, dass es eine
endliche Anzahl von Krebsgenomen gibt, die Tumore unabhängig vom Or-
gantyp auslösen. Damit könnte also eines Tages eine große Datenbank vieler
möglichen Krebszellen-DNA bekannt sein – und dieses Wissen für die Entwicklung von Krebstherapien und -medikamenten genutzt werden.

    Ähnlich bereitete die systematische Sequenzierung des gesamten mensch-
lichen Genoms den Boden für potenziell viel mehr. Auch dieses Langzeitpro-
jekt zur vollständigen Entschlüsselung und Kartierung des Humangenoms

dauerte 13 Jahre und es verlangte die Kooperation zahlreicher Forschergruppen rund um die Welt. Das mittlerweile abgeschlossene Projekt fiel in die noch frühe Ära der modernen Gentechnik Mitte der 1990er-Jahre, die von ausgesprochen optimistischen Narrativen begleitet wurde. Dazu zählten unter anderem die Klonung von Tieren, wie die des Schafs Dolly, oder die Fragen, ob auch Menschen in Zukunft in der Petrischale reproduzierbar sein würden. Dass die wissenschaftlichen Visionen damals von derart aufsehenerregenden Narrativen begleitet wurden, führte zur Einrichtung erster Ethikkommissionen, die sich mit den moralischen Dimensionen der Genetik befassten und frühe Praxisrahmen und Verhaltenskodizes aufstellten, innerhalb derer solche Forschung in Zukunft durchgeführt werden sollte.

Heutige Genforschung stützt sich stark auf Analogien zur Softwareproduktion

In der aktuellen Genforschung haben sich weitere mächtige Narrative herausgebildet. Moderna, das bereits erwähnte Unternehmen für Messenger-RNA, beschreibt die biotechnische Methode, die es einsetzt, um die auf der mRNA gespeicherte genetische Information für ein therapeutisches Protein in eine Zelle zu übertragen, als eine Codierung der »Software des Lebens«. Diese Analogie ist bemerkenswert. Denn aus der Informatik wissen wir, dass sich digitale Codes in alle möglichen praktischen und einfach zu bedienenden Werkzeuge verwandeln lassen, wenn man sie nur entsprechend programmiert. Und so vermittelt das Software-Narrativ von Moderna einerseits die Vorstellung von einem vollständigen und universellen biotechnischen Werkzeugkasten, der schwere Krankheiten wie Krebs heilen kann. Andererseits erzählt es uns, vor allem auch deshalb, weil Moderna seine Wissenschaftler:innen als »Software-Ingenieur:innen« bezeichnet, ebenso von der zielgerichteten Kontrollierbarkeit dieser neuartigen Gentechnologie sowie von ihrer Einsatzfähigkeit und Sicherheit.

Etwas früher als Moderna wurde 2008 das Biotech-Unternehmen BioNTech in Mainz gegründet. Es ist auf einem ähnlichen Gebiet wie Moderna tätig und versucht, modernste mRNA-Technologien für die Heilung von

Krebs einzusetzen. Auch BioNTech wurde 2020 weltberühmt als das Unternehmen, das zusammen mit seinem US-Partner Pfizer den ersten stabilen Impfstoff gegen Covid-19-Infektionen auf den Markt brachte. BioNTechs Mitbegründerin und führende Wissenschaftlerin Özlem Türeci hat im Laufe ihrer Karriere schon bedeutende Beiträge zur mRNA-Technologie und modernen Krebstherapie geleistet. In einer gemeinsamen Biografie von Walter Isaacson wird Türeci gemeinsam mit ihren französischen und amerikanischen Kolleginnen Emmanuelle Charpentier und Jennifer Doudna, die für ihre bahnbrechende Forschung zum Thema CRISPR-Cas9 den Nobelpreis erhielten, treffend als Teil eines *Codebreaker*-Trios beschrieben.

Die Wahl dieses Narrativs leuchtet ein, weckt sie doch Assoziationen zu den britischen Codebrecher:innen während des Zweiten Weltkriegs, von denen viele Frauen waren. Sie hatten den Verschlüsselungscode der Wehrmacht geknackt und konnten so Aktionen des militärischen Oberkommandos in Berlin frühzeitig aufdecken und vereiteln. Das Narrativ vom *Codebreaker* hat also auch eine gewisse Nähe zu einer bestimmten historischen Dystopie – der drohenden Eroberung eines Landes durch Nazi-Deutschland und dessen Bemühung, diese Pläne durch geschickte Gegenspionage zu verhindern. Im Fall der drei Spitzengenetikerinnen hingegen tritt die Dystopie in Form tödlicher Krebserkrankungen auf. Abgesehen davon ist das Knacken des Codes aber auch schon auf einer allgemeineren Bedeutungsebene ein starkes Symbol für einen unumkehrbaren wissenschaftlichen Durchbruch, der den Fluch schwerer Erkrankung ein für alle Mal besiegen kann.

Künstliche Intelligenz und Quantencomputer, die Lieblinge der Technologiegesellschaft

Auch im zweiten großen Bereich transformativen Fortschritts unserer Zeit, der Digitalisierung, werden Erwartungen an enorme technologische Verbesserungen in der Zukunft geweckt. Dabei steckt diese Technologie ähnlich wie die Genom-Editierung selbst oft noch in den Kinderschuhen. Und doch haben die Narrative des digitalen Wandels bereits eine erstaunliche Plausibilität vorzuweisen. Wir erwarten zum Beispiel, dass Quantencomputer künftig eine 160 Millionen Mal größere Rechenleistung erbringen werden als heutige Computer – indem sie mittels spezieller Quantenbits die Rechenwerte 0 und 1 des herkömmlichen sequenziellen Computers gleichzeitig werden darstellen können.[84] Dies, so die optimistischen Aussagen, wird die Analyse enormer Datenmengen revolutionieren und viele Objekte und Abläufe in unserem Leben besser, schneller, genauer und humaner gestalten.

Quanten-Computing dürfte beispielsweise den noch rudimentären Algorithmen der »Künstlichen Intelligenz« (KI) einen großen Sprung in Richtung Alltagsanwendungen ermöglichen. Mit so viel mehr kombinatorischer Rechenleistung, so die Überlegung von Experten, sollte die Lern- und Interpretationsfähigkeit sowie die Fähigkeit zu Kreativität und Emotion von KI-Algorithmen um ein Vielfaches zu beschleunigen sein. Bislang stellen diese Dimensionen die Schwachpunkte dar, die künstliche Intelligenz bis heute noch nicht wirklich intelligent machen. Mit der massiven Verbesserung ihrer kognitiven Leistungen durch ultraschnelle Datenverarbeitung würde diese Technologie wohl viel stärker als bisher in unser tägliches Leben Einzug halten und uns an vielen Stellen wie ein echter Assistent vorkommen.

Ganz gleich, ob wir die Eröffnung eines Bankkontos oder die Buchung eines Restauranttischs mit einem KI-Bot besprechen, der präzise Antworten geben, galant Vorschläge machen und sogar den einen oder anderen Witz machen kann. Oder ob wir vorhaben, Beethovens 10. Sinfonie so zu Ende zu komponieren, wie der Komponist es selbst getan hätte oder ob wir mit Hilfe von KI-Programmen Aktienkurse oder auch das beste Grillwochenende im nächsten Sommer vorhersagen wollen: Als neue Basistechnologie soll das blitzschnelle Computing laut vielen wissenschaftlichen Narrativen auf diesem Gebiet in all den genannten Alltagsbelangen einen technologischen Quantensprung ermöglichen. Auch diese Fortschrittsversprechen leben von unserer Erwartung, dass die Lebensbedingungen insgesamt in Zukunft leichter sein und dass viele mühsame Dinge beschleunigt und vereinfacht werden. Selbst unser Netzwerk aus Bekanntschaften kann sich auf unerwartete Weise erweitern, wenn uns in einer solchen Zukunft künstlich-intelligente Haushaltsgeräte bald plötzlich wie mitfühlende Freunde behandeln könnten.

KI-Technologien gedeihen im Klima allzu optimistischer Zukunftsnarrative

Die Künstliche Intelligenz ist, genauso wie die Gentechnik, eine Technologie, deren Grundlagen weit zurückreichen. Schon in den 1950er-Jahren machten sich Wissenschaftler:innen aus den Fachrichtungen Informatik, Mathematik, Politikwissenschaft und Psychologie erstmals daran, zu erforschen, wie lernfähige Computersysteme aussehen müssten, die wie das menschliche Gehirn arbeiten. 1956 fand dazu an der US-Universität *Dartmouth College* ein Gründungsworkshop statt, der bis heute als »Urknall« des Konzepts der computerbasierten, künstlich erzeugten Intelligenz gilt. Die Teilnehmer:innen gingen damals davon aus, dass eine solche »denkende Maschine« innerhalb einer Generation gebaut werden könnte – eine überambitionierte Annahme, die zeigt, wie mächtig das Narrativ war, dass man sich selbst auferlegt hatte. Am Ende erwies sich die Vision, ein System mikroelektronischer Schaltkreise zu schaffen, das zur menschlichen Intelligenz fähig sein würde, selbst für damalige Top-Expert:innen auf diesem Gebiet als verfrüht. Stattdessen mussten Informatiker:innen, Hardware-Ingenieur:innen und Anwendungsprogrammierer:innen noch viele Jahrzehnte daran arbeiten, bis leistungsfähige Computer und Algorithmen als Grundbausteine künstlicher Intelligenz zur Verfügung standen. Erst dadurch war die Grundlage geschaffen für die Weiterentwicklung von KI zu Anwendungen in Maschinen, Autos und vielen weiteren alltäglichen Konsumgütern. Da wir heute an diesem Punkt angekommen zu sein scheinen, wachsen die Zukunftserwartungen dieser Technologie abermals ins Unermessliche und Fiktive.

Im Zukunftslärm: Future Fact Nr. 28

Die alte Zukunft Künstlicher Intelligenz
Der Begriff der Künstlichen Intelligenz wurde erstmals im Juli 1956 in einem Förderantrag für eine von John McCarthy organisierte und später von der Rockefeller Foundation finanzierte Konferenz am

Dartmouth College in den USA genannt. Die Teilnehmer:innen teilten die Prämisse, dass menschliche Intelligenz auf eine Weise beschreibbar ist, dass sie von Maschinen simuliert werden kann. Es wurde also nicht die Künstliche Intelligenz nach dem Muster der menschlichen modelliert, sondern vielmehr menschliche Intelligenz mathematisierbar gedacht. Mit dem Logic Theorist, der gleich mehrere mathematische Lehrsätze bewies, wurde dort auch das erste KI-Programm geschrieben. Die Konferenzthemen wie neuronale Netze, die Rolle von Sprache, Kreativität und Intuition bestimmen bis heute die Debatte, mussten aber 1956 noch ausgesprochen futuristisch gewirkt haben. Erst in den 80er-Jahren verschafften die Fortschritte in der Computertechnik vor allem bei Großrechnern der KI-Forschung den auch vom Militär finanziell unterstützen Boom, der ganz unter dem Stern der Robotik stand. Erst seit den 2010er-Jahren ist eine Rechenleistung erreichbar, die eine Sprachverarbeitung und Mustererkennung und damit unsere humanoiden Sprachassistenten wie Alexa oder Siri ermöglichen.[85]

Auch die Narrative der Informationstechnologie lieben den menschlichen Charakter

Man erkennt leicht, dass die Informatik dazu neigt, ihre Narrative zu einem großen Teil in anthropomorphen, also menschlichen Eigenschaften zuschreibenden Metaphern zu erzählen. Vermutlich, um dieses mathematisch abstrakte Thema besonders vorstellbar zu machen. Die Begriffe 'Künstliche Intelligenz' und 'neuronale Netze' sind bereits zwei Beispiele dafür. Beide suggerieren, dass maschinelle Denkleistung nach Prinzipien der menschlichen Gehirnphysiologie geschaffen und organisiert werden könne. In der Informatik nehmen solche humanoiden Analogien zu. Man denke beispielsweise an die Wahl des Begriffs 'Programmiersprache', mit der ein bestimmter Bestand an Code-Modulen und Befehlen umrissen wird, aus denen Anwendungssoftware, Apps, Browser und Betriebssysteme erstellt werden. Würde die menschliche Sprache tatsächlich so rein logisch wie etwa die Computer-'Sprachen' Python oder Java funktionieren, würden wir uns auf eine weitaus simplere Art und Weise unterhalten – ohne Ironie, Doppelsinn und metaphorische Färbungen, die unsere Kommunikation verfeinern und uns erst zu Menschen machen.

Seit Neuestem sprechen wir auch kleine Lautsprecher auf dem heimischen Kaminsims oder Wohnzimmertisch ganz persönlich als Alexa, Siri oder Cortana an. Die Wahl von menschlich klingenden Namen hat aus diesen kalten Apparaten nützliche Mitbewohner, Butler oder sogar Lebenspartner gemacht. Und als neuere Ergänzung in der Reihe menschlicher Analogien in der Informationstechnologie hat sich der Begriff des 'digitalen Zwillings' in das Wörterbuch des Technikjargons eingefügt. Es handelt sich um realistische, voll funktionsfähige digitale Abbilder von Gebäuden, Fahrzeugen, Maschinen oder Flugzeugen, **welche Ingenieur:innen kostengünstig als Surrogate nutzen, um Verhalten und Funktionsweisen dieser Objekte in einer Art digitalen Retorte zu optimieren, bevor sie tatsächlich gebaut werden oder um über ein technisches Ebenbild zu Steuerung des Betriebes zu verfügen.**

Im Zukunftslärm: Future Fact Nr. 29

Wie die Maschinen lernten, sich zu erinnern.
Der Vorteil rekurrenter neuronaler Netze (RNN), etwa zur Spracherkennung, ist, dass sie im Gegensatz zu einfachen neuronalen Netzen über einen internen Zustand verfügen, der Informationen aus vergangenen Eingaben speichern kann. Wie das Gehirn soll auch ein RNN nicht bei jeder Aufgabe von vorne beginnen müssen. Erst ein solches Gedächtnis erlaubt es einer Maschine, aufgrund von gelerntem Kontextwissen genauere Vorhersagen zu machen. Je mehr Schichten ein RNN jedoch aufweist, desto schwieriger wird das Auffinden von Information in tieferen Schichten. Eine LSTM-Zelle (Long short-term memory) löst dieses Problem, in dem sie reguliert, wann

etwas behalten, wann vergessen und auf welche Weise altes Wissen und neue Information verknüpft werden sollen. Dazu baut sie auf fünf Komponenten auf: Eingangstor, Erinnerungs- und Vergessenstor, Ausgangstor und dem Zellinneren, das mit der Logik nach der Information verknüpft wird. Das vielleicht berühmteste Beispiel für den Erfolg von LSTM-Technologie ist die Spielsoftware AlphaGo von Google, mit der zum ersten Mal eine KI einen professionellen Go-Spieler schlagen konnte. Zu den Problemen der Technik gehören neben der manchmal mangelnden Nachvollziehbarkeit der Ergebnisse die generellen Fallstricke statistischer Methoden: der Bias von Schein-Zusammenhängen und systematischen Fehlern.[86]

Führende Informatiker wie Jürgen Schmidhuber, Professor und Co-Direktor am *Della Molle Institute for Artificial Intelligence Research* im schweizerischen Lugano entwerfen eine äußerst optimistische Vision, wenn nicht gar eine echte Utopie für ihren Forschungsansatz. In Schmidhubers Fall geht es um die Entwicklung hin zu einer Welt, die von KI bestimmt wird. Auch er greift, um seinem Zukunftsnarrativ Griffigkeit zu geben, in Interviews ausgiebig auf Analogien von Mensch und Maschine zurück.[87] Der KI-Pionier, der für seine Durchbrüche in der maschinellen Spracherkennung mehrfach ausgezeichnet wurde – sie kommen heute in den Assistenzfunktionen von Smartphones zum Einsatz – geht davon aus, dass die Künstliche Intelligenz in wenigen Jahren eine Superintelligenz erreichen wird, die den Menschen in allen relevanten Aspekten des Denkens übertrumpfen wird. In Schmidhubers Sichtweise werden die Maschinen sogar beginnen, ihre eigene Zukunft zu gestalten, basierend auf ihren eigenen Narrativen, in denen die Menschen kaum noch eine Rolle bei der Gestaltung spielen werden. Und es sei vorstellbar, dass sie das Weltall besiedeln.

Ich vermute, Schmidhuber hat seine Vision deswegen so stark zugespitzt, weil er weiß, dass es eine Nachfrage nach solchen fantastischen Fiktionen gibt. Zudem ist er klug genug, seinem Nachdenken über Technologie durch populäre Spekulationen über deren zukünftige Anwendungsmöglichkeiten die nötige Aufmerksamkeit zu bescheren. Wie alle Utopien, so klingen auch die Elemente seines Narrativs beim ersten Hören unglaublich und spekulativ aus dem Munde eines Wissenschaftlers. Schmidhuber verweist aber zu Recht auf die verblüffenden Grenzen, die von der KI-Technologie bereits überschritten wurden. So habe schon Ende der neunziger Jahre maschinelle Intelligenz den besten menschlichen Schachspieler überflügelt. Und derzeit beginne die Fähigkeit zu visueller Mustererkennung intelligenter Maschinen die vergleichbaren Fähigkeiten eines menschlichen Kindes zu übertreffen. Maschinen seien in der Lage, die Form transparenter Röhren als 'Trinkgläser' und vierbeinige Holzkonstruktionen im Wohnzimmer als 'Stühle' zu erkennen und zu benennen. Die KI sei also auf dem besten Weg – will uns dieses Narrativ sagen – das menschliche Handeln in vielen entscheidenden Bereichen zu ersetzen.[88]

Es werde nicht mehr lange dauern, so die Vorhersage des prominenten KI-Forschers, bis der Mensch sich nicht mehr als Krone der Schöpfung sehen kann, sondern als stolze Nummer Zwei neben den Maschinen, die er ja selbst mit übermenschlicher Intelligenz ausgestattet hat. Er selbst, so gesteht Schmidhuber, arbeite seit Anfang der achtziger Jahre daran, sich als denkender Mensch durch eine Maschine zu ersetzen. Hört man solch vollmundige Technikprognosen, ist man versucht, Schmidhubers Pläne als Projekt *Frankenstein 4.0* zu bezeichnen. Wie gesagt, auch seine Aussagen über intelligente Maschinen sind gespickt mit menschlichen Analogien, die zur Überzeugungskraft seiner Thesen beitragen. In seinem Narrativ werden die roboterintelligenten Wesen, die er die Herrschaft übernehmen sieht, zum Beispiel hungrig sein, nämlich nach Strom und Daten. Diese denkenden Maschinen werden laut Schmidhuber auch Schmerz empfinden können und darauf achten, sich nicht zu stoßen und zu verletzen. Man mag Schmidhuber aus heutiger Sicht als sehr gewagten Optimisten einsortieren. **Aber die Worte, mit denen er seine Fiktion beschreibt, erwecken in der Tat die Fantasie der Menschen an ihm und seinem Zukunftsnarrativ.**

Im Zukunftslärm: Future Fact Nr. 30

Künstliche Intelligenz, geb. 1961, gleicher Vater wie Cloud-Computing
Schon 1961 in einer Rede am MIT sagte der Logiker und Informatiker John McCarthy die disruptive Entwicklung von Servern und Cloud Computing voraus, bei dem Rechen- und Speicherleistung nicht mehr vollständig an das Produkt des eigenen PCs gebunden ist, sondern wie eine Art Dienstleistung, ähnlich dem Telefonnetz, verfügbar sein werde. Heute lassen sich in der Tat die meisten Google-Anwendungen ohne eigenes Software-Programm auf dem PC online über den Browser bedienen. Vor allen anderen sah McCarthy damit einen zukünftigen Markt voraus, der heute bestimmend ist. McCarthy, der 1956 die legendäre Dartmouth Konferenz organisierte, war auch ein Vorreiter der KI-Forschung. Die von ihm entwickelte Programmiersprache Lisp fand in Joseph Weizenbaums »Eliza« Anwendung. »Eliza« war in der Lage schriftlich gestellte Fragen in natürlicher Sprache zu beantworten, was einen Meilenstein in der Entwicklung von Sprachassistenten darstellte. McCarthy trieb dabei allerdings auch das Spiel mit den menschlichen Analogien in der Informatik auf die Spitze, indem er die Behauptung aufstellte, man könne auch »Maschinen, so simple wie das Thermostat«, Überzeugungen unterstellen.[89]

In der Genforschung ist die Verwendung menschlicher Metaphern verpönt

In der Genetik stehen dagegen solche einfachen, aber auch anschaulichen Analogien kaum zur Debatte. Zwar sind auch hier 'genetische Scheren' und 'molekulare Skalpelle' in Verwendung. Doch handelt es sich um Vergleiche mit technischen Gegenständen wie Schneiderwerkzeug oder chirurgischem Besteck und nicht mit Charaktereigenschaften oder geistigen Fähigkeiten von Menschen. Anthropomorphe Begriffe und Beschreibungen, die für sich selbst oft ein eigenes Narrativ darstellen könnten, sind in der modernen

Biotechnologie wohl deshalb deutlich weniger verbreitet, weil es in der medizinischen Forschung bereits um den Menschen selbst geht, der von den Molekülen, Verfahren und Methoden der modernen Biomedizin Heilung erwartet. Aber auch die gesetzlichen Regulierungen des Bereichs Gesundheit mag hier eine Rolle spielen, dass jene inspirierenden, vielversprechenden und zukunftsweisenden Metaphern, die in der Informatik weit verbreitet sind, in diesem Bereich auffallend absent sind.

Technologische Zukünfte brauchen Zeit, auch wenn ihre Narrative schon präsent sind

Zum Abschluss dieses Kapitel ein, zwei Bemerkung zu Technologie und Narrativen. Es scheint ein Muster zu sein, dass, lange bevor die technischen Möglichkeiten zu ihrer Erschaffung und Vermarktung tatsächlich vorhanden sind, die groben Umrisse vieler Zukunftstechnologien schon irgendwie verstanden, diskutiert und in gewisser Weise auch gesellschaftlich vereinbart werden. Ein aktuelles Beispiel mag der Markt für Video-Streaming sein, auf dem ein harter Wettbewerb ausgebrochen ist. Obwohl technologisch betrachtet der erste Stream schon vor mehr als 25 Jahren ausgestrahlt wurde, haben die 'Streaming-Kriege' genannten Preisschlachten der mittlerweile enorm vielen Anbieter in diesem Sektor erst jetzt begonnen. Dabei wurden die meisten technologischen und strategischen Attribute dieses inzwischen gereiften Geschäftsmodells schon seit Jahrzehnten als Hypothesen diskutiert: das theoretisch unbegrenzte Angebot an visuellen Inhalten, die Möglichkeit der digitalen Wiedergabe 'on demand', die zunehmende Interaktivität der Konsumelektronik, die Möglichkeit personalisierter Werbung und nicht zuletzt der Wert, der darin liegt, die Erstellung von kreativen Inhalten und deren Verbreitung in einer Geschäftsidee zu verschmelzen. Dennoch sind erst heute, ein Vierteljahrhundert, nachdem jemand die Idee gestreamter Videoinhalte erstmals aufgebracht hatte, alle diese Komponenten auf einem technologischen Niveau verfügbar, das diesen Markt Wirklichkeit werden lässt.

Zum Zeitpunkt, an dem ein solch innovativer Markt oder eine so neuartige Verbraucherwelt zum ersten Mal in Umrissen vorstellbar wird, ist es oft noch unmöglich vorherzusagen, wie sich ihre verschiedenen Elemente je zusammenfügen werden, welche technologischen Bestandteile mehr und welche weniger wichtig sind, welche Art von Unternehmensführung oder Wettbewerbsdynamik sie antreiben werden oder welche neuen Nutzererfahrungen daraus entstehen werden. Genau deswegen kann Science-Fiction mit ihrer Fähigkeit, Entwicklungen vorwegzunehmen, eine praktikable Möglichkeit sein, bereits in einem frühen Stadium darzustellen, wie sich ein solcher Markt oder eine technologische Zukunft entwickeln könnte: Sie muss dafür übrigens nicht notwendigerweise in Form von Drehbüchern oder Filmen formuliert sein, sondern kann auch in visionären Key-Note-Reden zu einer bestimmten Zukunftstechnik artikuliert werden.

Beispielsweise haben auch mehrere einflussreiche Technologie-Vordenker:innen über Jahre, wenn nicht gar Jahrzehnte hinweg die Ankunft eines digitalen 'Metaversums' angekündigt, das die nächste Stufe einer immersiven und virtuellen Welt jenseits des Internets wie wir es heute kennen sein könnte. Die 2021 gemachte Ankündigung von Mark Zuckerberg, Gründer und Vorstandschef des Facebook-Konzerns Meta Group, seine Vision für die Zukunft des Unternehmens bestehe darin. »dass die Leute uns nicht mehr in erster Linie als Social-Media-Unternehmen, sondern als *Meta-verse*-Unternehmen sehen«, scheint ein entscheidender Schritt dahin zu sein, diese Vision nun endlich Wirklichkeit werden zu lassen.[90]

Und auch der Begriff *Metaverse* geht auf einen Science-Fiction-Roman zurück. In »Snow Crash« beschreibt der Autor Neal Stephenson schon 1992 die Verschmelzung von physischer, augmentierter und virtueller Realität in einem gemeinsamen Online-Raum. Das Metaversum, das seither auch von einigen Visionären erdacht und erträumt wird, entwickelt sich erst jetzt für viele Tech-Führungskräfte zu einer realisierbaren Zukunftsfiktion. Folglich glauben nun auch Kapitalgeber:innen, dass das Konzept eine wichtige Triebkraft für neue Unternehmen und Geschäftsmodelle sein wird. Nachdem rund 30 Jahre über das Konzept nachgedacht wurde, sind wir also an dem Punkt angelangt, an dem das Metaverse seinen Science-Fiction-Status verlässt und zu einer weithin geteilten Technologie- und Geschäftsvision wird.

Technologische Fortschritte und die mit ihnen verbundenen Narrative fordern die bestehenden Grenzen dessen heraus, was wir für möglich halten.

Technologische Visionen, ganz gleich, ob sie von Tech-Unternehmer:innen, Wissenschaftler:innen oder Science-Fiction-Autor:innen entworfen werden, erzeugen und bestimmen unsere Bilder von der Zukunft. Sie eröffnen einen Raum für Fiktion, der die Fantasie anregt. Aber auch wenn die Technik uns in dieser Hinsicht formt, so formen umgekehrt auch wir die Technik – und wir sollten uns die Freiheit nehmen, dies zu tun. Es ist wichtig, eine öffentliche Debatte und ein Gespräch über die Nutzung von Technik und den Folgen, die sich daraus ergeben, anzustoßen und zu führen. Denn, zugegeben: Viele meiner Gedanken zur Zukunftstechnologie sind von Euphorie und Neugierde getrieben. Das bedeutet aber nicht, dass ich Überlegungen zu ethischen Implikationen und Risiken, die Technologie für unser Leben haben kann, unter den Tisch fallen lassen möchte. Deshalb widmet sich dieses Buch im gesamten Kapitel Neun diesen Fragen.

Takeaway Kapitel 7, Technologie – Veränderungsmotor für die Gesellschaft

Technologisch-wissenschaftliche Entwicklung....

...weitet die Grenzen dessen, was wir für möglich halten.

...macht Zukünfte konkreter vorstellbar, auch wenn die Fantasie oft dabei durchgeht.

...wird oft in menschliche Metaphern wie Künstliche Intelligenz gegossen.

...erfordert eine gesellschaftliche Auseinandersetzung mit den Möglichkeiten und deren Folgen.

...mitzudenken, ist eine gute Idee, um Zukünfte glaubwürdiger zu machen.

ACHTES KAPITEL

NARRATIVE KRÄFTE – ÜBER DEN MAGNETISMUS VON ERZÄHLMUSTERN

Zukunftsnarrative enthalten wirkungsvolle sprachliche Bilder und Erzählmuster. David gegen Goliath zum Beispiel, klein gewinnt überraschend gegen groß. Wie können wir die Wirkung solcher Erzählmuster verstehen, ihre Wirkung einschätzen und sie auch selbst mobilisieren, um Zukünfte zu gestalten. Kann man Narrative selbst neu erfinden?

Kein US-Bundesstaat ruft wohl facettenreichere Assoziationen hervor als Texas. Bestickte Cowboystiefel, cremefarbene Stetsons, Rodeos und leise nickende Ölförderpumpen, riesige Flüssiggasterminals, die glitzernden Skylines im Dreieck Houston, Dallas, Austin und die Songs der in Port Arthur aufgewachsenen Sängerin Janis Joplin. Vielleicht kommt einem auch Nordamerikas lebendigste Barbecue-Kultur in den Sinn – schließlich erinnert der Umriss von Texas ja bereits auf der Landkarte an ein saftiges Porterhouse-Steak. Und dann ist da noch dieser über all diesen Bildern stehende Slogan *Don't mess with Texas*. Ein geniales Motto, das unbeabsichtigt zur soziokulturellen Selbstbeschreibung eines ganzen Landesteils der USA wurde. *Don't mess with Texas!* war zunächst auch mit seiner ursprünglichen Intention recht erfolgreich. 1985 hatte das texanische Verkehrsministerium mit den Worten eine Kampagne gegen das lästige Abfallproblem entlang der texanischen Autobahnen gestartet. Und tatsächlich ging die Zahl leerer Getränkedosen und Fast-Food-Verpackungen, die aus Autofenstern flogen, innerhalb von drei Jahren um 71 Prozent zurück.

So gute Narrative halten sich ganz schön lange, staunte ich, als ich mehr als zwei Jahrzehnte später bei einem Besuch der Zukunftskonferenz *South-by-Southwest* oder kurz SXSW in Austin die Worte immer noch auf Kaffeebechern, Mülltonnen, Kühlschrankmagneten, T-Shirts und Baseballkappen entdeckte. Hintersinnig und zweideutig, war der Slogan als Erzählung über Texaner:innen und ihre fundamentalsten Charaktereigenschaften viral gegangen. Die Formulierung arbeitet mit der Vieldeutigkeit des englischen Begriffs *mess* und kann damit auch so viel bedeuten wie »Komm uns nicht in die Quere, oder es könnte was passieren«. Obwohl die texanische Anti-Müll-Initiative bereits 1990 endete, wird der leicht drohende Unterton der Worte von den meisten Texaner:innen heute oft augenzwinkernd als Faustformel für ihre Lebenseinstellung und auch als Grundpfeiler ihrer Zukunft akzeptiert: intakte Bodenständigkeit und gesunde Skepsis gegenüber städtischen, praxisfernen Eliten. Erst handeln, dann fragen – das schwingt in dem Slogan ebenso mit wie natürlich eine Unabhängigkeitserklärung an die Vereinigten Staaten – nicht unähnlich dem *Mia san mia*, mit dem viele Bayer:innen, vor allem im Fußball, ihr angebliches Anderssein innerhalb Deutschlands gerne unterstreichen.

Im Zukunftslärm: Future Fact Nr. 31

Vom Anti-Müll-Slogan zum geflügelten Wort
GSD&M, eine in Austin ansässige Werbeagentur, hat den Slogan Don't mess with Texas in den 1980er-Jahren entwickelt. Die fünf Worte, die heute eine vom texanischen Verkehrsministerium (TxDOT) lizenzierte Merchandising-Marke bilden, haben einen Platz in der amerikanischen Advertising Hall of Fame bekommen und sie bilden heute auch das offizielle Motto des Marine-U-Boots USS Texas. Besteht die Gefahr, dass der enorme narrative Erfolg des Anti-Müll-Spruchs dazu führt, dass noch mehr Müll anfällt? Das TxDOT schreibt zumindest vor, dass der Slogan nur auf Artikel gedruckt werden darf, die »nicht durch überflüssige oder unnötige Verpackungen zum Abfallproblem beitragen«. Und die Behörde verfolgt offenbar jedes Jahr zahlreiche illegale Markenrechtsverletzungen.[91]

Der Kampagnenspruch *Don't mess with Texas* drückt damit also eine Kernaussage des Staates Texas aus – und er offenbart die kollektive Identität seiner Einwohner:innen. Dass der Slogan heute so tief in den Köpfen und Herzen verankert ist, zeigt die Kraft gemeinschaftsbildender Kommunikation, es schärft aber auch den analytischen Blick auf oft umstrittene Beschreibungen nationaler oder regionaler Charaktereigenschaften. Auf jeden Fall hat meine Erfahrung in Texas grundsätzliche Überlegungen darüber angestoßen, was ein Narrativ eigentlich ist und ob man den Begriff nicht vielleicht weiter nuancieren muss, um wirklich zu verstehen, was dahintersteckt.

Im Zukunftslärm: Future Fact Nr. 32

Die narrative Macht der Vergangenheit

Das Neudenken der Vergangenheit ist bei der Entwicklung der Zukunft und ihres Narrativs oft von Bedeutung. Das gilt vor allem für die Strategieentwicklung von Unternehmen. Die Organisationstheoretikerinnen Wanda Orlikowski und Sarah Kaplan arbeiten heraus, dass »Strategieentwicklung [...] die Konstruktion und Rekonstruktion strategischer Narrative [beinhaltet], die die Vergangenheit und die Gegenwart auf eine Art und Weise rekonstruieren, die es der Organisation ermöglicht, mehrere mögliche Zukünfte zu erkunden [...] Um zu einer alternativen Zukunft zu gelangen, muss man eine Geschichte über die Vergangenheit erschaffen, die eine Verbindung zu ihr herstellt.« Die Wissenschaftlerinnen haben auch empirisch nachgewiesen, dass Unternehmen und Marken, die eine Zukunft auch auf die Vergangenheit beziehen, radikalere Abweichungen vom bisherigen Kurs, also »Neues«, entwickeln. Insofern hilft ein Blick rückwärts auch für den Weg vorwärts.[92]

Narrative – die strahlenden Kronleuchter glitzernder Geschichten und Episoden

Bisher haben wir die Zukunft als einen offenen Raum der Möglichkeiten analysiert, in dem plausible Fiktion beim Gestalten hilft. Wir haben bisher vier Kräfte zur Zukunftsgestaltung beschrieben, **Utopien**, **Dystopien**, eine individuelle »**Ich**«-Perspektive und ein gemeinschaftsbildendes »**Wir**«. Als fünfte bestimmende Kraft haben wir die **Technologie** als Faktor für den Bau einer Zukunft eingeführt. In diesem Kapitel geht es nun um die Wirkung von transformativen Erzählmustern, die beim Bau der Zukunft entstehen oder bewusst eingesetzt werden können.

Was also ist ein Narrativ? Im Laufe des Buches habe ich Geschichten und persönliche Episoden erzählt, die die wesentlichen Merkmale von Narrativen und unsere Beziehung zu ihnen aufzeigen. Im Prinzip hat sich dabei ergeben, dass Narrative große, übergreifende Erzählmuster sind, welche die Welt verständlicher machen und vor allem Orientierung bei der Entwicklung auf eine Zukunft geben sollen. Wenn sich die genannten Motti *Don't mess with Texas* und *Mia san mia* einmal durch die häufige Benutzung zu einem Muster entwickelt haben, können sie Grundlage zahlloser Erzählungen werden, die Sinn vermitteln oder Kraft und Stärke für eine Zukunft verleihen sollen. Etwa wenn Texas seine Energienetze vom Rest der USA abkoppelt, um eine eigene Energieversorgung unabhängig zu betreiben – *Don't mess with Texas*. Nach dem aktuellen Gewinn des Triples im Fußball (Meisterschaft, Pokal, Europapokal) suggeriert *Mia san triple* eben auch die zukünftige Möglichkeit, dass die Geschichte so weiter gehen muss. Deshalb lässt sich abstrakt sagen: Narrative sind modellhafte, sinnvolle und suggestive Kommunikationsmuster.

Meine hier vorgestellten Beobachtungen stehen dabei nicht isoliert, sondern bauen auf den Überlegungen der akademischen Arbeiten auf diesem Gebiet auf. Einer der häufig zitierten Forscher ist Sohail Inayatullah, der Inhaber des UNESCO-Lehrstuhl für Zukunftsstudien und Professor an der Tamkang University in Taiwan, der sich der narrativen Zukunftsforschung widmet. Laut Inayatullah tauchen Narrative nicht nur in gesellschaftlich übergreifenden Geschichten auf, sondern auch in Mythen und Metaphern[3].

Unabhängig davon, auf welche Weise wir ihnen begegnen, prägen und bündeln Narrative unser Verständnis der Realität und bestimmen die zugrunde liegenden Annahmen und Weltanschauungen – etwa die von Texas und der Lebenseinstellung der Texaner.

Narrative stehen nicht isoliert, sie sind vielmehr Teil von Konstellationen: Wenn ich mich auf Narrative konzentriere, die übergreifende Qualitäten zu haben scheinen, bezeichne ich sie als Metaerzählungen, und es entstehen Schwärme von Sub-Narrativen, die alle ungefähr in dieselbe assoziative Richtung gehen, aber auf individuellen, nuancierten Handlungssträngen beruhen. Nobelpreisträger Robert Shiller bezeichnet das als *narrative Konstellationen*.[93] Man kann argumentieren, dass der Begriff »Texas« selbst ein Erzählmuster im Rahmen des Meta-Narrativs der USA anbietet. **Was immer mit den USA verbunden wird, das Bild von Freiheit und Unabhängigkeitserklärung, zu dem gehört auf jeden Fall auch das raubeinige Texas-Bild dazu.** Wie zu Beginn des Kapitels beschrieben löst das Wort eine Reihe pittoresker Bilder und Episoden aus, die alle harmonisch ineinandergreifen, während andere dabei zugleich ziemlich robust ausgeschlossen werden. Zu Texas wiederum gehören Sub-Narrative, die sich wie Teile eines Bilder-Kaleidoskops nahtlos ineinanderfügen – der Stetson, die Rodeos, der Ölreichtum oder die Vernarrtheit in alles, was mit Fleisch und seiner gegrillten Zubereitung zu tun hat. Dagegen beinhaltet das texanische Narrativ niemals das Bild intellektuellen Lebens, wie es an der US-Ostküste anzutreffen ist: die Welt eines Menschen, der auf langen Spaziergängen durch den Central Park über Susan-Sontag-Essays sinniert, oder der an einem Samstagmorgen in einem stattlichen Brooklyner *Brownstone* auf seinem Steinway Schubert-Adaptionen spielt. Obwohl es in Texas wahrscheinlich eine große Anzahl solch kultivierter Menschen gibt, spielen sie in dem leicht rüpelhaften *Don't mess with Texas* keine Rolle. Das liegt daran, dass das inoffizielle Schlagwort des (außer Alaska) flächenmäßig größten US-Bundesstaates abstrakte Unnahbarkeit ablehnt und stattdessen das direkte Handeln betont, wobei nicht allzu viel Zeit auf die Debatte intellektueller Argumente verwendet wird.

Meta-Narrative können somit als Korridore für bedeutsame Geschichten gesehen werden, als gedankliche Leitplanken, zwischen denen noch weitere verwandte Sub-Narrative existieren, sich weiterentwickeln und das

Gesamtbild eines Wahrnehmungsmusters bereichern können. Man kann sich Meta-Narrative vielleicht am besten als imposante Kronleuchter vorstellen, die aus Hunderten von einzelnen Lichtern bestehen und einen Raum erhellen. Während der Leuchter ein umfassendes Licht auf die Welt wirft, beleuchten die einzelnen Glühbirnen oder Kerzen jeweils verschiedene Szenen und Schauplätze, aus denen sich das erzählerische Große und Ganze zusammensetzt.

Alte Narrative können uns in der Gegenwart gefangen halten

Wenn wir uns einen Moment von den Kategorien der Meta- und Sub-Narrative lösen, wird auch deutlich, dass es weitere Eigenschaften von Narrativen gibt, nicht nur sortierende oder gewichtende. Sohail Inayatullah und Ivana Milojević weisen etwa darauf hin, dass es zum Beispiel unterschiedliche Altersklassen bei Narrativen gibt, was für die Konstruktion von Zukünften besonders interessant ist.[94] Aus diesem sinnvollen Blickwinkel können mächtige Narrative aus der Vergangenheit lange Bestand haben, auch wenn sich ökologische, technologische, wirtschaftliche oder kulturelle Aspekte im Laufe der Zeit längst drastisch verändert haben. Das kann so weit gehen, dass diese Narrative und die ihnen zugrunde liegenden Annahmen so weit aus der Vergangenheit in die Gegenwart ragen, dass sie zwar auf uns wirken, aber nicht mehr funktional für eine echte Zukunftsgestaltung sind. In diesem Sinne entstehen, wie Inayatullah es beschreibt, sogenannte »verbrauchte Zukünfte« *(used futures)*[95]. Die dazugehörigen Narrative sind veraltet, vermitteln uns keine bedeutsame Handlungsorientierung mehr und können für den Einzelnen, aber auch für ganze Organisationen lähmend und sogar schädlich wirken. Als Beispiel führen Sohail Inayatullah und seine Co-Autorin Ivana Milojević Transformationen bei der Institution Polizei an, wo verbrauchte Zukünfte und deren Narrative heute noch einflussreich sind. Während früher vor allem körperliche Stärke und Männlichkeit die traditionellen Faktoren für Akzeptanz und Beförderung bei der Polizei gewesen seien, führten heute neuere Formen der Kriminalität wie Cyberkriminalität oder Terrorismusbekämpfung dazu, dass Mustererkennung wichtiger als körperliche

Stärke ist. Jedoch operiere die klassische Polizeiarbeit durchaus aus einer »verbrauchten Zukunft« von Männlichkeit und physischer Stärke heraus. Traditionelle Sicherheitsstrategien wie die der Patrouille, die Bürger:innen ein subjektives Gefühl von Sicherheit vermitteln, sind durchaus präsent, obwohl neuere Formen von Kriminalität damit kaum effektiv bekämpft werden können.[96]

Aber auch in anderen Lebensbereichen werden verbrauchte Zukünfte zur Orientierung herangezogen: Zum Beispiel bei der Stadtentwicklung. Prinzipien, die bei der Gestaltung von Metropolen in der Vergangenheit eine Rolle gespielt haben, sich aber nicht bewährt haben, kommen erneut bei der Entstehung der nächsten Metropolen an einem anderen Ort auf der Welt zum Einsatz, obwohl sie eigentlich als vergangene, abgenutzte, nicht bewährte Zukunft bezeichnet werden können. Auf die individuelle Ebene übertragen konstruieren Menschen oftmals Zukünfte unter der Prämisse, dass unsere Welt gleichbleibt – was sie, wie alle wissen, nicht tut. Fossile Narrative halten sie praktisch in der Gegenwart oder der Vergangenheit gefangen.

Zukünfte und Narrative stehen also in einer wechselseitigen Beziehung. Jede Zukunft ist auch auf Erzählungen aus der Vergangenheit aufgebaut. Und viele Erzählungen aus der Vergangenheit sind auf die Zukunft gerichtet, mindestens durch einen interpretativen Lerneffekt, der nicht nur das Hier und Jetzt bestätigen soll. Die entscheidende Frage ist, ob die in der Gegenwart dargestellten Zukunftsbilder die geplante Zukunft tatsächlich bei ihrem Zustandekommen unterstützen können. Fast immer ist die Antwort »Nein«, meint auch Inayatullah. »Was die Entstehung neuer Zukünfte oft verhindert, ist, dass Annahmen nicht ausreichend infrage gestellt werden, oder, wenn dies geschieht, die narrative Basis für die Annahmen nicht mit einem neuen Ende versehen wird – gewissermaßen alter Wein, in neuen Schläuchen serviert wird. Um wirksam zu sein, um zu einem neuen Meme zu werden, muss eine neue Erzählung eine gewisse Kraft [...] und emotionale Energie entwickeln.«[97]

Im Zukunftslärm: Future Fact Nr. 33

Counternarratives – Narrative und ihr Gegenteil
Da die sprachliche Wendung vorhin erwähnt wurde: Ein typisches
Narrativ ist alten Wein in neuen Schläuchen zu verkaufen und bedeutet so viel wie hier wird versucht, eine alte Idee als neu zu verkaufen.
Im öffentlichen Leben taucht das vielfach auf. Es beruht auf einem
in zwei Evangelien auftauchenden biblischen Gleichnis, in dem Jesus
vom neuen Wein in alten Schläuchen erzählt.

Neuer sprudelnder und gärender Wein würde alte, brüchige Wein-
schläuche zerreißen, heißt es in dem Gleichnis. Es geht also ursprünglich um das genaue Gegenteil seiner heutigen Bedeutung, nämlich
das neue Botschaften auch als neu dargestellt oder um im Bild zu bleiben, verpackt werden sollten und ihr grundsätzlicher Unterschied, ihr
disruptiver Charakter wichtig sei. Gemeint war damit die Wichtig-
keit, den neuen Bund einer befreienden Religion gegenüber dem gesetzlich orientierten alttestamentlichen Pharisäertum unterscheidbar
zu machen.

Das Bild zeigt, wie wirkmächtig ein Interpretationsmuster selbst
ist, in dem es sich verselbstständigt, aber durchaus einen Quellenbe-
zug auf den Ursprung haben kann.[98]

Ein Narrativ ist weder Zukunftsplan noch Zukunftsargument oder Zukunftsrahmen

Der Klarheit halber sollte man an dieser Stelle die nuancierte Terminologie
rund um das Thema Zukunftsnarrative etwas auffächern, denn hier kommt
es auf die Details an. In der Praxis meint der Begriff Zukunftsnarrativ einen
Leitsatz, ein manifestartiges Sprachgebäude oder eine Zukunftsgeschichte.
Das transportiert zwar die Idee einer Zukunft und konkretisiert sie, ist aber
kein Umsetzungsplan, sie auch Wirklichkeit werden zu lassen. Ein großer
Masterplan zur Umsetzung dagegen, der aus einem konsistenten System

von, sagen wir, 235 einzelnen Projekten bestehen mag und dessen Realisierbarkeit außer Zweifel steht, entspricht noch keinem dadurch erkennbaren, auf die Zukunft gerichteten, mobilisierenden Denken. Erst wenn eine solch ausgefeilte Planung mit einem Narrativ der Zukunft verknüpft wird und von diesem quasi mitgezogen wird, kann eine gesellschaftliche Dynamik und Aktivität entstehen, die man als Zukunftsgestaltung bezeichnen kann.

Man kann dies am Beispiel einer Vereinbarung zwischen politischen Parteien gut verdeutlichen, wenn nach einem nicht eindeutigen Wahlergebnis eine Koalitionsregierung gebildet werden muss. Die Umweltpartei als Koalitionspartner könnte bei der Aushandlung des Koalitionsvertrags die Leitlinie aufstellen, dass jeder einzelne Punkt der gemeinsamen Regierungsagenda zur Bekämpfung des Klimawandels beitragen muss. In diesem Moment wird für eine reale Politikumsetzung plädiert, die vom großen Narrativ des Kampfs gegen den Klimawandel getragen wird. In ähnlicher Weise könnte etwa ein liberaler Koalitionspartner zur Bedingung machen, dass alle geplanten Regierungsmaßnahmen die Freiheit der Bürgerinnen und Bürger als oberste Priorität berücksichtigen müssen. Auch dies wäre ein politisches Meta-Narrativ, dass die konkrete Zukunftsplanung der Regierung steuert und anleitet.

Wir haben den Aspekt plausibler Fiktion als Öffnungskraft für noch unmögliche Zukünfte schon beschrieben. Bei der Frage, wie daraus umsetzungsreife Pläne werden, Maßnahmen, Handlung spielen Aktionen und Argumente eine große Rolle, denn meistens gibt es Dilemmata zu lösen. Welche Art der Energieversorgung trägt am besten zur Energiewende bei. Wie sieht es aus mit der Priorität in der Windenergie - Diskussion: Naturschutz oder Energiewende. In solchen Fragen bestimmen Argumente den Diskurs. Die Diskussion beispielsweise um Windenergieanlagen oder Kernkraftwerke basiert auf vielen Fakten, Emotionen und Argumenten. Argumente können sich zu Narrativen entwickeln.

Man kann nämlich Argumente verfeinern und weiterentwickeln, indem man sie anders formuliert. Sobald zum Beispiel die Kernenergie als »Brückentechnologie« im Kampf gegen den Klimawandel bezeichnet wird, wird versucht, dem Argument einen neuen, größeren Rahmen zu geben.[99] Im weiteren Sinne geht es da also um ein neues »Framing«, dessen Ziel es ist, innerhalb einer Debatte die Deutungshoheit zu gewinnen. Wird ein solch erweiterter Rahmen über einen längeren Zeitraum hinweg von mehr und mehr Menschen akzeptiert und verwendet, kann er sich ab einem gewissen Reifegrad zu einem Narrativ verfestigen – also zu einer leitenden und orientierenden Erzählung über die Zukunft. Wenn sich zum Beispiel der Begriff »Brückentechnologie« vom Thema Kernkraft löst und als eine Art allgemeiner, hilfreicher Plot verstanden wird, der sich auf alle möglichen gesellschaftlichen Kontexte anwenden lässt, wenn also das Wort Brückentechnologie ganz allgemein als nützliches, temporäres Sprungbrett in die Zukunft assoziiert wird, ist ein Narrativ entstanden. Die in diesem Beispiel geschilderte Entwicklung wird nicht ohne Widerspruch von Gegner:innen bleiben, die ihrerseits zu einer mächtigen Gegenerzählung ansetzen können.

Einige Verbrauchermarken haben den geschilderten Schritt vom bloßen Framing zum reinen Narrativ vollzogen, auch wenn dies eine gewisse Zeit in Anspruch nahm. So erhebt zum Beispiel die Automarke Volkswagen schon seit den 1940er-Jahren den Anspruch, Massenmobilität zu bieten. Mit vielen erfolgreichen Modellen des kultigen, auch für kleinere Einkommen erschwinglichen »Käfer« wurde der Hersteller diesem Anspruch jahrzehntelang gerecht. Und es ist VW sogar gelungen, das Narrativ vom Anbieter von Massenmobilität auf eine völlig neue Fahrzeugklasse zu übertragen, die Kompaktklasse des VW Golf. Diese langfristige Rahmung einer Automarke als volksnaher Produzent von Massenmobilität hat sich nicht nur durch den Namen des Unternehmens selbst zu einem tragfähigen Zukunftsnarrativ verfestigt, die auch in der neuen Mobilitätswelt mit Elektroantrieben und »geteilten« Mobilitätsangeboten Bestand haben kann.

Der amerikanische Traum – eine Metaerzählung, die auf Reichtum reduziert wird

Jenseits von »Texas« sollten wir uns auch das Narrativ vom amerikanischen Traum noch einmal genauer ansehen, zu ihm gehört die von John F. Kennedy in Umlauf gebrachte *New Frontier*-Erzählung. Um den amerikanischen Traum beschreiben zu können, müssen wir zunächst fragen: Welche Geschichte verbinden die meisten Menschen damit? Ich vermute,

ohne es empirisch überprüft zu haben, dass es die Geschichte vom Tellerwäscher ist, der als Einwanderer in den USA zum Millionär wird. Heutzutage, wo eine Million Dollar vielerorts kaum noch als wirklicher Reich-
tum gilt, sollte die Geschichte eher als Karriereweg »vom Tellerwäscher
zum Milliardär« formuliert werden. Denn das ist eine zeitgemäßere Ver-
mögensgröße, die etwa für Start-up-Unternehmer:in dauerhaften Erfolg
anzuzeigen scheint.

Im Zukunftslärm: Future Fact Nr. 34

Woher kommt eigentlich das Narrativ »American Dream«?
Der Begriff geht ursprünglich auf den US-amerikanischen Schriftsteller James Truslow Adams zurück. Den American Dream erwähnte er
erstmals in seinem Bestseller »The Epic of America« im Jahre 1931
und beschrieb damit den »Traum von einem Land, in dem das Leben besser, reicher und erfüllter für jeden Menschen sein sollte, mit
Chancen für jeden entsprechend seiner Fähigkeit oder Leistung . . .
Es ist nicht nur ein Traum von Autos und hohen Löhnen, sondern
ein Traum von einer Gesellschaftsordnung, in der jeder Mann und
jede Frau in der Lage sein soll, die höchste Stufe zu erreichen, zu der
sie von Natur aus fähig sind, und von anderen als das anerkannt wird,
was sie sind, unabhängig von den zufälligen Umständen der Geburt
oder der Stellung.«
    In seinem Buch »Narrative Economics. How Stories Go Viral and
Drive Major Economic Events« (2019) zeichnet der Wirtschaftsno-
belpreisträger Robert J. Shiller nach, wie Adams' Begriff zum geflügelten Wort wurde, das ähnliche, Jahrhunderte alte Begriffe und längst
verbreitete Ideen wie American Character, American Principles oder
American Credo übertraf. In den Jahren nach Adams Publikation im
Jahr 1931 verbreitete sich der Begriff somit schlagartig. Für Shiller
ein Hinweis darauf, dass der Idee etwas Ansprechendes und Originel-
les anhaftete.[100]

Dem gegenüber stehen kritische Überlegungen, wie die der Literaturprofessorin Sarah Churchwell an der *University of London*, die zu den unterschiedlichen Auslegungsarten des *American Dream* geforscht hat.[101] Churchwell weist darauf hin, dass die Vorstellung vom sozial und wirtschaftlich hypermobilen Tellerwäscher lediglich eine neoliberale Lesart der übergreifenden Erzählung vom amerikanischen Traum ist, die andere Auslegungsarten dominiert.[102] Die Geschichte vom Mann oder der Frau, die aus dem Nichts reich wird, beschreibt in der Tat eine Person, die mit einem Stundenlohn von 1,20 Dollar eine Karriere beginnt und der es im Laufe der Zeit gelingt, die dynamischen Kräfte des Kapitalismus amerikanischer Prägung so für sich arbeiten zu lassen, dass durch persönliche Inputs wie Fleiß, Willenskraft und Beharrlichkeit ein enormes Vermögen angehäuft wird. Tatsächlich bezieht sich diese Art der Erfüllung des amerikanischen Traums eindimensional lediglich auf den materiellen Wohlstandsstatus.

Der amerikanische Traum ist jedoch viel komplexer als das und er birgt verschiedene andere Geschichten, Schicksale und Erzählungen. Als Metapher könnte man den amerikanischen Traum wie zwei Leitplanken einer Autobahn betrachten, auf der verschiedenste »narrative« Fahrzeuge mit allen möglichen Menschen an Bord auf verschiedenen Spuren und mit unterschiedlichen Geschwindigkeiten in die gleiche Richtung fahren. Da ist zum Beispiel die Geschichte des begabten, aber unterprivilegierten Kindes, das dank seiner Talente einen Studienplatz in Harvard erhält. Eine andere ist die Geschichte des schwarzen Jurastudenten aus Chicago, der mit gemeinnütziger Arbeit beginnt und schließlich der erste afroamerikanische US-Präsident wird – Barack Obama.[103] Ein weitere Untervariante des amerikanischen Traums ist die militärisch gestützte, globale Reichweite der US-Außenpolitik und ihr fürsorglicher Ehrgeiz als gutgesinnte Schutzmacht der Demokratie in allen Teilen der Welt.

Wir können sehen, dass Meta-Narrative wie der amerikanische Traum eine große Anzahl sehr unterschiedlicher Sub-Narrative beherbergen können. Ein Gebot für die Gestaltung der Zukunft lautet daher: Entweder man beschäftigt sich mit einem Sub-Narrativ in Zusammenhang mit einer mächtigen übergeordneten Geschichte, oder man erfindet selbst ein Meta-Narrativ, die eine maximale Deutungshoheit über alle Teilerzählungen ermöglicht, die sie hervorbringt.

Evergreen-Meta-Narrative – die Erzählungen mit großem Recycling-Potenzial

Der praktische Vorteil von übergreifenden Erzählmustern wie dem amerikanischen Traum oder Texas besteht darin, dass sie es vielen Menschen ermöglichen, sich für etwas zu begeistern, ohne dass sie es auf tiefer Ebene durchdringen und verstehen müssen. Meta-Narrative von solcher Prominenz und Langlebigkeit verfügen über ein weit verbreitetes, wiedererkennbares und leicht zu aktivierendes Potenzial mit einer dauerhaften identitäts- oder gemeinschaftsstiftenden Wirkung über historische Phasen hinweg.

Sehen wir uns als weiteres Beispiel Deutschland und sein übergeordnetes Narrativ des »Wiederaufbaus« nach dem Zweiten Weltkrieg an. Zu den wichtigsten Protagonisten, oder Sub-Narrativen, dieses Meta-Narrativs gehören die Schicksale der »Trümmerfrauen«, die unter widrigsten Umständen und mit großer Beharrlichkeit in völlig zerbombten Städten wie Hamburg, Berlin oder Köln Stein um Stein zusammengetragen haben, um neues urbanes und gesellschaftliches Leben in Deutschland entstehen zu lassen. Sie sind im übertragenen Sinne die Hebammen des modernen Deutschlands und seiner Gegenwartserzählung geworden. Nicht zuletzt verkörpern sie die Zähigkeit, Tatkraft, Koordinationsleistung, Zuverlässigkeit und visionäre Zukunftsorientierung, die als Tugenden auch andere Narrative über die deutsche Kultur stützen – etwa das von der herausragenden Ingenieurskunst des Landes, das in der angelsächsischen Welt oft unter der auf Deutsch formulierten Wendung »Vorsprung durch Technik« aufgerufen wird.

Die Metaerzählung vom »Wiederaufbau« und den »Trümmerfrauen« ist stark identitäts- und gemeinschaftsstiftend und sie wurde daher immer wieder als Evergreen-Narrativ eingesetzt – selbst lange nachdem der physische, soziale und wirtschaftliche Wiederaufbau abgeschlossen war. So sollte etwa nach der Wiedervereinigung der beiden Teile Deutschlands im Jahr 1990 im verwaltungsmäßig, wirtschaftlich und architektonisch heruntergekommenen Osten der neuen Bundesrepublik vieles wiederaufgebaut werden. Wohnhäuser und Industrieanlagen, aber auch Gerichte und Verwaltungen mussten dringend an moderne, demokratische Standards angepasst werden. Damals war vom Aufbau »blühender Landschaften« in Ostdeutschland die

Rede – ein Sub-Narrativ, das sich unter das Meta-Narrativ des Nachkriegs-
Wiederaufbaus schob und dort bis zu einer nüchternen Betrachtung der nun
nicht mehr neuen Bundesländer unserer Tage prächtig gedieh.

Im Zukunftslärm: Future Fact Nr. 35

The Future is female!
Nach der Amtseinführung Donald Trumps versammelten sich Millionen von Frauen auf der ganzen Welt zum Women's March, um gegen
die diskriminierenden Äußerungen des neuen Präsidenten zu protes-
tieren. Viele der Demonstrantinnen trugen T-Shirts mit dem Slogan
»The Future is female«. Dahinter steckt die Aufforderung, grundsätz-
lich alle unsere Zukunftsnarrative auf ihren (weißen) männlichen Bias
hin zu untersuchen und darüber nachzudenken, wie die Welt ohne
diesen männliche Universalimus aussehen würde. Bei ihrem ersten
offiziellen Auftritt nach der Wahlniederlage auf der Aol Makers Con-
ference 2017 wiederholte Hillary Clinton den Satz unter tosendem
Applaus. Der Slogan selbst wurde zuerst in den 1970ern von der ak-
tivistischen, lesbisch-feministischen Buchhandlung Labyris in New
York auf Merchandise-Artikel gedruckt. Er kam erst 2015 wieder an
die Oberfläche, als die Grafikdesignerin Rachel Berks ein historisches
Foto von dem Instagram-Account »h_e_r_s_t_o_r_y« teilte, auf dem
die Sängerin Alix Dobkin ein Shirt mit diesem Aufdruck trägt.[104]

Nicht zuletzt nach verheerenden Hochwasserkatastrophen, etwa nach der
schweren Sturmflut 1962 in Hamburg, dem Oder-Hochwasser 2002 oder,
zuletzt, der tödlichen Flutwelle 2021 im Ahrtal vor den Toren Bonns,
wurde das dynamisierende Narrativ des »Wiederaufbaus« in die öffentliche
Kommunikation geworfen, um Materialien, Helfer:innen und Geld für
die Wiederherstellung von Häusern, Straßen und lokalen Lebensgrundla-
gen zu mobilisieren. Das Narrativ des Nachkriegswiederaufbaus, das vor
über 70 Jahren geprägt wurde, ist also ausreichend allgemein gefasst und

langlebig genug, um immer wieder als leitende Rahmenhandlung für ähnliche Episoden in der deutschen Geschichte zu dienen – sicherlich nicht zum letzten Mal.

Im Zukunftslärm: Future Fact Nr. 36

Vernichtet Technologie wirklich Jobs?
Die Tatsache, dass sich das Narrativ jobfressender Maschinen so lange hält, geht vermutlich auf die in fast alle Richtungen interpretierbare Datenlage zurück. Bis zum heutigen Tag kann man hochkarätige Studien dazu lesen, die zu gegensätzlichen Ergebnissen kommen. Jüngst stellte MIT-Sloan-Professor Daron Acemoglu in einer der bisher umfangreichsten Untersuchungen zum Robotereinsatz in den USA fest, dass die Inbetriebnahme eines Roboters im Schnitt sechs Jobs kostet und das Lohnniveau drückt. Der nicht minder prominente Ökonom Robert J. Shapiro kommt indes in einer ähnlich gelagerten Studie zu dem Ergebnis, dass die Produktivitätseffekte von digitalen Technologien Unternehmen veranlassen zu expandieren und damit ihre Belegschaften vergrößern. »Unter dem Strich gibt es keine Korrelation zwischen stark in Softwareeinsatz investierenden Branchen und einem Nettojobabbau«, lautet Shapiros Verdikt.[105]

In diesem Zusammenhang sollte auch ein weiteres immergrünes Meta-Narrativ negativer Prägung Betrachtung finden – jenes, wonach Roboter und Maschinen die menschliche Arbeit eines Tages überflüssig machen werden. Auch diese dystopische Erzählung, die fast als Gegenerzählung zum Wiederaufbaunarrativ gehandelt werden könnte, da es statt des Appells »Ärmel hoch« eher »Ärmel runter« vorwegzunehmen scheint, taucht in der Geschichte immer wieder auf. Schon im alten Rom, das eine Phase massiver Mechanisierung auf seinen Baustellen erlebte, machte man sich Sorgen, ob man in Zukunft noch menschliche Sklaven brauchen würde, wenn einmal Kräne den Handwerkern alle Materialien anreichen werden.

Neben zahlreichen weiteren Anlässen in den folgenden Jahrhunderten stand das Narrativ von den arbeitsplatzvernichtenden Maschinen im 19. Jahrhundert erneut weit oben auf der Tagesordnung – dieses Mal der »Ludditen«-Bewegung, mit der Arbeiter angesichts der enormen Produktivitätssprünge durch die Mechanisierung in Branchen wie der Textilherstellung für den Schutz ihrer Arbeitsplätze demonstrierten und Maschinen als bedrohlich empfundene Wettbewerber zerstörten. Und es war fast zu erwarten, dass in der Phase der dynamischen Digitalisierung, die wir derzeit durchlaufen, diese umfassende Erzählung einmal mehr auflebt – noch immer mit einer dystopischen Note ausgestattet und noch immer nicht restlos bewiesen oder widerlegt.

In seinem berühmten Werk über Wirtschaftsnarrative reflektiert der amerikanische Ökonom und Nobelpreisträger Robert J. Shiller über »Technologie übernimmt alles, unser gesamtes Leben«. Aus Shillers Sicht ist dies eines der wichtigsten Meta-Narrative der Wirtschaft, das regelmäßig in Narrativ-Mutationen wiederkehrt und zirkuliert. Zudem erweist es sich über die Jahrzehnte hinweg als recht vielseitig auslegbar: »[...] Ein Narrativ über arbeitssparende Maschinen, die Arbeitsplätze ersetzen [...], erzeugte während der Großen Depression der 1930er-Jahre ein Gefühl der Angst, aber dasselbe Narrativ mutierte [...], um während des *Dot-Com*-Booms der 1990er- Jahre ein Gefühl der Chance zu erzeugen.«[106] Noch dürfte nicht absehbar sein, ob humanoide Roboter einmal die Arbeitsplätze von Industriearbeiter:innen oder akademische Berufe wie Rechtsanwältin/alt oder Lehrer:in in größerem Umfang übernehmen werden. Ob die Dystopie über die Utopie triumphieren wird, wie eine Lesart dieser Erzählung nahelegt, hängt davon ab, wo die Zukunft der Arbeit letztendlich landen wird – der Raum der Möglichkeiten hält dafür mehr als ein Ergebnis bereit.

Über eine weitere Unterscheidung muss gesprochen werden, wenn wir über den Ursprung von Zukunftserzählungen und ihre Auswirkungen sprechen. Manche Narrative entstehen auf dem Reißbrett eines Strategen – aber eben nicht alle. Sie können zum einen so entstehen, wie John F. Kennedy sie generiert hat. Dann kommen sie als Ergebnis intensiver Vorbereitungen durch Kommunikationsspezialist:innen in die Welt. Das heißt, sie werden mit einer bestimmten Absicht für eine bestimmte gesellschaftliche

Stimmung oder Situation aktiviert. Zukunftserzählungen können aber auch spontan und ungeplant aus dem jeweiligen gesellschaftlichen Klima entstehen. Dies geschieht dann, wenn sich der Wunsch nach Erklärungsmustern einzelner Menschen durch gegenseitige Übertragung vervielfacht und dabei zu einer dominierenden Sichtweise wird. Massenmeinung bildet sich viral und autonom – ohne dass ein/e Expert:in diese Erklärungsmuster in Gang gesetzt haben muss. Der schon mehrfach erwähnte US-Ökonom Robert J. Shiller hat zum Beispiel die Weltfinanzkrise von 2007 vorhergesehen, indem er frühzeitig nach solchen populären Mustern oder Narrativen gesucht hatte und sie in öffentlichen Diskussionen als erstaunlich häufig erkannt hat. In seinem Buch veranschaulicht Shiller seine Argumente anhand zahlreicher historischer Beispiele, bei denen populäre Narrative über wirtschaftliches Verhalten dazu beigetragen haben, Rezessionen oder regelrechte Krisen vorherzusagen.

Im Zukunftslärm: Future Fact Nr. 37

Wie funktioniert ein PCR-Test für Narrative?
Robert J. Shiller beschreibt, wie sich Themen und Beschreibungen von Themen wie ansteckende Viren ausbreiten. Wie ein/e Virolog:in die Virenlast, so misst Shiller zum Beispiel, ob und wie oft eine Wirtschaftskrise mit dem Narrativ der »Großen Depression« verglichen wird. Bei der Ölkrise von 1973 war das nicht der Fall, und auch nicht beim Aktiencrash nach dem Zusammenbruch der New Economy 2001 – zwei einschneidende Krisenmomente der Moderne. Oft wurde dieser Vergleich indes bei der Finanzkrise 2007 gezogen. Als Test analysiert Shiller die Häufigkeiten und Arten solcher Vergleiche im öffentlichen Diskurs und stößt dadurch auf »narrative Konstellationen«, die ihm unter anderem den entscheidenden Hinweis auf eine bevorstehende Subprime-Immobilien-Krise gaben.[107]

Die Marke Tesla – wie Teilnarrative das Hauptnarrativ unterstützen

In der Geschäftswelt ist der Korridor, der durch Shillers große, übergreifende Meta-Narrative geöffnet wird, etwas komplexer. Schauen wir uns noch einmal den Fall Tesla an, der hier ein gutes Beispiel ist. Das Narrativ des US-Autobauers funktioniert wie eine Hülle, aus der weitere, sich teilweise überschneidende Narrative ausgepackt werden können.

Grob gesagt umfasst Teslas Meta-Narrativ Sub-Narrative, die mit der Digitalisierung und dem Klimawandel, den großen Leitthemen unserer Zeit, verbunden sind. Die Autos von Tesla erheben etwa den Anspruch, die Mobilität zu revolutionieren, und zwar durch stärkste Präsenz digitaler Komponenten, die in die Modelle eingebaut werden und mit denen sich viele Funktionalitäten über Softwareupdates neu aufspielen lassen. Das Federungsverhalten sowie die Leistung des Fahrzeugs können zum Beispiel über eine solche digitale Wartung an die Straßenbedingungen oder die Vorlieben individueller Fahrer:innen angepasst werden. Der Plan, Tesla-Fahrzeuge schrittweise auf die fahrerlose Steuerung durch intelligente Autopiloten umzustellen, ist ebenfalls Teil der von der Marke ausgerufenen digitalen Mobilitätsrevolution. In einer weiteren Betrachtung will Tesla das Auto in ein sich ständig entwickelndes Gerät verwandeln, und zwar nicht durch intervallartig aktualisierte oder neue Modelle, wie es viele traditionelle Autohersteller tun, sondern durch permanente Iterationen des digitalen Betriebssystems der Tesla-Fahrzeuge. Aus dieser Perspektive werden die Tesla-Autos auch noch unter einem anderen Zukunftsnarrativ aus dem Silicon Valley dargestellt, das erklärt, warum Software die Welt allmählich auffressen wird.

Diese Beobachtung geht auf den prominenten US-amerikanischen Risikokapitalinvestor Marc Andreesen zurück, der dieses Narrativ schon 2011 in einem viel beachteten Artikel mit der Überschrift »Warum Software die Welt auffrisst« für das *Wall Street Journal* erstmals beschrieben hat.[108] Demnach wird Software in Zukunft die Abläufe und Funktionen praktisch jedes physischen Gegenstands und damit auch jedes solche Produkte herstellenden Unternehmens beherrschen. Gemäß Andreesens Prognose wird das in einem Ausmaß passieren, dass wir irgendwann in der Zukunft nicht mehr wirklich von einem Auto, einem Toaster oder einer Rasenmäher sprechen werden können, sondern von praktischen, universellen Devices, Geräten, die per Software für ein breites Spektrum von Anwendungen optimiert sind, während wirtschaftlich betrachtet kein Unternehmen überleben wird, das seine Produkte, Dienstleistungen und Prozesse künftig nicht weitestgehend auf Softwarefunktionalität aufbaut.

Im Zukunftslärm: Future Fact Nr. 38

Hat Software die Welt bereits verspeist?
Die Antwort lautet »noch nicht ganz – aber bald«. Die Zahl der mit dem Internet verbundenen Geräte und Objekte soll bis 2025 weltweit gut 30 Milliarden erreichen – eine Verdoppelung gegenüber dem heutigen Stand. Seit Marc Andreesen vor elf Jahren seine berühmte Prognose äußerte, sind die globalen Ausgaben für Unternehmenssoftware laut Gartner um 123 Prozent auf rund 600 Mrd. $ pro Jahr explodiert. »Wenn [die Unternehmen] keine Software-Strategie haben, werden sie nicht in der Welt konkurrieren können und schließlich aussterben«, fasst ein Gartner-Experte gegenüber dem Online-Magazin CIO Dive zusammen. Andreesens Zukunftsnarrativ steuert klar auf die Utopie zu, die er einmal versprochen hat.[109]

Aber natürlich baut die Tesla-Story auch stark auf dem Thema der umweltfreundlichen Elektromobilität auf. Und damit berührt die Automarke ein weiteres Meta-Narrativ – das des Kampfes gegen den Klimawandel durch die Vermeidung von CO_2-Emissionen in einem so klimaschädlichen Bereich wie dem Straßenverkehr. Über den Autosektor im engeren Sinne hinaus treibt Tesla-Unternehmer Elon Musk auch die Batterietechnologie als solche voran. Er baut »Giga Factories«, riesige Produktionszentren, in denen Batteriespeicher, Antriebseinheiten und Ladegeräte für Tesla-Autos entwickelt und hergestellt werden. Die riesigen Fabriken produzieren aber auch das Stromspeicher-Know-how, das für alle möglichen anderen klimafreundlichen

Anwendungen außerhalb des Mobilitätssektors wichtig ist – zum Beispiel
im Bereich der Heizungssysteme oder des Strommanagements, wo leistungs-
starke Speichertechnologie in Zukunft sehr gefragt sein wird. Auch die Bat-
terie-Initiative, verkörpert in den »Giga-Factories«, unterstützt das Narrativ
des Tesla-Fahrzeugs als klimafreundliche Mobilität.

Die Elektrifizierung von immer mehr Prozessen in Industrie und Konsum-
welt ist zu einem zentralen Punkt in der gesellschaftlichen Debatte geworden.
Sie wird als Ausweg aus dem Dilemma angesehen, wonach ein marktgetriebe-
nes Wirtschaftssystem zwar wachsen muss, dies aber nur noch klimafreundlich
tun kann, da sonst das kapitalistische System als solches seine Funktionsweise
nachhaltig untergraben würde. Das Narrativ vom Autobesitzer:in, der/die zum
Klimaschützer:in wird, generiert sich also gewissermaßen von selbst, da es in
einen aktuellen Trend und eine momentane Debatte passt.

Tesla hatte es deshalb bisher auch nicht nötig, mit einer besonders aktiven Markenkommunikation in der Welt sichtbar zu sein. Das US-Unterneh-
men unterhält nicht einmal eine Kommunikations- oder Marketingabtei-
lung. In Anlehnung an die Strategie des Tech-Giganten Apple in der ersten
Phase seines Bestehens stützt sich das Image des Autoherstellers stattdessen
auf seine äußerst loyale Fangemeinde, die über Internet-Nutzergruppen und
Instagram-Accounts ihre eigenen Netzwerke für die gegenseitige Kommunikation und das Erzählen von Geschichten unterhält. Diese Community-Ka-
näle multiplizieren und verbreiten Teslas Narrative weiter, ohne dass es dazu
vieler Kommunikationsmaßnahmen bedürfte.

Autofahrer:innen als Klimaschützer:innen – ein Narrativ wird zur heißen Währung

In der Automobilbranche hat Tesla in beiden Teilbereichen Pionierarbeit geleistet. Die vollständige Digitalisierung und Elektrifizierung von Autos mit
dem Ziel, ein fahrerloses, ökologisches Transportmittel Wirklichkeit werden
zu lassen, wurde vom Establishment in den USA und Europa lange Zeit mit
Skepsis betrachtet, obwohl auch traditionelle Hersteller bei Tesla investiert
waren. Doch die Realisierung der Idee gegen alle Widerstände durch den

Mobilitätsevangelisten Elon Musk hat die traditionellen Hersteller inzwischen nicht nur alarmiert, sondern Gegenstrategien entwickeln lassen. Um nicht zu Mobilitätsdinosauriern zu werden, haben sie sich allesamt dem Narrativ über die Zukunft des Elektromobils angeschlossen.

Die deutsche Mobilitätsmarke Volkswagen veranschaulicht dies gut. Sie hat einen massiven Strategiewechsel vollzogen und verspricht, bis 2030 rund 70 Prozent aller neuen VW-Autos nur noch mit Elektroantrieb an Kunden auszuliefern. Beide Marken, Tesla und Volkswagen, sind ebenbürtige Pioniere, die darum ringen, wer das zukünftige Narrativ ihrer Branche bestimmen wird. Im Grunde läuft es auf die Frage hinaus, ob VW es schafft, wie Tesla radikal, flexibel und schnell mit Elektro- und Softwaretechnologie umzugehen und ob Tesla es hinbekommt, aus seinem Produktportfolio für *Early Adopters* und Start-up-Unternehmer Massenmobilität, einen »Volkswagen« zu machen. In den Startlöchern steht mit Toyota natürlich noch ein dritter mächtiger Akteur. Der japanische Mobilitätsriese treibt ein eigenes globales Narrativ von der Zukunft des Autos voran – auch basierend auf der Wasserstofftechnologie mit Brennstoffzellen und grünen Verbrennungsmotoren.

Um auch in diesem Zusammenhang wieder auf Meta- und Sub-Narrative zurückzukommen: Die Marke Tesla und das von ihr verfolgte Transformationsprojekt enthalten auch einen guten Teil des Narrativs des amerikanischen Traums. Da ist zunächst die Biografie des Tesla-Initiators als treibende Kraft hinter einem innovativen Autohersteller, der einen wirklichen Aufbruch in die Zukunft plant. Es ist die Geschichte von Elon Musk, einem weißen *computer kid* aus Südafrika, das als Teenager Spiele mit BASIC-Code programmierte und diese erfolgreich vermarktete. In diesem Sinne fügt sich die Tesla-Erzählung auch in das bereits analysierte Silicon-Valley-Narrativ von der Gründergarage ein, aus der ein Weltkonzern hervorgeht, der bereits alle traditionellen Autohersteller zusammengenommen in Bezug auf den Börsenwert in den Schatten stellen konnte. Musk erfüllt hier auch ein David-gegen-Goliath-Narrativ. Er ist in seinem Auftreten ein unkonventioneller Rebell, der sich gegen das Establishment wendet, brillant die Kanäle der sozialen Medien bespielt und Dinge tut, bei denen er sich manchmal sogar auf den Wunsch seines Kindes beruft.

Allerdings lassen sich in der Tesla-Geschichte auch deutliche Spuren des *New Frontier*-Narrativs von Kennedy erkennen. Immerhin hat Musk mit seiner Raketenfirma SpaceX ein Tesla-Roadster-Modell, mit einem Dummy namens *Starman* bemannt, in den Weltraum geschossen und damit für Schlagzeilen gesorgt. Es würde mich also nicht wundern, wenn der Unternehmer bereits ein Mobilitätskonzept für die ersten menschlichen Siedlungen auf dem Mond oder Mars ins Auge fasst.

Im Zukunftslärm: Future Fact Nr. 39

Wann kehrt Teslas Roadster wieder zur Erde zurück?
Nicht gleich morgen, lautet die Antwort. Musk hat dafür gesorgt, dass der berühmte rote Tesla-Roadster mit einer Falcon-Rakete 2018 in eine lange Umlaufbahn um die Sonne einschwenkt – höchstwahrscheinlich, um sein Narrativ über die Machbarkeit künftiger Siedlungen im Weltraum zu untermauern. Astronomen haben errechnet, dass das kirschrote Kabrio 2035 in einer Entfernung von 1,5 Millionen Meilen am Mars vorbeifliegen wird. Seinem Heimatplaneten Erde wird das Auto dann im Jahr 2047 einen Besuch abstatten – allerdings in einer Entfernung von 3 Millionen Meilen. Dennoch halten es Astronomen und Raumfahrttechniker für möglich, das Auto bei dieser Gelegenheit aus dem All zur Erde zurückzubringen.[110]

Checkliste – was alle wirkmächtigen Narrative kennzeichnet

Das Beispiel Tesla passt deshalb so gut in unsere Diskussion, weil es alles umfasst, was ein modernes Unternehmensnarrativ und alle seine Teilkomponenten zu einem starken Wegweiser in die Zukunft machen. Der US-Marketinganalyst John Hagel hat dazu eine hilfreiche Checkliste veröffentlicht[111]. Laut Hagel müssen gut funktionierende Zukunftsnarrative zunächst auf bestimmte, relativ enge und schon früh gegründete Communities zugeschnitten werden. Erst im nächsten Schritt können solche embryonalen Marketingnetzwerke zu einer breiteren Positionierungskampagne für eine Marke, ein Produkt oder eine Dienstleistung ausgeweitet werden. Damit ist der Punkt erreicht, an dem eine eingeschworene Fangemeinde zu einem Massenpublikum wird.

Sowohl im Frühstadium als auch während der weiteren Entwicklungsschritte, so Hagel, sollte ein Unternehmens-Narrativ strikt die/en Kund:in in den Mittelpunkt stellen und weniger die Interessen des Unternehmens. Ein allgemein formulierter Aufruf zum Handeln, wie etwa der vom Tech-Unternehmen Apple einst verwendete Slogan *Think different* ist das perfekte Beispiel dafür. Das Unternehmen kann seit jeher auf eine äußerst loyale Fangemeinde von *Early Adopters* bauen und das Narrativ dieser zwei Worte ist so weit gefasst, dass auch Außenstehende Interesse bekommen, sich zu beteiligen und etwa Apps für die Smartphone-Plattform des Unternehmens zu entwickeln. Um all diese Anforderungen erfüllen zu können, benötigen Narrative ihre lautesten Fürsprecher:in auf der Top-Führungsebene. Dort muss die Botschaft deutlich formuliert und vorangetrieben werden. Elon Musk oder der verstorbene Steve Jobs haben diese Rolle lehrbuchmäßig übernommen.

Narrative, die kraftvolle Wirkung entfachen sollen, brauchen jedoch auch offene Enden, argumentiert Hagel. Sie sollten auf keinen Fall ein zu konkretes Ziel vorgeben, wo genau das Unternehmen mit seinem Produkt oder seiner Dienstleistung hin möchte. Das deckt sich mit unserer Analyse zur Rolle der Utopie in solchen Erzählungen, die als entfernter, aber leuchtender Leitstern für einen Vorstoß in die Zukunft funktionieren und den tatsächlichen Weg dorthin oft offenlassen. Der produktive Effekt: Wenn eine Erzählung ein offenes Ende hat, bleiben diejenigen, die ihr folgen, neugierig darauf, was als Nächstes passieren wird. Und das wird sie dazu bringen, den Möglichkeitsraum aktiv zu sondieren und eine für sie attraktive Zukunft auszuwählen.

Nicht zuletzt müssen wirkungsvolle Narrative jedoch auch von den Menschen wahrgenommen werden. Sie sollen uns ja gerade Schwellenängste nehmen und uns zunächst in eine verschworene Interessengemeinschaft und später in ein loyales Massenpublikum mit starker Bindung an die Marke verwandeln. Das berührt einen Aspekt, den wir bereits im Zusammenhang mit der Dystopie diskutiert haben: Denn beste Narrative entstehen im Spannungsfeld zwischen »Worst Case« und »Best Case«. Und sie ziehen ihre Anhänger:in schließlich in letztere Richtung. Nicht jedes Produkt, nicht jede Dienstleistung kann auf diese Weise vermarktet werden. Aber der Tech-Sektor kann aufgrund seiner hohen Relevanz für unsere Zukunft solche Narrative unter Lehrbuchbedingungen erzählen.

Niemand kann heute ernsthaft behaupten, er oder sie könne sich gesellschaftlichen oder wirtschaftlichen Meta- oder Sub-Narrativen entziehen. Die alles entscheidende Frage ist, ob man sich passiv darauf beschränkt, nur auf sie zu reagieren, oder ob man die Debatten, die sie hervorbringen, aktiv gestaltet und eine Zukunft schafft. Ein gutes Narrativ kann die Welt spürbar erneuern und besser machen. Ich definiere Narrative als epische, modellhafte, sinnstiftende und aktivierende Erzählmuster, die imaginär genug sind, um die Entstehung und Wirkung weiterer Sub-Narrative zu fördern. Diese übergreifenden Erzählmuster zu verstehen und zu gestalten, ist nicht zuletzt für Unternehmen nützlich. Denn gut erzählte aktivierende Unternehmens-Narrative erhöhen innerhalb und außerhalb eines Unternehmens die Klarheit und Umsetzbarkeit von Zielen sowie die Bindung von Stakeholdern. Sie sind vor allem eine Chance für die Gestaltung zukünftiger Strategien, denn sie schaffen Nachvollziehbarkeit für Investor:innen, Kund:innen, Mitarbeiter:innen, Wettbewerber:innen und die Gesellschaft als Ganzes.

Das bedeutet gleichfalls, dass es unter anderem vom Arbeiten mit plausibler Fiktion abhängt, ob ein Unternehmen eine Zukunft entwickelt, die man ihm auch zutraut, als ausschließlich von handfestem Realismus. Ohne die Plausibilität eines Zukunftsnarrativs kann eine Geschäftsstrategie nur aus gegenwärtigen Trends, Fakten und Quartalsergebnissen extrapoliert werden – was meistens nicht ausreicht. Denn erst das Begreifen erzählerischer Muster hinter den nüchternen Zahlen, Fakten und betriebswirtschaftlichen Kennzahlen setzt Anziehungskräfte frei, die – bewusst oder unbewusst – Verständnis, Begeisterung und eine Fangemeinde hervorbringen. Und das funktioniert nur, wenn aus den mehr oder weniger komplexen Erzählmustern der Gegenwart präzise Wahrnehmungen und Meinungen über die Zukunft entstehen können. Das Zukunftsnarrativ ist damit das alles vollendende i-Tüpfelchen jeder Unternehmensstrategie. Ohne Zukunftsnarrativ wird die Abkehr von der Gegenwart schwierig sein.

Takeaway Kapitel 8, Narrative Kräfte – über den Magnetismus von Erzählmustern

Narrative...

...sind Warnehmungsmuster (»amerikanischer Traum«), auf deren Basis viele Geschichten entstehen.

...stehen für Transformationsgeschichten im Kontext: Es gibt nie nur ein Narrativ.

...können neu entstehen aus guten Argumenten, die zu Frames und geflügelten Worten werden.

...Wahrnehmungsmuster sind sinnstiftend und vereinfachend und können auch missbraucht werden.

...können die Welt erneuern, Veränderung bewirken, zum Aufbruch blasen.

NEUNTES KAPITEL

VERANTWORTUNG – ETHIK HAT AUCH ZUKUNFT

Wer den Weg in eine Zukunft weist, möchte etwas zum Besseren transformieren. Doch nicht für alle ist das Bessere identisch. Zukunftsnarrative können begeistern oder Konflikte auslösen. Wer also erreichen will, dass andere die eigene Zukunftsvision teilen, muss die ethische Dimension im Auge behalten, sich auf Kontroversen einlassen und für den eigenen Standpunkt fair eintreten. Zukunftsnarrative müssen nicht nur ethisch vertretbar sein, sondern können Ethik auch gestalten, das wird nicht nur an Impfnarrativen deutlich.

Als Vater von vier Kindern habe ich schon so manche Ultraschallaufnahme in meinem Leben gesehen. Die zuckenden embryonalen Bewegungen werden dabei meistens als verrauschte graue oder farbige Mischbilder dargestellt. Ich war beim Betrachten natürlich sehr bewegt und begeistert – vielleicht gerade, weil das Bild ohne die Erklärung einer Ärztin gar nicht interpretierbar gewesen wäre. Jedenfalls war das Ultraschallgerät selbst beim ersten Kind noch groß wie ein Schrank, während es bei den weiteren Nachkömmlingen schon in Richtung Schuhkartongröße ging. Dennoch staunte ich nicht schlecht, als mich 2018 ein befreundeter Arzt bat, ich solle ihm ein Ultraschallgerät für das iPhone aus den USA mitbringen, das er ausprobieren wollte, es sei in Deutschland noch nicht verfügbar.

Medizinische Hochtechnologie wird immer kleiner und findet ihren Weg in die Hände von immer mehr Konsument:innen. Es entstehen

Körperaufnahmen per Ultraschall mit dem Mobiltelefon, eine Armbanduhr zeichnet ein Dauer-EKG auf und ein Fingerclip misst die aktuelle Sau-
erstoffsättigung. Natürlich würden viele sagen, ein Ultraschallgerät sei nichts
für Laien, weil es ja noch eines Arztes zur Interpretation der Bilder bedarf.
Dennoch ist es nicht unplausibel, dass aus immer kleiner werdenden Geräten am Ende ganz neue, spektakuläre Dinge entstehen.

Da ist es also gar nicht so verwunderlich, dass ein Unternehmen wie Theranos, das die Blutwerte-Messung in einem Gerät so klein wie ein Schreibtisch-
Drucker ankündigt und es für denkbar hält, dass wir alle bald ein solches Gerät
zu Hause haben könnten, erst einmal berechtigte Aufmerksamkeit bekommt.
Wie kam es dann dazu, dass die Gründerin des Herstellers dieses Wunderge-
räts vor Gericht landet und des Betrugs für schuldig gesprochen wird? Vielleicht
noch wichtiger: Was muss man tun, um zu vermeiden, dass sich ein Narrativ aus
dem Technologiebereich auf ähnlich unverantwortliche Weise verselbstständigt?

Unverantwortbar ist, was bekannten Fakten zuwiderläuft

Je mehr »alternative Fakten« sich in den öffentlichen Diskurs schleichen,
desto mehr schätze ich die wichtige Rolle wirklich faktenbasierter, nach-
vollziehbarer, durchaus auch investigativer journalistischer Methoden für
die Gesellschaft und unsere Demokratie. Und es beunruhigt mich sehr,
wenn sich Menschen und gelegentlich sogar Wirtschaftsführer:innen und
Politiker:innen unredlicher Narrative bedienen und damit demokratische
Grundsätze und die freie Presse als vierte Gewalt untergraben. So hat etwa
Donald Trump während seiner gesamten Amtszeit *Fake News* verbreitet
und damit Fehlinformationen und Verwirrung in der Öffentlichkeit gestif-
tet. Zunächst, in dem er umgekehrt seinen politischen Gegnern und der
Presse pauschal vorgeworfen hat, *Fake News* zu veröffentlichen. Eine solche post-faktische Politik ist schädlich für die Wissensbasis der Menschheit
und für unser Gemeinwesen. So betreibt Trump mit der Verbreitung des
Narrativs der »gestohlenen Wahl« und der Weigerung, die Ergebnisse der
letzten Präsidentschaftswahl anzuerkennen, eine Form von perfidem poli-
tischem *Gaslighting*. Diese psycho-mediale Methode wird definiert als eine

»ausgeklügelte und heimtückische Technik der Täuschung und psychologischen Manipulation«, die eingesetzt wird, um »das Vertrauen des Opfers in seine eigene Fähigkeit, Wahrheit von Unwahrheit, Recht von Unrecht oder Realität von Schein zu unterscheiden zu untergraben und es dadurch psychologisch abhängig vom *Gaslighter* [dem Ursprung der Fehlinformation] zu machen«[2]. Indem er Zweifel an Fakten und an der Zuverlässigkeit von Informationsquellen weckt, stiftet Trump Verwirrung und manipuliert die amerikanischen Wähler:innen – aus dem einzigen Motiv heraus, seine Macht zu konsolidieren und sich selbst als Monopolisten der Wahrheit darzustellen.

Im Zukunftslärm: Future Fact Nr. 40

Vom unmoralischen Umgang mit Fakten.
Bei Verkehrsunfällen kann man beobachten, dass der eigentliche Verursacher dem Geschädigten sehr häufig das vorwirft, was er selbst getan hat. Eine instinktive Abwehrreaktion, die die Gegenseite in eine schwächere Position bringen soll. Aber auch jenseits vom Instinkt werden solche Vorgehensweisen zur Manipulation angewendet. Der Begriff Gaslighting beschreibt in der Psychologie eine Form der Manipulation, bei der eine Person dazu gebracht werden soll, ihrer eigenen Wahrnehmung oder Erinnerung zu misstrauen. Dies kann auch subtil geschehen, in dem der Gaslighter zum Beispiel leugnet, Dinge gesagt zu haben, an die sich das Opfer jedoch erinnert. Der Begriff Gaslighter kann aber auch Urheber:innen von Verschwörungstheorien bezeichnen, die ihren Anhänger:innen falsche Narrative präsentieren und bewusst ein verzerrtes Bild der Realität etablieren wollen. So wurde der Begriff auch oft auf Donald Trumps Umgang mit »alternativen Fakten« angewendet. Der Ursprung des Begriffs liegt in dem Theaterstück »Gaslight« von Patrick Hamilton, das zweimal, 1940 und 1944, verfilmt wurde. In dem Stück treibt ein Mann seine Frau in den Wahnsinn, in dem er das von ihr wahrgenommene Schwächerwerden des Gaslichts leugnet, das er selbst täglich dunkler dreht.[112]

Wir haben gesehen, dass Zukunftsnarrative zwar auch gezielt fiktive Mittel einsetzen können oder sogar müssen, um eine Zukunft auszumalen. Aber Narrative, die mit Absicht bekannte Fakten leugnen oder verschweigen, sind nicht zu verantworten. Dies gilt für jede Art von Narrativen – für Meta- und Sub-Narrative, aber erst recht für Zukunftsnarrative. In der Welt der Start-ups ist die Projektion kühner Zukünfte elementar, um das Interesse von Investor:innen, Kooperationspartner:innn oder Kund:innen zu wecken und deren Erwartungen zu moderieren. Gerade Gründer:innen von Tech-Firmen müssen Fiktion aktivieren, um ihre Stakeholder davon zu überzeugen, sich auf ihre spezifische Zukunftsvision einzulassen – oft geht es dabei ja um Innovationen und Erfindungen, die noch im Entstehen begriffen sind. Im Idealfall gelingt es ihnen bei dieser Gratwanderung, einen moderaten Weg zu finden, der ein Gleichgewicht zwischen Realität, Machbarkeit und Imagination herstellt. Wer die Wahrheit verschleiern muss, um Plausibilität aufrechtzuerhalten, hat jedoch eine rote Linie überschritten. Die Frage, welches Narrativ ich wie lange verwenden und verantworten kann, muss man sich selbst also kontinuierlich und ehrlich stellen. Um diese und andere Formen von Verantwortung soll es hier gehen. Für mich sind dabei zunächst drei Punkte leitend: erstens, Redlichkeit im Umgang mit sich verändernden Fakten, zweitens, Klarheit über die eigenen Absichten und drittens, die Offenheit, sich kritischen Debatten und dem Rat von Expert:innen zu stellen und sich nicht gegen sie zu verschließen.

Wenn man über Verantwortung und Zukunftsnarrative nachdenkt, lohnt es sich, den Aufstieg und Fall des Start-ups Theranos ein wenig näher zu beleuchten. Die junge amerikanische Gründerin Elizabeth Holmes warb für das Unternehmen mit einer innovativen Zukunft, die technisch nicht realisierbar war. Als ihr Gründungsnarrativ wählte sie die Vision, ein neuartiges biomedizinisches Gerät zu entwickeln, mit dem Hunderte von physiologischen Parametern durch die Entnahme nur eines einzigen Blutstropfens durchgeführt werden könnten – eine Zielstellung, die sich erst mit der Zeit als illusorisch herausstellte. Die Theranos-Technologie funktionierte nie ausreichend verlässlich. So wurden Tests nicht mit eigenen Maschinen der Firma, sondern mit Labortechnik anderer Hersteller durchgeführt, die von Theranos-Technikern anschließend eigenhändig abgeändert wurden, also verfälscht wurden. Investor:innen und der Öffentlichkeit wurde das verschwiegen. Theranos sammelte mehr als 700 Millionen US-Dollar von Risikokapitalgeber:innen und Privatinvestor:innen ein, was zu einer Bewertung von in der Spitze neun Milliarden US-Dollar in den Jahren 2013 und 2014 führte.[113] Unter anderem stieg die Drogerie-Kette Walgreens ein und verkaufte Theranos-Bluttests in ihren Läden. Der Wendepunkt kam 2015, als der Investigativ-Journalist John Carreyrou zusammen mit Medizinprofessoren die Funktionsfähigkeit der Technologie infrage stellte. Im März 2018 wurden Holmes und der ehemalige Geschäftsführer von Theranos, Ramesh »Sunny« Balwani, wegen Betrugs angeklagt, und das Unternehmen noch im selben Jahr aufgelöst. Anfang 2022 wurde Elizabeth Holmes schließlich des Investorenbetrugs schuldig gesprochen.

Der Fall Theranos ist ein interessantes Beispiel dafür, wo die Grenzen sind, wenn man praktikable ethische Maßstäbe an die Verwendung von Zukunftsnarrativen anlegt. Nach und nach hatte Firmengründerin Holmes – auch sie übrigens eine Stanford-Studienabbrecherin, ein Narrativ, das wir bereits genauer betrachtet haben – eine einprägsame Erzählung über ihr Unternehmen geschmiedet, indem sie ihrem Publikum immer wieder die Geschichte einer technisch-wissenschaftlichen Revolution im Gesundheitssektor präsentierte. Ihr narrativer Rahmen war dabei von Beginn an durch eine grundlegende Diskrepanz zwischen Fakten und Fiktion gekennzeichnet. Selbst nachdem Theranos juristisch endlich als Betrugsfall eingestuft wurde, war sie nicht in der Lage, von ihren selbst geschaffenen Erzählungen abzurücken. Kurz nachdem John Carreyrou 2015 im *Wall Street Journal* seine erste Geschichte über Theranos veröffentlicht hatte, in der Holmes' Lüge über die Funktionalität des entwickelten Geräts aufgedeckt wurde, antwortete sie in einem *CNBC*-Interview darauf mit den Worten: »Das passiert, wenn du daran arbeitest, Dinge zu verändern. Zuerst halten sie dich für verrückt, dann bekämpfen sie dich, und dann veränderst du plötzlich die Welt.«[114]

Natürlich stellt sich die Frage, warum so viele Journalist:innen, medizinische Fachleute und Behörden der Gründerin so lange glauben konnten. Der Finanzprofessor Aswath Damodaran stellt in seinem Buch »Narrative And Numbers – The Value Of Stories In Business« fest: »Geschichtenerzähler neigen dazu, die Realität zu vergessen und imaginäre Welten zu erfinden, in denen der Erfolg garantiert ist. Zuhörer, die sich auf die Geschichten einlassen, lauschen ihnen, ohne sie zu hinterfragen. Und sie lassen oft alles Zweifeln oder Zögern beiseite, weil sie ein Happy End wollen.«[115] Es scheint also ein menschlicher Wunsch zu sein, dass Geschichten, die in Narrative eingeschrieben sind, sich schließlich auch in der Wirklichkeit wie angekündigt entfalten. Dieser Effekt betrifft am Ende nicht nur die Zuhörer:innen, sondern manchmal eben auch die Geschichtenerzähler:innen selbst – und dann wird es gefährlich. Im Fall von Theranos war dieser Impuls stärker als jeder Unglaube oder die Skepsis gegenüber der Technologie. »Journalisten [bewerteten] Holmes' Geschichte nicht skeptisch [...] – sie wiederholten sie einfach. Sie erzählten und wiederholten Holmes' Narrativ«[116], bringt der Literaturwissenschaftler Jonathan Gottschall im Magazin *Harvard Business Review* die Sache auf den Punkt. Wenn Narrativen also von vornherein die Gefahr innewohnt, dass sie nicht nur ihre Zuhörer:innen, sondern sogar ihre Erzähler:innen gefangen nehmen, dann müssen sie von Anfang an so gestaltet werden, dass sie einem nicht über den Kopf wachsen, sondern dass man sie stets noch guten Gewissens verantworten kann. Redlichkeit im Umgang mit sich manchmal ändernden Fakten ist für mich dabei das erste und wichtigste Prinzip. Zur narrativen Verantwortung gehört, dass man angesichts einer eindeutigen Faktenlage seinen Irrtum eingestehen und anders weitermachen oder neu anfangen muss.

Technologische Durchbrüche erfordern ethische Debatten um Rahmen und Regeln

Wer einen Weg zu einer Zukunft aufzeigen will – ob als Politiker:in, Wissenschaftler:in, Unternehmer:in oder als einfache Person, die sich dazu berufen fühlt, die vor uns liegende Zeit zu planen – schreibt oder zeichnet auf die große Leinwand projizierter, denkbarer Zukünfte und wählt dort aus. Wird diese Entscheidung getroffen, muss gleichzeitig die Absicht erklärt werden, warum gerade genau diese ausgewählte Zukunft Gefolgschaft und Erfüllung verdient und auf welche Weise sie die Gesellschaft oder das Leben eines Einzelnen verbessern kann. Wer vorschlägt, eine bestimmte

Zukunft zu gestalten, stellt sie damit als wünschenswert vor – aber das ist zunächst nur eine isolierte, individuelle Perspektive. Die Mitstreiter:innen dafür, Investor:innen, Parteikolleg:innen, Wähler:innen oder andere Fans und Unterstützer:innen, und in letzter Instanz ein begeistertes Publikum, müssen dafür erst noch gewonnen werden.

Wie bisher in diesem Buch analysiert, geschieht dies am besten durch plausible Fiktion, die sich oft von einer Dystopie abstößt und von einer attraktiven, aber unerreichbaren Utopie als fernem Orientierungspunkt angezogen wird, zudem eine »Ich«- und eine »Wir«-Perspektive bietet, sowie in den meisten Fällen auch technologische Entwicklungen in das entsprechende Zukunftsnarrativ aufnimmt. Wir müssen jedoch im Hinterkopf behalten, dass wir, ganz gleich, was wir vorschlagen, in einer Gesellschaft agieren, in der unser Vorhaben Gewinner und Verlierer hervorbringen kann, und in der Menschen, gerade im Hochtechnologiezeitalter, Bedenken, wenn nicht gar Ängste vor dem Verlust von Wohlstand, gesellschaftlicher Stellung oder Arbeitsplätzen entwickeln könnten, wenn sie von unserem Zukunftsplan hören. Andererseits darf uns dieses Bewusstsein nicht völlig passiv werden lassen. Denn es ist ein ebenso großes Risiko, abzuwarten, nichts zu tun und überhaupt keine Zukunft zu planen oder zu wollen. Beides muss also abgewogen werden.

Ohne eine wirklich ehrliche Erklärung der Absichten hinter dem Vorschlag einer bestimmten Zukunft kann Zweifler:innen keine überzeugende Antwort darauf gegeben werden, wie zum Beispiel die Wohnsituation in Großstädten verbessert werden kann, wodurch mehr Gerechtigkeit erreicht werden kann, oder was getan werden kann, um die Innovationskraft der Wirtschaft zu stärken und sie leistungsfähiger, nachhaltiger zu machen. Ohne eine solche transparente Zweckbestimmung wäre zum Beispiel auch die Wissenschaft nicht in der Lage, eine überzeugende Antwort darauf zu geben, welche Experimente legitim sind und welche nicht, warum nicht alle Möglichkeiten der Stammzellengenetik auch genutzt werden und welche Prioritäten bei Forschungsmitteln gesetzt werden sollten. So wie ein Technologieunternehmen ohne eine entsprechende Argumentation kaum sinnvoll auf die Frage antworten kann, warum wir nun ein internetgestütztes *Metaverse* als personalisierte zweite Lebenswelt im Cyberspace benötigen.

Es ist daher von grundlegender ethischer Bedeutung, die Motive hinter einem Zukunftsplan jeweils zu definieren und transparent zu machen. Die eigenen Absichten oder Möglichkeiten zu verschleiern, ist ähnlich unverantwortlich wie das Verschleiern von Fakten. Es müssen klare Botschaften gefunden werden, warum man genau in diese oder jene Zukunft aufbrechen möchte und die Gesellschaft oder Teile davon auf diese Reise mitzunehmen gedenkt. Ein solch transparent gemachtes Leitmotiv stellt dann von sich aus die entsprechenden ethischen Fragen in den Raum, die sich nicht mehr alleine beantworten lassen, sondern in einer offenen Debatte aller verhandelt werden müssen.

Offene Kontroversen sind für Zukunftsnarrative produktiv, weil sie verändern und stärken

Je mehr die heute beschworenen Zukünfte auf neuen Technologien beruhen und je größer die Innovationssprünge auf einzelnen Technologiefeldern werden, desto umfassender und detailreicher muss ihr Einsatz begleitet, begründet und erklärt werden. Der Raum zukünftiger Möglichkeiten ist angesichts des Tempos, in dem technologisch getriebene Innovationen mittlerweile erreicht werden, enorm groß geworden – und immer größer wird damit auch der Raum, der sich mit Meinungen über den Weg in diese Zukunft füllt.

Ohne ein transparent kommuniziertes Leitbild zu den eigenen Plänen kann man in einem solchen Umfeld irreparablen Schaden anrichten. In jedem Fall riskiert man eine Kontroverse oder man wird, noch schlimmer, unvorbereitet davon überrascht. Eine solche Kontroverse kann die Form einer produktiven, demokratischen und geordneten Debatte annehmen, die zu einem klaren Ergebnis führt, welche Zukunft von der Mehrheit einer Gesellschaft angestrebt werden soll. Sie kann aber, wenn sie zu restriktiv geführt wird, auch dazu führen, dass eine Zukunft gar nicht stattfindet, weil sich unversöhnliche Lager gegenseitig so stark behindern, dass der Konflikt über den vorgeschlagenen Weg nicht gelöst werden kann. Dies zu vermeiden, gehört auch zur Verantwortung eines Narrativs.

Im Zukunftslärm: Future Fact Nr. 41

Planungszelle – die Zukunft partizipativ wagen?
Bürgerbeteiligung im engeren Sinne umfasst neben Wahlen- und Ab-
stimmungen vor allem geregelte Formate des Dialogs zwischen Politik
und Bürger:innen wie Petitionen, Anhörungen, Ideenwettbewerbe,
Referenden etc., deren Verbindlichkeit variiert. In Deutschland kommen Formen geregelter Bürgerbeteiligung insbesondere bei Fragen
der Stadtplanung und des Bauens vor. Solche Formate sind wichtig,
um schwelender Unzufriedenheit wie beim Projekt Stuttgart 21 von
Anfang an zu begegnen. Ein besonderes Format entwickelte in den
1970er-Jahren der Soziologe Peter Dienel mit der sogenannten »Planungszelle«, die aus 25 zufällig ausgewählten Personen besteht, die
in einen begrenzten Zeitraum und in wechselnder, parallel tagender
Zusammensetzung gemeinsam ein Bürgergutachten erstellen. Eine
offene und von der Politik gerne gescheute Frage der Bürgerbeteiligung betrifft deren Verbindlichkeit für die Politik. Der Technikhis-
toriker Hans-Liudger Dienel, Sohn Peter Dienels, der zu den Möglichkeiten und Ergebnissen der Planungszelle und anderer Formen
von Bürgerbeteiligung forscht, setzt sich für eine engere Verzahnung
von Bürgerentscheiden und Prozessen der Willensbildung im Rahmen einer partizipativen Demokratie ein. Nicht nur können dadurch
akute Konflikte gelöst werden, Bürgerbeteiligung stellt darüber hinaus auch eine nachhaltige Form des sozialen Lernens dar, bei dem
Personen unterschiedlichster Milieus sich begegnen und konstruktiv
zusammenarbeiten.[117]

Erinnern wir uns kurz an das im vorigen Kapitel beschriebene Beispiel des
großen Bahnhofs- und Stadterneuerungsprojekts »Stuttgart 21«, für das
eine ausgeklügelte Mediationsstrategie entwickelt werden musste, um einen
scheinbar unlösbaren Konflikt zur Lösung zu bringen. Man kann rückblickend feststellen: Das böse Blut zwischen den Konfliktparteien rund um
das Projekt entstand dadurch, dass zu seinem Beginn nicht hinreichend

kommuniziert wurde, was es bezweckt und auf welcher Ebene die Entscheidungen getroffen werden, ob es weitergeführt werden solle oder nicht. Viel zu spät, nach monatelangen Zusammenstößen zwischen Demonstrant:innen und der Polizei, wurde ein Referendum angekündigt, das genug Reibung aus dem Konflikt nahm, sodass damit alle Seiten diese gesichtswahrende Form der Willensbildung akzeptieren und deren Ergebnis annehmen konnten. Das Beispiel lehrt einmal mehr: Eine Projektion der Zukunft erreicht nicht von selbst die Ebene der Plausibilität. Zuvor müssen die Menschen gewonnen werden, indem sie in Fragen über diese Zukunft einbezogen werden. Es müssen Debatten eröffnet und moderiert werden, die den Nutzen ausloten. Zukünfte, die nicht genügend Mut machen oder nicht plausibel genug erscheinen, erzeugen Widerstand und Irritationen und führen zu Kontroversen. Ein Narrativ lässt sich also umso besser verantworten, je offener es von Anfang an gegenüber kritischen Debatten ist, denn so kann es Vorwürfe der Täuschung oder der Manipulation von Anfang an aus dem Weg räumen. Abgesehen davon braucht man vor diesen Debatten auch keine Angst zu haben. Sie schärfen die eigenen Argumente und können bisweilen sogar manchmal unterhaltend und informativ sein.

Rat von Expert:innen bereichert die Ethikdebatte, auch wenn die Ethik keine Frage für Expert:innen alleine ist

Je mehr mögliche Zukünfte projiziert werden können, desto mehr Orientierung ist nötig, welche davon unter ethischen Gesichtspunkten erstrebenswert sind und welche nicht. Eine mögliche Bewertung alternativer Wege in die Zukunft bieten nationale Forschungseinrichtungen, die sich mit denkbaren Folgen neuer Technologien und deren Weiterentwicklungen beschäftigen.

In Deutschland hat sich das »Institut für Technikfolgenabschätzung und Systemanalyse« (ITAS) mit Sitz in Karlsruhe dieser Aufgabe angenommen. Seine Expert:innen haben Szenarien vorgeschlagen, die in der breiten öffentlichen Wahrnehmung noch vor Kurzem als kaum vorstellbar galten. So warnte das ITAS beispielsweise im Jahr 2013 vor Pandemie, die durch ein hypothetisches Modi-SARS-Virus ausgelöst werden könnte, und seine Expert:innen empfahlen daraufhin einen Notfallplan, der mit Maßnahmen wie der Bevorratung von Schutzmasken und Ausrüstung für das Klinikpersonal untermauert werden sollte.[118] Diese vorgeschlagene Zukunft wurde jedoch von den Politiker:innen als auch von der Öffentlichkeit als so unvorstellbar angesehen, dass der Rat der ITAS-Expert:innen ignoriert wurde.

In den USA wurde 1972 das dem ITAS vergleichbare *Office of Technology Assessment* (OTA) eingerichtet. Die Gründe für den Start einer Behörde, die sich ausschließlich mit der Zukunft von Technologie befasst und eine ausgeprägte vorausschauende Funktion hat, hingen mit den Entwicklungen in den amerikanischen Militär- und Raumfahrtprogrammen zusammen. Allein in den 1960er- und 1970er-Jahren gab es in den USA eine Versechsfachung der staatlichen Ausgaben für technologische und wissenschaftliche Forschung und Entwicklung, was die Mitglieder des US-Kongresses dazu bewog, sich direkter in den Prozess der technologischen Zukunftsplanung einzuschalten. Das rückblickend bemerkenswert technologieskeptische OTA erforschte die Auswirkungen aller möglichen Innovationen auf das Wirtschaftswachstum und den hohen Lebensstandard der USA. Es argumentierte unter anderem, dass neue Technologien, und vor allem der damit zusammenhängende, in den 1960er-Jahren enorm angewachsene Einsatz von biologischen, chemischen und radioaktiven Komponenten künftig deutlich höhere Risiken mit sich brächten, die größere Vorsicht und mehr Regulierung nötig machten. Sogar eine Neudefinition des Begriffs »Fortschritt« sei angesichts der neuen Technikentwicklungen erforderlich. Das OTA prognostizierte zum Beispiel, dass durch die »Kybernetisierung« – gemeint war der zunehmende Einsatz von Informationstechnologie – alle repetitiven körperlichen und geistigen Arbeiten bald wegfallen würden. Die Behörde wurde 1995 von einer republikanischen Kongress-Mehrheit geschlossen. Im Laufe ihres Bestehens erstellte sie fast 750 Berichte. Die Fülle der OTA-Dokumentation erzählt uns heute viel über die Ängste und Bestrebungen der Zeit in Sachen Zukunftsplanung, aber auch über den Verlauf des technologischen Wandels. »Die zweiundzwanzig Jahre OTA bieten einige Einblicke in diesen heiklen Balanceakt und, im allgemeineren Sinn, in die Grenzen der Einbringung einer technisch informierten Stimme in die

[...] politische Entscheidungsfindung«, schreibt die Harvard-Professorin für *Science and Technology Studies*, Sheila Jasanoff[119].

Eine Ex-ante-Analyse der Zukunft durch professionelle Zukunftsforscher:innen kann dazu führen, dass man das Richtige tut – wie im Fall des deutschen ITAS, das wissenschaftlich fundiert und angemessen auf eine Pandemie vorbereitete, im Auftrag des Deutschen Bundestages – selbst wenn dieser sie nicht angemessen befolgte. Wird jedoch die präventive Bewertung möglicher Zukünfte und aller möglichen technischen Folgen übertrieben, indem man zu viele pessimistische Szenarien diskutiert, wie es das amerikanische OTA bei einigen Technologien durchaus getan hat, kann man das vorausschauende Denken und den Impetus, die Zukunft zu gestalten, damit auch im Keim ersticken. Es kommt auf Augenmaß und Timing an. Die Annahme, die Risiken künftiger Technologien vollständig kontrollieren zu können, indem man sie früh in ihrer Entwicklung zu skeptisch prüft und einstuft, verlangsamt oder verhindert Fortschritt. Eine auf einer breiten Wissensbasis der Gegenwart durchgeführte, angemessene Simulation einer Zukunft und vorsichtig daraus gezogene Schlussfolgerungen tun dies hingegen nicht, sondern helfen dabei, die richtige Zukunft auszuwählen. Ich schreibe das, damit klar wird, dass die Offenheit gegenüber kritischen Debatten und dem Rat von Expert:innen, die zu einer verantwortungsvollen Initiative dazugehört, nicht heißt, dass man mit seinem Narrativ vor diesen Meinungen einknicken sollte oder dass das Ziel eines Diskurses immer ein Konsens sein muss. Zur Verantwortung für die eigene Sache gehört es auch, sich gegen zu viel Skepsis zur Wehr zu setzen.

Es ist von Vorteil, die Zukunft zu erforschen und ihre Auswirkungen früh genug von Expert:innen beurteilen zu lassen. Zum einen kann dies der Gesellschaft größere Flexibilität und Klarheit über ihr Handeln verschaffen. Zum anderen unterstützt der Expertenrat über die Zukunft eine besser informierte Politikgestaltung, die sich mit der Bewältigung spezifischer Zukünfte befasst. Verantwortung heißt, immer wieder den Mittelweg zu suchen, der Offenheit für verschiedene mögliche Zukünfte sicherstellt, ohne die Gesellschaft wissentlich Risiken auszusetzen, die sie nicht eingehen will. Dieser Mittelweg ist nicht immer leicht zu gehen: Manche beispielsweise mögen die Vorsicht, mit der die »Ständige Impfkommission« (Stiko) in

Deutschland Empfehlungen zur Corona-Impfung ausgesprochen hat, begrüßt haben, allerdings hingen ihre Entscheidungen selbst maßgeblich von Daten aus denjenigen Ländern ab, die weniger vorsichtig vorangeschritten sind. Wie auch immer man sich entscheidet, die Transparenz über die Beweggründe für den eigenen Zukunftsentwurf sowie die Redlichkeit im Umgang mit Fakten muss dabei leitend sein.

Im Zukunftslärm: Future Fact Nr. 42

Populismus – Scheinwahrheit als Gefühl

Nicht immer scharen sich Gruppen von Menschen um eine zukunftszugewandte Wir-Botschaft. Auch Angst oder ein diffuses Gefühl der Bedrohung wirken wie sozialer Klebstoff, der Menschen zusammenschweißt. Dabei sind diese Ängste, wie der Risikoforscher Ortwin Renn untersuchte, meistens nicht rational begründet. Die Effekte dieser Ängste sind sehr gut im grassierenden Populismus zu beobachten. Egal ob durch Pandemien, Zuwanderung oder Klimaveränderungen ausgelöst, sind es häufig »gefühlte Wahrheiten«, wie Renn erkennt, die Menschen zu Gruppen vereinen. In Zeiten komplexerer Wissensformen und vor dem Hintergrund unkontrollierter Informationen im Internet würden aus verzerrten Wahrnehmungen, so Renn, schnell vermeintliche Wahrheiten, die sich abkapseln und dadurch kaum noch korrigieren lassen. Dabei verhielten sich Menschen nicht sehr viel anders als Fischschwärme: Ein oder zwei Abweichler:innen von der Gruppe machen noch keinen Unterschied, aber ab einer kritischen Anzahl beginnt der vom Konsens getragene Mainstream zu zerbröckeln und sich umzukehren. Populist:innen wissen diese Unsicherheit gezielt zu nutzen. Dagegen hilft nur, die Informationskompetenz der Menschen auf breiter Basis zu erhöhen.[120]

Hochtechnologien fordern unsere bisherigen ethischen Maßstäbe hinaus

Doch selbst wer sein Zukunftsnarrativ verantwortlich entwirft, also dabei faktentreu, transparent und offen bleibt, der wagt sich dennoch – gerade, wenn es darum geht, den technologischen Fortschritt zu erzählen – in Gefilde vor, in denen ethische Probleme lauern, für die wir heute teilweise noch gar keinen moralischen Kompass haben. Mit der Entdeckung der ungeheuren Energien, die durch Kernspaltung entstehen können, war der Mensch zum Beispiel plötzlich in der Lage, die Welt auf einen Schlag zu zerstören. Mit den neuesten Entdeckungen in der Genforschung verfügen wir heute über die Fähigkeit, das Erbgut von Lebewesen zu manipulieren. Die Technologieentwicklung setzt dem, was wir einst für möglich hielten, neue reale Horizonte und macht die Menschheit zum Schöpfer ihrer eigenen Welt. Die Entwicklung neuer ethischer Standards scheint im Vergleich immer sehr viel mehr Zeit in Anspruch zu nehmen als die, in der die Technologie voranschreitet, auf die sie angewendet werden sollten. Dies wirft die Frage auf, ob nicht überhaupt nur skeptische, vorsichtige oder dystopische Narrative über Zukünfte erzählt werden können, da unser ethischer Bezugsrahmen jeweils als veraltet und von der Technikentwicklung abgehängt angesehen werden kann.

Ich würde stark dafür argumentieren, dass das nicht so ist. Im Gegenteil: Ich glaube, dass gerade auch optimistische Zukunftsvisionen dazu dienen können, moralisch relevante zukünftige Handlungsoptionen zu entdecken, von denen wir heute noch keinen Begriff haben. Die Frage ist eher: Können wir es angesichts der Probleme der Welt verantworten, keine optimistischen Narrative von möglichen Lösungen zu erzählen, die uns diesen Lösungen vielleicht ein Stück näherbringen?

Eine aktuelle Debatte betrifft zum Beispiel das autonome Fahren, das durch künstlich intelligent gemachte Autopiloten ermöglicht werden soll. Sollte ein derartiges fahrerloses Vehikel so programmiert werden, dass es im Fall eines Unfalls die junge Frau dort drüben mit dem Kinderwagen auf dem rechten Bürgersteig vor einem tödlichen Zusammenstoß bewahrt, oder besser den älteren Herrn auf der gegenüberliegenden Seite? Um eine solche Entscheidung in Bruchteilen von einer Sekunde zu beantworten, müssten wir die maschinelle Intelligenz erst mit unseren menschlichen Ethikstandards vertraut machen, eine Programmierleistung, die mit den heutigen technischen Mitteln unmöglich ist, abgesehen davon, dass die eindeutige Beantwortung dieser Frage unethisch ist. Künstliche Intelligenzsysteme sind derzeit nicht in der Lage, moralische Kategorien abzuwägen. Die eigentliche Sorge, um die diese Debatte sich dreht, scheint mir aber darin zu liegen, zu fragen, ob wir überhaupt wollen, dass eine Maschine auf diese Weise, also durch digitale Kalkulation, über Leben und Tod entscheidet.

Die Frage nach der technischen Programmierbarkeit ethischer Entscheidungen ist sicher spannend, und der Umstand, dass sie im Zusammenhang der Frage nach dem autonomen Fahren gestellt wird, zeugt von der Skepsis, die viele von uns immer noch in Bezug auf diese Zukunftsvision hegen. Dennoch stellt sich mir die Frage, ob die Gedankenexperimente über Dilemmata lösende Autopiloten tatsächlich sind, was sie behaupten zu sein. Reflektieren sie nicht vielmehr, dass die Vorteile des autonomen Fahrens in der allgemeinen Debatte und im Narrativ der Entwickler und Hersteller autonomer Fahrzeuge unausgewogen betont werden. Dieses Narrativ stellt zunächst neben den verkehrsplanerischen und ökologischen Vorteilen – der Verkehr läuft autonom koordiniert flüssiger und das schont die Umwelt – vor allem die Frage des Komforts eines Verkehrsmittels in den Mittelpunkt: Ein Autopilot weiß immer, wo es hingeht, und die Passagiere können die kostbare Zeit im autonomen Fahrzeug für das Aktenstudium oder den Genuß einer neuen Netflix-Serienstaffel nutzen. Dabei wäre ein weiteres sehr überzeugendes Argument das der gesteigerten Sicherheit des autonomen Verkehrs.

Im Zukunftslärm: Future Fact Nr. 43

Die Moral-Maschine bringt Klarheit über unsere Ethik
Wer soll bei einem Unfall ums Leben kommen? Das Massachusetts Institute of Technology (MIT) befragte seit 2016 weltweit Proband:innen über ein digitales Tool namens Moral Machine, wie künstlich intelligente Autopiloten in Dilemma-Unfallsituationen

reagieren sollten. Mehrere Millionen Teilnehmer:innen aus fast allen Ländern der Erde fällten rund 40 Millionen moralische Entscheidungen darüber, wen der Autopilot bei einer Kollision verschonen sollte, eine Erweiterung des sogenannten Trolley Dilemma. Gefragt wurde etwa, ob eher junge oder ältere, weibliche oder männliche, ärmere oder reichere Personen mit dem Leben davonkommen sollten und ob solche, die sich an die Verkehrsregeln halten, bevorzugt behandelt werden sollten. Global betrachtet lautet das Ergebnis: In solchen Dilemma-Situationen verschonen wir am liebsten junge Leute gegenüber älteren, Menschen gegenüber Tieren und Personengruppen gegenüber Einzelindividuen. Womit sich natürlich noch nicht klärt, wie ein Autopilot, sollte die Technologie je einsatzreif werden, programmiert werden müsste. Sollte er unseren ursprünglichen Instinkten folgen, oder läge seine Ethik gerade darin, uns davor zu beschützen?[121]

Die Vorstellung, in einem Auto ohne Fahrer:in zu sitzen, macht vielen nach wie vor Angst, obwohl 90 Prozent der Unfälle im herkömmlichen Verkehr auf menschliche Fehler zurückzuführen sind. In der Vorstellung nicht weniger Menschen ist so ein Autopilot einfach eine programmierte Version des Menschen. Ausgeblendet wird dabei das gewaltige, satellitengesteuerte, infrastrukturelle Organisations- und Leitsystem, das die eigentliche intelligente Arbeit im autonomen Verkehr verrichtet.

In der Tat haben amerikanische Sicherheitsforscher:innen ermittelt, dass ein Drittel der vom Menschen verursachten Unfälle durch autonomes Fahren verhindert werden könnte. Auch die anderen zwei Drittel könnten reduziert werden, und zwar interessanterweise umso mehr, je unähnlicher sich Autopilot und Mensch verhalten würden – was allerdings auch zu geringerem Fahrtempo führen würde.[122] Wieviele Unfälle durch autonomen Verkehr verhindert werden könnten, wird noch unterschiedlich diskutiert, aber es herrscht Einigkeit darüber, dass autonomes Fahren vor allem im Gütertransport, wo durch die Übermüdung menschlicher Fahrer:innen immer wieder schwere Unfälle passieren, das Fahren sicherer würde. Ein Narrativ, das Menschen von dieser Technologie überzeugen möchte, sollte also die

Analogie von Fahrer:in und Maschine aufgeben und stattdessen die Vorteile des autonomen Fahrens für die allgemeine Verkehrssicherheit hervorheben.

In anderen Bereichen werden unsere etablierten ethischen Maßstäbe nicht minder vom schnellen technischen Fortschritt überfordert. Als könnten wir damit eine Notbremse ziehen, formulieren wir Tabus, die wir als fundamental für unser gesellschaftliches Selbstverständnis erachten. In der Medizin wird beispielsweise in der Organtransplantation ein umfangreiches Bewertungssystem herangezogen, das die Entscheidung für eine Organvergabe ausschließlich auf die Behandelbarkeit der Erkrankung gründet und nicht auf die Person selbst. So gilt der Grundsatz, einem älteren Patienten eine gesunde Leber genauso zu transplantieren wie einem jüngeren Organempfänger. Die Erwägung, wie lange ein solches Organ, das gemessen an der Nachfrage nur selten verfügbar ist, im Körper des Empfängers bis zu dessen natürlichem Lebensende funktionieren kann, verbietet sich nach der in der Medizin geltenden ethischen Lesart.

Angesichts der Tatsache, dass 2020 nicht einmal die Hälfte derjenigen, die in Deutschland eine Herztransplantation benötigten, ein Spenderherz bekommen, müssen aber auch sich entwickelnde biologisch-medizinische Alternativen stärker als bisher diskutiert werden. Aktuell gibt es zum Beispiel vielversprechende Entwicklungen im Bereich künstlicher Organe, etwa durch *Tissue Engineering*. Dabei werden aus körpereigenem Gewebe Organe oder Organteile gezüchtet, die den Vorteil hätten, dem Immunsystem des Empfängers bereits bekannt zu sein. Derzeit können bereits Hautgewebe und Blutgefäße auf diese Weise hergestellt werden. Auch Organe aus dem 3-D-Drucker, die mit einer ebenfalls aus körpereigenem Material angefertigten »Bio-Tinte« hergestellt werden sollen, werden als noch etwas utopisch klingende Alternativen diskutiert.[123]

Die Narrative über diese Zukunftstechnologien stehen also von Anfang an unter dem ethischen Druck einer akuten Notlage – dem Mangel an Organspender:innen. Dies lässt sich vor allem an einer dritten Option zur Herstellung von Organen erkennen, in der Tiere, vor allem Schweine, als Ersatzteillager für menschliche Organe dienen sollen. Ein Narrativ, das verantwortungsvoll für diese Technik werben soll, müsste sich auch klar und mit allem verfügbaren Wissen in Hinblick auf die Frage positionieren, ob und unter welchen Bedingungen der Mensch Tiere auf diese Weise für sich nutzbar machen darf. Tut es das, leistet es aber umgekehrt auch einen Beitrag zur Entwicklung unserer ethischen Debatte über das Verhältnis von Menschen und Tieren.

Ein anderes Technologiedilemma wiederum wird durch eine strenge Rechtsregel im Bereich der öffentlichen Sicherheit gelöst. Was ist, wenn ein Verkehrsflugzeug mit 300 Menschen an Bord von Terroristen entführt wird, die drohen, den Jet in einer Großstadt zum Absturz zu bringen? Sollten Abfangjäger der Bundesluftwaffe rechtlich befugt sein, das Flugzeug vorsorglich abzuschießen? Mit anderen Worten: Soll ein gesetzlich und politisch dazu autorisiertes Militärkommando das Leben von 300 Flugpassagieren beenden dürfen, um im Falle eines Absturzes das Leben von vielen Tausend zu erwartenden Todesopfern am Boden zu retten? In Deutschland ist eine solche Abwägung nicht zulässig, da das Verfassungsgericht in verschiedenen Urteilen ausgeschlossen hat, dass die Aufrechnung von Leben gegeneinander mit der Menschenwürde vereinbar sei. Es gibt einfach keine Möglichkeit für diese Zukunftsoption – anders in Ländern, wie etwa den USA, wo so etwas gesetzlich vorgesehen ist. Im Oktober 2016 hatten die deutschen Fernsehzuschauer:innen im Rahmen des TV-Experiments »Terror – Ihr Urteil« die Gelegenheit, ihr eigenes Urteil zu treffen und damit das Ende des Films zu beeinflussen. In diesem von Ferdinand Schirach konzipierten Film schoss ein Luftwaffen-Major eine entführte Passagiermaschine ab, bevor die Terroristen sie in ein Fußballstadion mit 70.000 Menschen steuern konnte. War er zu verurteilen? Eine Mehrheit der Zuschauer:innen stimmte für Freispruch. Natürlich gibt es gute Gründe, Gerichtsurteile nicht per Volksentscheid zu treffen, und die Abstimmung der Zuschauer:innen kann auch nicht als repräsentativ gelten. Dennoch zeigt es, dass gut gemachte Narrative – in diesem Fall das eines Fernsehfilms – einen Raum eröffnen, in dem wir ethische Fragen und gesellschaftliche Tabus produktiv diskutieren können.

Die Tabus der gerade genannten drei Beispiele haben etwas gemeinsam. Sie zeugen von dem Versuch, zu verhindern, dass ein Staat, eine Person oder eine Maschine darüber entscheiden, welches Menschenleben mehr wert ist als ein anderes. In allen drei Fällen üben die technischen Möglichkeiten

Druck auf diese Tabus oder Prinzipien aus. Dieser Punkt wird in Deutschland mit seiner Geschichte als Initiator und Verantwortlicher des Holocausts vielleicht besonders sensibel betrachtet. Die argumentative Notbremse, die man mit diesen Tabus zieht, soll also dazu dienen, nicht in eine technisch mögliche, aber moralisch fragwürdige Zukunft fortgerissen zu werden, in der sich die Gesellschaft nicht wiedererkennen kann.

Diese verständliche Skepsis breitet sich allerdings sehr leicht auf den Fortschritt im Allgemeinen aus. Ich denke, ein bestimmter Anteil der Angst vor neuen technologischen Entwicklungen hat auch mit der Befürchtung zu tun, dass die zunehmende Computerisierung und Digitalisierung den ethischen Grundsatz der Unvergleichbarkeit einzelner Menschenleben bedrohen könnten. Diese Befürchtung mag in Ländern mit einer anderen Geschichte und einer utilitaristischen Denktradition geringer oder größer ausfallen.

Kant oder Bentham? Debatten über ethische Fragen können nicht letztgültig gelöst werden

Die Tatsache, dass unsere moderne Technologie über unseren ethischen Horizont hinauszuwachsen scheint, führt dazu, dass wir auch unsere ethischen Grundüberzeugungen weiterentwickeln müssen, um den neuen Aufgaben gerecht zu werden. Der Philosoph Valentin Beck argumentiert sogar, dass manche unserer liebgewonnenen moralischen Selbstverständnisse angesichts der weltweiten Armut und Ungleichheit und angesichts der Lösungen, die Technologie dafür bereithielte, nicht länger zu verantworten sind, und dass wir dieses Selbstverständnis neu austarieren müssen.[124]

Diese Entwicklung wird jedoch immer langsamer voranschreiten als der technologische Fortschritt selbst. Narrative können in diesem Fall aber nicht nur die Bremsen, sondern auch die Gaspedale dieser Entwicklung sein. Ein gut und verantwortlich gestaltetes Narrativ kann auch einen Beitrag dazu leisten, das eigene oder gesellschaftliche moralische Selbstverständnis mit dem technisch Machbaren wieder in Kontakt zu bringen – so wie es Kennedy in seinem *Moonshot*-Narrativ vorgemacht hat.

Im Zukunftslärm: Future Fact Nr. 44

Jeremy Bentham – das Glück der größten Zahl

Für Jeremy Bentham spielte sich das Leben zwischen dem Streben nach Lust und dem Vermeiden von Schmerz ab. Daraus leitete er das Prinzip des »größten Glücks der größten Zahl« als sein ethisches Kalkül ab, demzufolge diejenige Handlung moralisch richtig ist, deren Folgen für das Wohlergehen aller Betroffenen optimal ist. Bentham bewertet Handlungen also vor allem nach ihren Konsequenzen, nicht nach den Prinzipien, nach denen sie ausgeführt werden. Dem Utilitarismus wird oft zur Last gelegt, dass sich individuelles Wohlergehen und Glück nur schwer quantifizieren lassen, weshalb dieses Bewertungskriterium kaum Objektivität liefert. Allerdings lag Benthams Fokus weniger auf der Bewertung individueller Handlungen, als vielmehr auf nötigen Sozialreformen und einer gerechteren Gesetzgebung, in der er das Glück aller gegen geltende Traditionen und Hierarchien stark machte. Ein anderer Einwand ist, dass sich die Konsequenzen einer Handlung schwer abschätzen lassen, wie man es vor allem im Bereich der Technik oft beobachtet, weshalb sie nicht ein Teil der ethischen Überlegung sein können. Um seine eigene Nützlichkeit für das Wohl aller auch noch über sein Ableben hinweg zu garantieren, ließ Bentham sich nach seinem Tod ausstopfen und in den Räumen der University of London ausstellen, wo seine Mumie noch heute ist.[125]

Das heißt, die moralischen Urteile können sich angesichts der Möglichkeiten und Wirkungen moderner Technologie ändern. Sie können dabei sowohl progressiver als auch kritischer werden. Eine prominente Debatte, die derzeit von Vertretern und Vertreterinnen der Tech-Ethik diskutiert wird, dreht sich etwa um die grundsätzliche Frage, ob der hyper-intensive Kommunikationsgrad, den das Internet und Anwendungen wie soziale Medien oder Suchalgorithmen den Menschen beschert haben, ihren Gesellschaften hilft, sich zu verbessern, oder ob nicht vielmehr wachsende Gefahren für unsere Psyche, Grundwerte, Privatsphäre oder Meinungsfreiheit oder für das

demokratische Funktionieren des Staates entstehen. In den wilden Anfangs-
jahren des Internets mit seinen neuen Möglichkeiten der Kommunikation
wurde diese Frage sicher anders beantwortet als heute, wo diese Kommunikationsformen und ihre technologischen Bedingungen selbst zu einem moralischen Problem geworden sind, das sich nicht ignorieren lässt.

Auch nicht jedes ethische Bekenntnis eines Unternehmens altert gut, wie
etwa das von Google einst stolz verkündete *»Don't be evil«*. Angesichts des
Wandels, den das Unternehmen vom Underdog zur dominierenden Suchmaschine vollzogen hat, traf dieser Satz irgendwann in weiten Teilen der Öffentlichkeit nur noch auf zynischen Spott – bis Google das Motto 2018 of-
fiziell Motiv abschaffte.[126] Die Tatsache, dass große Tech-Unternehmen wie
Google und Facebook ihren Holdinggesellschaften neue Namen wie »Al-
phabet« und »Meta« gegeben haben, kann man wohl generell als defensiven
Schritt angesichts ihres zunehmend kontroversen öffentlichen Images inter-
pretieren. Man könnte aber auch sagen, dass es ihnen noch nicht gelungen
ist, ihr Narrativ ihrer neuen ethisch-technischen Konstellation und Position
in der Gesellschaft anzupassen.

Denn schließlich gibt es immer noch genügend Menschen, in deren Einschätzung die positiven Seiten dieser Firmen die negativen überwiegen. Ihre
Argumente betonen zu Recht den gesellschaftlich segensreichen Beitrag,
Milliarden von Menschen sich auf selbstverwalteten Social-Media-Plattfor-
men austauschen zu lassen, oder das Wissen der Welt und die damit verbundenen enormen Bildungschancen schnell und kostengünstig für große
Teile der Erdbevölkerung zugänglich zu machen. Die ethische Kontroverse
um solche Technologien und ihre sich allmählich auch abzeichnenden negativen Folgen für die Gesellschaft wird also einige Zeit weitergehen. Und
diese Großdebatte ist ein Hinweis darauf, dass sich jeder, der eine von Technik getragene Zukunft vorschlägt, sich einem solchen Austausch wird stellen müssen.

Bei diesen Debatten um Ethik und Technologie, denen sich mittlerweile ein ganzer Zweig der Philosophie widmet, wird man immer wieder
auf sehr alte und grundsätzliche Auseinandersetzungen stoßen: zum Beispiel
der Frage, ob wir in ethischen Fragen, wie Immanuel Kant es vorschlägt,
vom menschlichen Glück, unseren Neigungen und dem Eigennutz absehen

sollen und freiwillig der Pflicht zum Guten folgen, die sich in gewissen, nicht korrumpierbaren Prinzipien äußert – zum Beispiel, dass wir andere Menschen nie als Mittel zum Zweck einsetzen, selbst wenn dadurch größeres Unglück verhindert werden könnte. Oder ob wir eher dem Utilitaristen Jeremy Bentham folgen, der das Glück der größten Zahl und den größtmöglichen Nutzen gerade als das ausschlaggebende Kriterium für ethisches Handeln aufstellt, und der wenig Probleme damit hätte, Menschen zu diesem Glück zu zwingen. Folgen wir eher Kant, so werden wir die Zweifel in Bezug auf die ethische Verantwortbarkeit von selbstfahrenden Autos, von Tieren als unseren Organlagern, oder vom Abschuss entführter Passagiermaschinen in den Vordergrund rücken, weil sie bestimmten fundamentalen Prinzipien widersprechen. Orientieren wir uns an Bentham, so liegt das Gewicht auf dem nicht zu leugnenden Nutzen für die größere Zahl von Menschen.

Diese und ähnlich gelagerte Debatten werden nie ganz zugunsten der einen oder anderen Seite entschieden werden: Genauso, wie die Pflichtethik angesichts neuer technologischer Möglichkeiten zu Herstellung von gesellschaftlichem Glück manche ihrer Prinzipien aufgeben oder zumindest neu bewerten muss, wird auch kein reiner Utilitarismus sich je ganz durchsetzen. Denn eine Technologie, die als nützlich angesehen und deshalb als Teil eines Zukunftsplans vorgeschlagen wird, beantwortet noch nicht die Frage, ob sie ethisch akzeptiert werden wird. Solche Fragen berühren fundamentale Überzeugungen einer Gesellschaft. Diese Überzeugungen können sich kulturell durchaus unterscheiden, geben aber ihrerseits Orientierung für unseren Weg in die Zukunft und können nicht einfach einem Nützlichkeitsprinzip geopfert werden. Dazu zähle ich zum Beispiel die Maxime, dass alle Menschen gleich geboren sind und dass zumindest in den liberalen Demokratien ein Konsens darüber besteht, dass Geschlecht, Religion und andere persönliche Merkmale keine Grundlage für Diskriminierung sein dürfen. Ich würde diese Prinzipien nicht für eine Technologie aufgeben wollen, selbst wenn sie sich als sehr nützlich für die Mehrheit erwiese. Diesen Grundkonsens aufrechtzuerhalten bedeutet auch, sich auf die Existenz von Vielfalt, auf die Pluralität individueller Ansichten und Freiheiten in einer Gesellschaft zu einigen – insbesondere auf die Freiheit, anderer Meinung zu sein oder sein Leben so zu gestalten, wie man es möchte.

Man kann und darf den Menschen neue Technologien genauso wenig unhinterfragt aufzwingen wie neue Zükünfte, weil man ihnen damit die berechtigte Freiheit nimmt, sich vor diesen Entwicklungen zu fürchten und einen Zukunftsplan abzulehnen. Stattdessen müssen neue Technologien erst überzeugend vorgeschlagen und debattiert werden, indem man sie in ein passendes Zukunftsnarrativ einbindet, das möglichst viele Menschen mitnimmt.

Dieses Buch ist sicher nicht der Ort, um diese ethischen Fragen bezüglich des technischen Fortschritts profund zu beantworten oder auch nur mit hinreichender Sorgfalt zu stellen. Aber es ist trotzdem wichtig, sie anzureißen, weil darin ein paar ganz praktische Lehren für unsere Arbeit am Narrativ enthalten sind: Erstens zeigt die moralische Bedrängnis, in der selbst so große Unternehmen wie Facebook oder Google zu ihrer eigenen Überraschung plötzlich geraten sind, dass man es sich nicht leisten kann, sein Firmennarrativ gegen moralische Fragen abzuriegeln.

Im Zukunftslärm: Future Fact Nr. 45

Gibt es ein Recht auf Zukunft?

Ja, ist die Antwort – seit Neuestem. 2021 hat das Bundesverfassungsgericht ein Urteil zum Umweltschutz als Schutz der Freiheitsrechte gefällt. Es war die erste erfolgreiche Umweltverfassungsbeschwerde in Deutschland. Die Richter:innen argumentierten, das derzeitige Klimaschutzgesetz sei unter anderem verfassungswidrig, denn es verschiebe »hohe Emissionsminderungslasten unumkehrbar auf Zeiträume nach 2030«. Die Tatsache, dass ein Urteil die Zukunftsfähigkeit des Lebens als ethischen Aspekt in den Mittelpunkt stellte und damit zu einem neuen Grundsatz wurde, setzt einen neuen Bezugsrahmen in der Rechtsprechung und forciert die Anpassung des Umweltschutzrechts an das Recht auf Zukunft für jüngere Generationen.[127]

Heute sind es gerade die negativen Narrative von Verschwörungstheoretiker:innen, die ausdrücklich versuchen, diese Debatte nicht vollumfassend zu führen. Sie setzen bewusst auf Intransparenz in ihrem Austausch über das Für und Wider ihrer Zukunftsentwürfe und schließen mit voller Absicht alles aus, was nicht in die erzählerische Richtung ihres Narrativs passt. Das macht ihre Zukunftsprojektionen so simpel und gefährlich, dass es ihnen oft gelingt, komplexere Zukunftsvorschläge in der öffentlichen Wahrnehmung zu übertrumpfen. In einer Zeit, in der viele Verschwörungstheorien zum Zukunftslärm gehören, sollte daher jeder von uns neuen Zukunftsvisionen mit mehr Skepsis als in der Vergangenheit begegnen und, wenn der/ die Initiator:in des Zukunftsnarrativs es nicht tut, selbst die volle Transparenz über einen solchen Zukunftsentwurf herstellen.

Zweitens kann man aus den geschilderten ethischen Problemen und den kurz angerissenen Positionen der zwei stellvertretend vorgestellten moralphilosophischen Systeme schon ersehen, dass die ethische Debatte gerade davon lebt, dass sie nie endgültig und eindeutig beantwortet werden kann. Eine *Moral Machine*, wie sie das Gedankenexperiment um das autonome Fahren vorschlägt, die alle ethischen Entscheidungen für uns treffen würde, würde das Problem nicht lösen – sondern uns die Möglichkeit selbst ethisch zu handeln gerade nehmen. Ein verantwortungsvoll geführtes Narrativ ist also gerade keines, das behauptet, alternativlose Antworten liefern zu können, sondern eines, in dem die Handlungsmöglichkeiten des Menschen gewahrt bleiben. Besser ist es noch, wenn es von sich aus ganz neue Handlungsoptionen aufwirft.

Diesbezüglich nimmt die Debatte über die individuelle Freiheit derzeit im Zusammenhang mit dem Klimawandel einen überaus interessanten Verlauf. Denn zumindest in Deutschland ist inzwischen höchstrichterlich bestätigt, dass die Freiheit künftiger Generationen nicht durch die Handlungen oder Untätigkeit der heutigen Generationen eingeschränkt werden darf. Natürlich ist das erst einmal eine eher unscharfe juristische Festlegung. Ob und wie ein/e Richter:in daraus ein Urteil darüber ableiten kann, ob beispielsweise Deutschland oder ein beklagtes Unternehmen bis 2030 oder eher bis 2050 aus der Verbrennung fossiler Energieträger aussteigen soll, ist noch nicht klar.

Schon aus rein praktischen Gründen kann so etwas derzeit noch nicht präzise angeordnet werden, denn in dieser Frage müssen Klimawissenschaftler:innen erst einmal Szenarien erforschen und sie der Gesellschaft zur Meinungsbildung vorlegen, damit sie danach im parlamentarischen Prozess Gesetz werden können. Auch global betrachtet ist ein solcher Rechtsrahmen noch minimal ausgeprägt. Die Weltgemeinschaft hat sich schließlich gerade mal auf ein Temperaturziel zur Eindämmung des globalen Klimawandels geeinigt. Was genau dazu getan werden soll, ist bisher nur äußerst vage definiert. Wenn aber demnächst in nationalen parlamentarischen Verfahren konkreter Großprojekte zum Beschluss anstehen, zum Beispiel, welcher genaue Mix an erneuerbaren Energien in Zukunft in Deutschland gewählt werden soll, ist es wahrscheinlich, dass solche Projekte zunehmend juristisch geprüft und sanktioniert werden. Das zeigt, dass auch unser juristisches Verständnis von Freiheit und demokratischen Institutionen beim Bau unserer Zukunft mitzureden hat.

Man kann es aber auch als Hinweis darauf lesen, wie ein verantwortlich gestaltetes Zukunftsnarrativ gestaltet werden muss: Man sollte sein Narrativ über die Zukunft so gestalten, oder zumindest daraufhin überprüfen, dass auch in dieser Zukunft Menschen die Möglichkeit haben, ethisch zu handeln und sich für eine andere Zukunft neu zu entscheiden. Ein Narrativ, in dem diese Handlungsmöglichkeiten nicht mehr vorkommen, ist – selbst wenn es eine Utopie beschreibt – kein ethisches Narrativ. Ein gutes Zukunftsnarrativ garantiert weiterhin die Möglichkeit von Zukünften im Plural.

Das führt mich zum letzten Punkt über verantwortungsvolle Narrative: Ich habe zuvor gefragt, ob man angesichts der ethischen Unwägbarkeiten des technologischen Fortschritts überhaupt optimistische Zukunftsnarrative vertreten kann. Ich möchte dies hier noch mal vehement bejahen und mit einem Gedanken verknüpfen, den der deutsche Theologe und Ethiker Dietmar Mieth im Anschluss an den französischen Philosophen Paul Ricoeur unter dem Stichwort »Narrative Ethik« diskutiert. Dieser Ethik zufolge brauchen wir sogar Narrative, um die auf uns zukommenden ethischen Probleme angemessen zu diskutieren. »Die sogenannte ›Narrative Ethik‹ verbindet«, so Mieth, »die moralisch wichtige Kategorie der Erfahrung mit rationalem Handeln und eigener Identitätsbildung.« Auch hierbei geht es vor allem

um die Erfahrbarmachung von Handlungsoptionen: »Die Gedankenexperimente, die wir im großen Laboratorium der Einbildung durchführen,« so
zitiert Mieth Paul Ricoeur, »sind auch Forschungsreisen durch das Reich des
Guten und des Bösen.« Ricoeur versteht Fiktion also gerade als Übungsraum
zum Bewerten noch nicht dagewesener Handlungsmöglichkeiten, eben weil
sie anders als trockene, analytische Überlegungen die Dimension der Erfahrung mit einschließen. Ich schließe daraus, dass man nicht nur verantwortungsvolle und zugleich optimistische Zukunftsnarrative erzählen kann,
sondern dass darin manchmal sogar ein ethischer Wert für sich liegt.

Unternehmerische Zukunftsnarrative brauchen öffentliche Debatten

Zurück zum engeren Schauplatz der Wirtschaft: Wenn es um Zukunft und
Ethik geht, müssen Unternehmen darauf vorbereitet sein, dass früher oder
später ein Diskurs über das, was sie planen, stattfinden wird. Ein Hersteller von Lufttaxis muss sich zum Beispiel vor der Freigabe von Entwicklungs-
budgets mit der Frage auseinandersetzen, ob die Gesellschaft ein solches
neuartiges Verkehrsmittel in Großstädten tolerieren wird. Darüber hinaus
könnte die Frage aufgeworfen werden, ob die Technologie für solche Elekt-
rocopter aus ethischen Gründen nicht vor militärischer Nutzung geschützt
werden sollte. Regulierungsbehörden werden sich an einer solchen Debatte ebenso beteiligen wie die Passagierlobby, Flugsicherheitsexpert:innen,
Stadtsoziolog:innen und konkurrierende Hersteller. Ihnen allen muss ein
Hersteller von Flugtaxis überzeugende Antworten geben können, bevor mit
dem Bau dieser Zukunft begonnen werden kann.

Es ist zudem von entscheidender Bedeutung, welches Narrativ als Ergebnis solcher Debatten gewählt wird. Was ist also der überzeugende ethische
Entwurf für die Zukunft des Personentransports in dichten Ballungsräu-
men? Auf ein weiteres Beispiel gedreht: Wer vegane Lebensmittel produzieren und verkaufen will, muss sich Gedanken darüber machen, wie die Gesellschaft zu diesem Thema steht. Ist es ratsam, den Veganismus eher aus
einer Tierschutzperspektive zu propagieren, oder geht es eher darum, vegane

Produkte als gesunde Ernährungsvariante für die Menschen vorzustellen? Oder möchte man solche Produkte vor allem als klimafreundlich vermarkten, weil sie ohne Tierhaltung auskommen, die im großen Stil klimaschädliche Emissionen produziert? Wenn man genau ermittelt hat, wie die Gesellschaft gerade tickt, welche Diskussionspunkte sie aktuell wie stark gewichtet, dann kann man als innovationsorientierte/r Unternehmer:in ein Narrativ wählen, das dem Produkt und der Gesellschaft die bestmögliche Zukunft in Aussicht stellt, und zwar nicht, indem es alle ethischen Fragen beantwortet – zum Beispiel, ob Veganismus gut oder schlecht ist, sondern indem man es als etwas vorstellt, aus dem heraus neue Handlungsoptionen für jeden Einzelnen, in diesem Fall in der Ernährung, für eine sich wandelnde Zeit entspringen.

Aus dieser Perspektive betrachtet wird auch klar, dass selbst ein äußerst kontroverser Diskurs über eine vorgeschlagene Zukunft den Plan nicht unbedingt zum Scheitern bringen muss, sondern, im Gegenteil, ihn sogar voranbringen kann. Denn eine Zukunft in Form einer brüsken Provokation vorzuschlagen, macht es oft leichter, sich von der Gegenwart zu lösen und sich eine kühne Zukunft vorzustellen. Elon Musk ist hier wieder einmal ein gutes Beispiel. Er nimmt in Kauf, dass seine Visionen oft als undurchführbar, widersprüchlich oder gar skurril kritisiert werden – etwa, wenn er mit Tesla-Autos klimafreundliche Straßenmobilität beschwört, während er mit seinem Raketenunternehmen SpaceX massiv zum klimaschädlichen Ausstoß von CO_2 beiträgt. Dieser radikale kommunikative Ansatz mag auf den ersten Blick unethisch und als Doppelmoral erscheinen. Er ist es aber nicht, solange Musk diese Fakten transparent macht und sich auf eine offene Diskussion mit seinen Kritiker:innen über diesen Punkt einlässt. Dann tragen auch seine sich widersprechenden Szenarien zum ethischen Übungsraum bei, indem wir auch die ethischen Probleme der Zukunft schon heute für uns erfahrbar machen.

In ähnlicher Weise kann sich auch Mark Zuckerberg heute nicht mehr einseitig auf den Standpunkt stellen, sein Unternehmen betreibe ein ausschließlich familienfreundliches soziales Mediennetzwerk. Eine solche digitale Plattform kann eben genauso dazu missbraucht werden, Wahlen zu beeinflussen und die Demokratie zu schädigen, wenn nur genug Werbegelder und politische Propaganda über solche Kanäle laufen. Als Unternehmer muss man bereit sein, auch den zweiten Aspekt offen zu diskutieren und sich mit der Gesellschaft darüber zu verständigen, wie man mit einer solchen Technologie in der gemeinsam geplanten Zukunft umgeht. Auch dieser Umgang wird zunächst einmal in einem Narrativ auftauchen, das die – negativen wie positiven – Handlungsräume der Zukunft erfahrbar macht.

Kontroverse Debatten können die Realisierung bestimmter Zukunftsvisionen in der Tat behindern. Aber sie zeigen ethische Bedenken auf und können produktiv sein für die Neudefinition einer Zukunft, der die Mehrheit der Beteiligten zustimmen kann – so wie im bereits diskutierten Fall »Stuttgart 21«. So gesehen können kontroverse Debatten tatsächlich Fortschritt schaffen. Dies gelingt vor allem dort, wo sich diese Debatten auch der institutionalisierten Technikfolgenabschätzung öffnen, die Expertenmeinungen zu möglichen Zukünften liefert und eine informierte Politikgestaltung ermöglicht. Das verleiht Institutionen – wie OTA in den USA und ITAS in Deutschland – ethische Relevanz. Kritiker:innen mögen solchen Institutionen vorwerfen, Technologiepessimismus zu unterstützen. Ihre primäre Aufgabe ist es aber nicht, mögliche Zukünfte zu verhindern, sondern sie durch frühzeitige Bewertung für uns als Gesellschaft einzuschätzen. Es kann eine inspirierende und spannende Aufgabe sein, diesen Bewertungen ein narratives Gewand zu verleihen.

Die Frage nach der ethischen Verantwortbarkeit von Narrativen begleitet mich in meiner Branche seit Langem. Ich bin mit diesem Nachdenken noch nicht fertig, würde mein Zwischenergebnis aber so zusammenfassen:

Erstens müssen Narrative selbst verantwortungsvoll gestaltet werden. Dazu gehört zuallererst der redliche Umgang mit den Tatsachen. Für meinen Bereich der Kommunikationsarbeit bedeutet dies auch, dass der beste Ansatz darin besteht, konstruktive, klare, ehrliche und auf Fakten basierende Erzählungen zu entwickeln und zu verbreiten, die sich für Kritik und die Berücksichtigung von Expertenmeinungen offen zeigen.

Zweitens gibt es für mich, was sicher mit meiner Herkunft, meiner Erziehung und meinen eigenen Erfahrungen verbunden ist, bestimmte unumstößliche Prinzipien, die keinem Nutzenkalkül geopfert werden dürfen und deren Missachtung ich für mich und für die Gesellschaft, in der ich lebe, nicht verantworten könnte. Am Ende müssen Narrative immer die Menschenwürde achten – nicht weniger.

Drittens sollten sich Narrative – um dieses Kapitel mit einem Ausblick auf die Zukunftsgestaltung abzuschließen – für die Schaffung offener Zukünfte einsetzen und die Gesellschaft nicht auf geschlossene Zukunftsperspektiven festlegen. Starr argumentierende Zukunftsnarrative führen zu ideologischer Indoktrination und verhärteten Positionen von Befürworter:innen und Gegner:innen, die letztlich so sehr in Konflikt geraten, dass es gar keine Zukünfte mehr geben kann. Gerade in einem postfaktischen Zeitalter gerät man schnell in die Versuchung, eine ideologisch verengte, vermeintliche Lösungen versprechende Zukunft vorzuschlagen oder sich als Unterstützer:in für sie zu begeistern. In beiden Rollen muss man heute vorsichtiger sein als früher, um sicherzugehen, dass man nicht die falsche Zukunft ansteuert. Wenn man dies tut, können gut gemachte Narrative selbst zu wichtigen Playern auf dem Spielfeld der ethischen Zukunftsdebatten sein. Dazu müssen sie transformativ in dem oben beschriebenen Sinn sein, indem sie nicht nur von der Zukunft der Technologie sprechen, sondern auch die damit verbundenen zukünftigen Handlungsoptionen erfahrbar machen.

Takeaways Kapitel 9, Verantwortung – Ethik hat auch Zukunft

Verantwortung...

...wahrzunehmen bedeutet, Narrative, die bekannten Fakten zuwiderlaufen, abzulehnen.

...erfordert Ethikdebatten um Rahmen und Regeln gerade bei technologischen Durchbrüchen.

...bedeutet Ethikdebatten mit Expert:innen zu bereichern, auch wenn Ethik keine Frage für Expert:innen allein ist.

...hilft zu erkennen, dass Hochtechnologien unsere ethischen Maßstäbe herausfordern können.

...ermöglicht im Rahmen offener Kontroversen, Zukunftsnarrative weiterzuentwickeln, zu verändern und zu stärken.

ZEHNTES KAPITEL

ZUKUNFTSNARRATIVE – WIE SIE GELINGEN

Deine persönliche Zukunft entsteht, indem du sie aktiv auslotest und dann aufbaust. Das bedeutet, nicht nur in einer möglichen Laufbahn der weiteren Ereignisse zu denken, sondern alle möglichen Optionen durchzuspielen. Alles Weitere lässt sich dann wie mit einem Rezeptbuch herstellen: die Idee, basierend auf plausibler Fiktion, die Umsetzung und schließlich – ein packendes Zukunftsnarrativ.

Es war Samstag, als mein alter iMac zu Hause plötzlich den Geist aufgab. Das berüchtigte schwarze Fragezeichen blinkte auf weißem Grund auf, das den Tod der Festplatte anzeigte. Den letzten Atemzug machte mein Apple-Rechner zu einem denkbar ungünstigen Zeitpunkt, steckte ich doch mitten in einem wichtigen Projekt und brauchte sofort Ersatz, um die Deadline nicht zu reißen. Unter ziemlichem Zeitdruck fuhr ich zu Tashin Erkan, einem Computerhändler und IT-Berater, der mit »Hamburg 4« ein florierendes IT-Dienstleistungsunternehmen mit Sitz in einer edlen Altbauetage in Hamburgs Universitätsviertel Rotherbaum aufgebaut hatte.

Tashin hatte keinen neuen iMac mehr auf Lager, wartete aber mit einen pragmatischen Notfallplan auf. Damit ich noch am selben Tag weiterarbeiten konnte, gab er mir einen Mac, der eigentlich gerade nach Paris geschickt werden sollte, wo seine Tochter studierte. Im Laufe unseres Gesprächs stellte sich heraus, dass wir uns kannten. Und in der Tat kam mit einem Mal alles

wieder: Tashin war in den 1990er-Jahren Mitarbeiter meiner Kommunikationsberatung gewesen. Gerade nach Deutschland gekommen, verschafften
wir ihm eine Arbeitserlaubnis für einen Teilzeitjob. Er blieb eine Weile bei
uns, dann studierte er, arbeitete nebenher und beschloss, sich eine andere
Zukunft aufzubauen – seine eigene. Und als erfolgreicher Unternehmer setzt
er sich heute auch dafür ein, Migrant:innen bei der Integration in die deutsche Gesellschaft zu helfen. Am Tag des Wiedersehens war ich froh, dass die
Zukunft, die er damals für sich selbst geplant hatte, mir jetzt aus der Patsche
half. Den neuen Mac konnte ich innerhalb von Minuten unter den Arm
klemmen und mein Projekt termingerecht abschließen.

Beim Verfassen dieser Zeilen kam mir später die Frage: Wie könnte ein
Unternehmen wie »Hamburg 4« von den Erkenntnissen und Analysen zum
Zukunftslärm profitieren? Funktioniert es im praktischen Kochbuch-Stil
nach dem Motto »Zwei Teelöffel hiervon, zwei davon und dann gut umrüh-
ren«, wenn eine Zukunft gebaut werden soll? Nun, hier kommt das Rezept
zum Selbermachen ...

Flexibilität – die sicherste Zukunft erschafft man, wenn man sie nicht zu sehr plant.

Die Zukunft als einen Raum von Möglichkeiten zu betrachten ist gar nicht
so einfach, denn unsere Psyche verleitet uns immer wieder dazu zu denken,
dass wir die Zukunft so genau wie möglich vorhersehen müssen – wie bei einem Drehbuch, das ein klar beschriebenes glückliches oder trauriges Ende
vorwegnimmt und die Handlung dahin bis zum letzten Komma ausbuchsta-
biert. Die Suche nach einer Zukunftsstrategie folgt dann ebenfalls übertrieben starren Folgeüberlegungen: »Wenn ich mich heute für diesen einen oder
jenen anderen Weg entscheide, wird mir am Ende meines Plots unweigerlich
entweder Triumph oder Niederlage begegnen – oder eben ein Ergebnis, das
genau verortbar in der Mitte zwischen beiden liegt. In jedem Fall aber lege
ich mit meiner jetzigen Entscheidung das Ende bereits fest.« Gedanken wie
diese geben uns ein Gefühl der Kontrolle, weil sie suggerieren, dass unsere
Zukunft gänzlich von unseren gegenwärtigen Entscheidungen abhängt – sie

sich einfach aus der Weiterführung der Gegenwart ergibt. Unerwartetes oder gar eine unkontrollierbare Pluralität von Zukünften werden mit solchen Gedanken entschieden beiseitegewischt.

Nun ist an dem Wunsch nach Kontrolle zunächst einmal nichts schlecht und man sollte diese deterministischen Bewältigungsstrategien, die sich unser Gehirn für uns ausdenkt und die seit Jahrmillionen im menschlichen Denken verankert sind und unser Überleben garantiert haben, nicht völlig in den Wind schlagen. Aber man muss ihnen auch nicht vollständig nachgeben. Mit anderen Worten: Wir sollten unsere Zukunft weder zu genau vorhersagen wollen, noch ist es ratsam, sich zu wenig Gedanken über die Zukunft zu machen und damit die Gegenwart unverändert einfach nur zu verlängern.

In diesem Buch habe ich versucht zu zeigen, dass es eine Technik gibt, um ein Zukunftsszenario so zu konstruieren, dass ein starkes und wirksames Narrativ entsteht. Dieses Buch ist daher auch eine Einladung dazu, sich systematisch zu überlegen, welche konkreten Szenarien für die eigene Zukunft denkbar, machbar und wünschenswert sind. Dafür sollte man Zukünfte immer im Plural denken, sodass man einen ganzen Raum möglicher Zukünfte nach plausiblen Ergebnissen durchforsten und sich für eines entscheiden kann. Offen zu sein für andere mögliche Zukünfte bleibt auf dem Weg dorthin wichtig.

Gerade die Zukunft persönlicher Karrieren sollte idealerweise nicht in einen rigiden Plan eingepfercht werden. Nur langweilige Berufsbiografien laufen ab wie ein gut geöltes Uhrwerk ohne Haken und Widersprüche. Sie begnügen sich oft damit, gängige und generische Wünsche und Ziele wiederzukäuen. Wo sie es aber tun und dabei schlicht dem Beförderungsautomatismus der gängigen Berufswelt folgen, wird am Ende genau das zu ihrem Problem, denn hier wird zu wenig Zukunft gebaut. Man nimmt sich dann selbst die Flexibilität, sowohl um auf Schicksalsschläge zu reagieren als auch auf unerwartete Chancen einzugehen. Eine gute Zukunft, egal ob für mich persönlich oder für die ganze Gesellschaft, bleibt stattdessen offen, gestaltbar, möglich und voller Hoffnung. Sie berücksichtigt und erkennt kontinuierlich Risiken, Potenziale, Richtungswechsel, Weggabelungen und alternative Szenarien.

Nirgends werden Menschen sichtbarer und greifbarer als in den Entscheidungen, die sie treffen. Die Lebensläufe von Menschen oder von Persönlichkeiten des öffentlichen Lebens, die sich langweiligen Narrativen widersetzen, sind deswegen auch fesselnder und offenbaren mehr Fakten über die Person, ihre Herausforderungen, ihre inneren Entscheidungen und Antriebe sowie ihren persönlichen Mut. Solche Biografien ergeben stärkere und reichhaltigere Narrative. Erfolgreiche CEOs verdienen dann am meisten, wenn sie – in der Regel quartalsweise – genau die Zukunft abliefern, die den Investor:innen versprochen wurde. Sie werden daran gemessen, den Worten Taten folgen zu lassen und man traut ihnen daher zu, in ein paar überschaubaren Schritten eine solide Zukunft aufzubauen. Eine beeindruckende und sehr viel weiter vorausschauende, die Welt vielleicht transformierende Zukunft zu gestalten, traut man hingegen eher den unberechenbaren und vernehmbaren Unternehmertypen wie Elon Musk zu – eben genau deshalb, weil ihre Vorschläge nicht eindimensional bleiben und nur Stück für Stück die Gegenwart in Richtung Zukunft verlängern.

Das Erste, was wir also tun müssen, ist, unsere Perspektive zu ändern. Wir müssen uns die Zukunft im Plural vorstellen, als einen Möglichkeitsraum und nicht als einen Raum von Vorhersagen. In einem vorhersagbaren Raum sind alle Möglichkeiten schon klar gegeben und müssen nur noch abgehakt und verwirklicht werden. Ein Möglichkeitsraum zeichnet sich hingegen dadurch aus, dass manche Möglichkeiten, von denen wir in der Gegenwart noch keine Ahnung haben, und die wir kaum vorhersagen können, erst noch geschaffen werden müssen. Diesen Raum zu betreten bedeutet daher, den Mut aufzubringen, nach etwas zu greifen, das heute noch unmöglich ist, und dann alles daran zu setzen, das Unmögliche möglich zu machen. Zukunft gestalten heißt also: hinter die Grenze des Unmöglichen zu schauen und Zukünfte auszuloten, die für einen infrage kommen, dann eine davon als plausible Fiktion für sich zu wählen und zu beginnen, sie auszugestalten.

Überlege dir also etwas, das jetzt noch unmöglich ist, aber bald plausibel machbar sein könnte – und du wirst damit eine Zukunft gewählt haben, für die du dann ein Zukunftsnarrativ entwerfen kannst. In die Wahl einer solchen Zukunft sollten immer auch individuelle Vorlieben einfließen, nur so wirst du selbst in deiner Zukunft sichtbar. Stell dir den Raum der

Zukunftsmöglichkeiten also nicht als ein Geschäft vor, in dem fertige Zukünfte in den Regalen hängen, die nach Kategorien geordnet sind, und in dem ein Verkäufer dir die eine oder andere Zukunft empfiehlt. Es wird von deiner eigenen Lesart dieser Optionen abhängen, ob diese oder jene Zukunft für dich geeignet ist oder nicht. Denn Zukünfte fertigt man lieber selbst nach Maß an, als sie von der Stange zu kaufen.

Ein Beispiel: Wer ein Haus baut, und sich im Narrativ der CO_2-Neutralität bewegt, wird ein energieeffizientes Wärmesystem installieren müssen, das eine vollelektrische Anlage vom ersten bis zum letzten Stock, mit Sonnenkollektoren auf dem Dach und einer Erdwärmepumpe im Keller kombiniert. Nehmen wir aber an, keiner der Anbieter, die es am Wohnort gibt, ist derzeit in der Lage, eine solche Lösung schlüsselfertig zu liefern oder gar die gesamte Verantwortung dafür zu übernehmen. Das persönliche Unterfangen liegt damit also fürs Erste außerhalb des Bereichs des Möglichen. In dem Moment aber, indem du selbst ein Start-up-Unternehmen gründen willst, Innovationen bei Heizsystemen vorantreiben oder das Haustechnikgewerbe aufmischen möchtest – hast du plötzlich dein Zukunftsnarrativ vor dir liegen und hast begonnen, das Unmögliche möglich zu machen. Aber obwohl vom/von der Dachdecker:in bis zum/zur Elektriker:in alle von dieser Transformation betroffen sein werden, ist es wahrscheinlich, dass einige von ihnen dennoch zu langsam, zu kleinkariert oder einfach gar nicht auf deine Vorschläge reagieren werden. Gerade in Hinblick auf sie wäre es wichtig, ein Zukunftsnarrativ für deine Initiative zu entwickeln, das einfach zu verstehen ist und gleichzeitig durch seine Zugänglichkeit begeistert.

Das offene Umgehen mit verschiedenen möglichen Zukünften, das hier vorgeschlagen wird, erfordert Flexibilität, um sich jederzeit auf eine Änderung des Plans einzulassen. In der Welt der Start-ups nennt man dies gerne »Pivotieren«, also ruckartig die Richtung zu ändern, wie das Kreuzen beim Segeln. Genau das fassen die Literaturwissenschaftler Christoph Bode und Reiner Dietrich, die sich mit Zukunftsnarrativen befassen, unter dem Stichwort *Futures Literacy* oder Zukunftskompetenz zusammen. Laut Bode und Dietrich sind wir von unserer Unfähigkeit verwöhnt, »ausreichend fantasievoll zu sein, das Unerwartete zu denken, Überraschungen, Diskontinuitäten, Umkehrungen und Kipppunkte zu berücksichtigen.«[128] Wir sind in unserem Denken und unserer Wahrnehmung einfach »zu sehr an die Gegenwart gebunden«. Aber wir haben auch die Gelegenheit, diese Begrenzungen einzureißen, in dem wir sozusagen fließend in der Sprache der Zukünfte werden. Die UNESCO definiert Zukunftskompetenz als die »Fertigkeit, die es den Menschen ermöglicht, die Rolle der Zukunft in dem, was sie sehen und tun, besser zu verstehen. Zukunftskompetenz stärkt die Vorstellungskraft und verbessert unsere Fähigkeit, uns auf Veränderungen vorzubereiten, zu erholen und zu erfinden«.[129] Das heißt auch, dass wir unsere Zukunftskompetenz trainieren und verbessern können. Neben den Vorteilen, die das für die Gestaltung unserer persönlichen Zukunft hat, nennt die UNESCO auch Resilienz und Innovation als positive Nebenwirkungen von Zukunftskompetenz. Auch die Sprach- und Kulturwissenschaftler:innen Genevieve Lively, Will Slocombe und Emily Spiers stellen fest, dass Narrative eine entscheidende Rolle bei der Überwindung kognitiver Grenzen spielen, wenn es darum geht, sich die Zukunft vorzustellen und zukunftsfähig zu werden. [130]

Mein Rat: Lege dich auf ein Szenario fest, das du im Raum der zukünftigen Möglichkeiten für plausibel hältst, und konzentriere dich darauf. Bereite dich aber auch auf Wendungen, Umschwünge und Unterbrechungen vor, da diese irgendwann notwendig werden könnten. Es gibt keine Zukunft ohne Alternativen und man ist gut beraten, auf dem gesamten Weg flexibel zu bleiben, um gegebenenfalls eine dieser Alternativen zu verfolgen. Stell dir diese Reise wie die Fahrt auf einer Wanderung durch ein breites Tal vor. Sie führt von A nach B. Aber auf dieser Wanderung wirst du immer mal wieder die Talseite wechseln müssen, mal im Wald laufen, mal auf Wiesen, mal schnelleren und mal steigungsreicheren Wegen folgen, oder sogar Umwege einschlagen, weil ein Weg zu voll von anderen Menschen ist, die bereits dieselbe Art von Zukunft verfolgen. Pragmatismus erhöht deine Chancen, am Ende deine Fiktion derjenigen Zukunft, die du für dich selbst entworfen hast, auch wirklich zu realisieren.

Um diesen Punkt zu veranschaulichen, müssen wir zurück zu unserem Thema IT-Dienstleister gehen. Mitte der neunziger Jahre wurden Desktop-Computer immer leistungsfähiger. Deren Vernetzung und Anwendungen standen im Raum. Damals wurde die Branche der Schriftsetzer und Gestalter digitalisiert. Es war sichtbar, dass eine technische Revolution die

Wirtschaft und die Gesellschaft begleitete, kein Arbeitsplatz und kein Zuhause kam danach ohne Computer aus. Viele Zukünfte waren denkbar, etwa die eines großen Dienstleisters für diesen Umbruch, sozusagen das, was Michael Dell in globalem Maßstab tat und Tashin Erkan in lokalem Maßstab: Menschen und Unternehmen mit dem Arbeitsmittel Computer auszustatten. Software zu diesem Zweck zu entwickeln. Oder die Vernetzung zu organisieren. Schon früh war in dieser Zeit die Kraft der Vernetzung und das Internet sichtbar, aber eben noch nicht als Alltagsmöglichkeit. Mobilfunk war schon präsent, Handys überall, aber Smartphones waren noch sperrig und selten. Blackberrys boomten, Smartphone-Vorläufer, Mobilgeräte, mit einer winzigen Tastatur, die sich auf E-Mails und datensparsame Verbindungen spezialisiert hatten. In diesem technischen Entwicklungsraum einfache, kühne, konkrete oder ferne Zukünfte zu überlegen, war so wenig unmöglich wie es heute undenkbar ist, was die technische Entwicklung noch ergeben könnte. Was es für eine Gesellschaft morgen bedeutet, wenn nicht nur die Person im Navigationssystem, sondern auch der Tagesschau-Moderator alternativ zur menschlichen Präsentation synthetisch und frei wählbar aus 20 Möglichkeiten ist. Was es bedeutet, wenn nicht nur das Fernsehen sich vom Programmplatz löst und streambar wird, sondern auch noch virtualisierbar, das ist nicht undenkbar. Was passiert, wenn Windenergie verfünffacht werden muss und die Welt eine neue Welle der Elektrifizierung erreicht, wenn alle Häuser Wärmepumpen brauchen und viel mehr aus Holz gebaut werden müssen, ist nicht unvorstellbar. Auch was die Physik machen muss, um Quantenrechner zu entwickeln oder die Chemie, um nicht nur in der Energienutzung, sondern auch in der Substanz selbst nachhaltiger zu werden ist so wenig undenkbar, wie die Frage, was Zukunftsmobilität ermöglichen kann. Die Richtung, in die sich spirituelle Bedürfnisse entwickeln oder schulische Angebote, der Bedarf, politische Führung zu verändern und Debattenkultur zu entwickeln – nicht unabsehbar. Schwierige Fragen kann man sich gezielt selbst stellen und die Antwort darauf suchen.

Die weitere Zukunft des IT-Experten aus den 90ern war ebenso offen und gestaltbar. Also die Frage, programmiere ich Apps, steige ich als Projektleiter bei SAP oder Microsoft ein oder gehe sogar nach Kalifornien und gründe meine eigene Tech-Firma, die für Unternehmen ein revolutionäres

Zahlungs- und Rechnungsmanagement in Sekundenschnelle möglich macht. Das könnte auch ein Weg in eine Zukunft gewesen sein. In diesen Szenarien wären unterschiedliche Weg eingeschlagen und das Talent in eine andere Richtung gelenkt worden. Es macht bewusst, dass es immer mehrere mögliche Zukünfte gibt, auch wenn der Weg dorthin zunächst aufwendig, ja fast unmöglich erscheint.

Auch andere Szenarien wären denkbar, zum Beispiel solche, deren Fokus nicht auf Karrieren oder professionellen Zukünften liegt, sondern auf der Ausgestaltung von Modellen zwischen Familie und Arbeit.

Entscheidend ist in all diesen Szenarien, dass die Zukunft angepeilt ist, aber nicht auf die rigide Weise eines Programmablaufs, sondern wie ein Mensch, der frei seine Möglichkeiten interpretiert, Taktiken anwendet und Strategien entwickelt, aber bereit ist, mitten auf der Reise umzukehren und sich neu zu orientieren. Er verhält sich damit wie jemand, der sich die Freiheit bewahrt, immer wieder neu zu planen, um seine plausible Fiktion zu verwirklichen, ein/e erfolgreiche/r Unternehmer:in im weitläufigen Feld der Informationstechnologie zu werden – schließlich stellt das die Faszination seines Lebens dar.

Sprache – die Zukunft entsteht, wenn man sie nicht zu sehr ausbuchstabiert

Als Nächstes musst du angemessene Worte für die einzelnen Zukunftsperspektiven finden, die sich dir bieten. Die möglichen Zukünfte, die du erkundest, sollten nicht in Form von trockenen Geschäfts- oder Projekttabellen skizziert werden, nicht in Stichpunkten, die jeder emotionalen Inspiration entbehren und ausschließlich über Umsatzziele, Mitarbeiterzahlen und Pro-Kopf-Margen sprechen. Vor allem sollten die Beschreibungen deiner möglichen Zukünfte, bei aller Plausibilität und Belastbarkeit, nicht zu viele konkrete oder gar in Zahlen ausgedrückte Ziele enthalten. Vielmehr sollten sie auf breit angelegten, großen Ideen beruhen, die Begeisterung auslösen können und unterschiedliche Optionen anbieten, wie die einzelnen Zukünfte plausibel gestaltet werden können. Nicht jede Überlegung muss kommuniziert und geteilt werden, aber sie sollte kommunizierbar sein, eine Geschichte repräsentieren, die Sinn ergibt.

Wenn du jemanden von einer gewählten Zukunft überzeugen willst, ist es wichtig, dass sich der andere als aktiver Teil der Zukunftsgestaltung versteht kann. Die/er erfolgreiche Zukunftsgestalter:in ist also jemand, dem es gelingt, einen interessanten Austausch über mögliche Zukünfte zu initiieren. Dieses Gespräch muss so angeboten werden, dass ein Publikum mit Leidenschaft daran teilnehmen möchte und sich daraus eine wachsende Gemeinschaft bilden kann. Ist dies erreicht, geht es darum, diesen Dialog zu moderieren, ihm eine Richtung zu geben und das Publikum mit Zukunftsentwürfen zu überraschen, die langfristig Anhänger:innen finden können. All das erfordert eine Sprache und ein Format, das in der Lage ist, Gedanken anzuregen. Der wohl beste Weg, dies zu tun, ist das Abfassen eines kurzen Textes, eines kleinen Manifests, eines Briefs oder einer kurzen Rede, die in wenigen Sätzen alles darüber aussagt, wie du dir deine Zukunft aus einer erzählerischen Perspektive vorstellst.

Man muss kein/e professionelle/r Autor:in sein, um ein solches Manifest zu verfassen. Zu viel professionelle Glätte kann auch schaden und dem Text den Charme und das Greifbare nehmen. Aber es hilft, überzeugende Metaphern für das zu finden, was dir vorschwebt. Wenn du deine Gedanken über die Zukunft in Bilder fasst, können sich deine Ideen bei dir selbst und bei anderen besser verankern. Erinnere dich daran, dass selbst große Unternehmen wie der Tech-Gigant Apple sich nie auf einen einzigen Slogan verlassen haben, der die Essenz ihrer Erzählung abdeckt. Stattdessen steuerte Apple sein Markenprofil erfolgreich mit ständig wechselnden Werbemottos durch die Jahrzehnte. Trotzdem bleibt die Typologie der Geschichte, das Apple-Narrativ, auf einer Erzählspur, an die wir uns alle vor allem auch deshalb gut erinnern, weil sie stärker unsere eigene Geschichte mit Apple ist, als eine exakt vorgegeben kommunizierte, die wir wie auswendig gelernt wiedergeben können. Auf dem Apple-Narrativ, auf den Apple-Auspackzeremonien kann jeder seine Geschichte erzählen.

Was würde das alles im Fall eines Gründers oder einer Gründerin bedeuten? Am Anfang die Zukunft zu bauen, heißt nicht nur die harten Daten und Zahlen zusammenzutragen, die normalerweise für die Gewährung eines

Start-up-Kredits durch eine Bank benötigt werden: Informationen über verfügbares Eigenkapital, Steuerregelungen, Marktforschung, Mietverträge und Logistikzentren. Stattdessen gibt es auch die Möglichkeit, drei imaginäre Briefe an potenzielle Investor:innen konkret zu schreiben, in denen jeweils verschiedene Möglichkeiten für die Zukunft vorkommen.

Ein solch einfacher Brief würde eine kraftvolle Erzählung liefern, die alle Stakeholder plausibel finden und unterschreiben können: allen voran zukünftige Kund:innen, Eltern, Partner:innen und Kinder, Co-Investor:innen und Banker:innen. Indem Worte für das Vorhaben gefunden werden, buchstabierst du deine Zukunft für dich und andere, die visionär und gewagt ist, aber dennoch machbar erscheint. Eine Zukunft, die mit deiner Persönlichkeit und deinem Leben in Verbindung steht. In jedem Fall sollten es Worte sein, die bei allen Beteiligten ankommen und als plausibel verstanden werden – das ist das eigentliche Ziel eines guten Narrativs.

Muster – die sicherste Zukunft entsteht, wenn man sich auf Vorlagen stützt

Wie innovativ müssen wir denken und sprechen, wenn wir eine Zukunft planen? In den seltensten Fällen muss man bei Null anfangen. Denn die entscheidende Leistung bei der Gestaltung der Zukunft besteht nicht immer darin, etwas völlig Neues zu entdecken und in die Tat umzusetzen. Wie unser Haus-Beispiel gezeigt hat, geschieht auch das Möglichmachen des bislang Unmöglichen oft in eher banalen Bereichen und hat nicht immer mit Originalität zu tun. Natürlich ist es befriedigend, sich etwas gänzlich Unbekanntes auszudenken und es Realität werden zu lassen. Und wenn du selbst davon ausgehst, dass es etwas wirklich Bahnbrechendes ist, an dem du arbeitest, wirst du dich auch mit größerer Überzeugung von der Gegenwart lösen und mit deinem Ziel tatsächlich einen neuen Horizont aufstoßen, anstatt lediglich deine schon bestehenden Kompetenzen zu erweitern.

Oft ist das aber einfach nicht der Fall. Aber wenn man es genau betrachtet, ist das auch nicht schlimm. Viele Narrative oder Transformationsgeschichten wurden im Laufe der Geschichte bereits auf ähnliche Weise immer wieder erzählt. Die meisten von ihnen sind heute so ähnlich geworden, dass sie fast deckungsgleich sind und wie Schablonen behandelt werden können, aus denen sich dann individualisierte Variationen basteln lassen. Es sind narrative Vorlagen, ein Vorrat an mehr oder weniger standardisierten Deutungsmöglichkeiten, aus dem man sich bei der Gestaltung des eigenen Zukunftsnarrativs bedienen kann. Wer die Zukunft im Kontext solcher vorhandener Erzählmuster entwirft, erhält dadurch mehr Orientierung und kann sich schneller und selbstbewusster auf sein eigenes Narrativ festlegen. Durch den Rückgriff auf einen Bestand an vorhandenen Mustern wird einem schnell klar werden, ob man eines davon adaptieren will, um es sich zu eigen zu machen, oder ob man mit ihm brechen und es konterkarieren will, weil es dann besser zu den eigenen Visionen passt.

Wir wollen kurz prüfen, wie Tashins Biografie in diesem Licht betrachtet werden kann. In der Tat hat er das Rad nicht neu erfunden, als er beschloss, einen Computerhandel zu gründen. Als er »Hamburg 4« aus der Taufe hob, gab es das Geschäftsmodell bereits. In vielerlei Hinsicht folgte er dem Beispiel ähnlicher, bereits auf dem Markt befindlicher Unternehmen. So gesehen hat er ein narratives Muster genutzt und daraus sein spezifisches Geschäftsmodell geschmiedet, das er ohne solche bestehenden Vorbilder erst später oder vielleicht gar nicht gefunden hätte. Natürlich erweitert jeder Unternehmer seine Zukunftsplanung auch, indem er an seiner Geschäftsformel feilt. In Tashins Fall war es der besondere Fokus, den er für sein Unternehmen wählte – die Spezialisierung auf Apple-Computer, die Ausrichtung seines Modells auf Büro-IT für Kommunikationsunternehmen oder für eine andere Nische, die er hätte wählen können. In jedem Fall hat Tashin über seine Zukunft nachgedacht und dafür ein Musternarrativ gefunden, welches er für seine Zwecke anpassen konnte, anstatt ganz von vorn anzufangen. Der gesamte hier skizzierte Ansatz für die Gestaltung einer Zukunft hat sich für Tashin, ebenso wie für unzählige andere Unternehmer:innen, Führungskräfte, Denker:innen auf der ganzen Welt – mich eingeschlossen – nachhaltig ausgezahlt. Denn genau damit lässt sich die unglaubliche Kraft von zukunftsgestaltenden Narrativen zum Leben erwecken.

Takeaway Kapitel 10, Zukunftsnarrative – wie sie gelingen

Zukunftsnarrative gestalten...

...bindet häufiger an bestehende Narrative an, als sie völlig neu zu gestalten.

...bedeutet nicht zuerst, präzise Vorhersagen zu treffen, sondern mit plausibler Fiktion zu arbeiten.

...heißt zu erkennen, dass unberechenbaren Zukunftsgestalter:innen oft mehr vertraut wird als nur Zielerfüller:innen.

... mit nachhaltiger Wirkung beginnt mit kurzen, manifestartigen Erklärung oder Reden.

...ist eine wirklich gute und überzeugende Möglichkeit, innovativ zu sein.

EPILOG

Fünf Zukunftskräfte für ein starkes Narrativ!

Wir können auch anders – so hieß das Narrativ eines kreativen Experiments, das einen Wendepunkt in meiner Berufslaufbahn darstellte. Mit der gesamten Agentur planten wir ein gemeinsames Wochenende in der Lüneburger Heide. Dort befindet sich eine große Eventscheune, die wir verdunkelt hatten und die zu Beginn um 12 Uhr mittags nur durch eine Zeitschleuse betreten werden konnte. Alle mussten Uhr und Handy abgeben und es gab auf der anderen Seite der Schleuse für jeden der Anwesenden eine Retro-Casio-A168 an den Arm, die allerdings acht Stunden in die Zukunft vorgestellt war. Der gleiche Mechanismus wie beim Wechsel von der Winter- zur Sommerzeit, nur nicht um lediglich eine Stunde, sondern ein Drittel des Tages. Sicherlich dachten alle, es geht jetzt darum, direkt in den Abend einzusteigen und loszufeiern – und recht hatten sie. Die ganze Wahrheit wurde indes schockierend schnell klar. Um 18 Uhr, also Lüneburger Scheunen-Zeit um 2 Uhr morgens, ging es ins Bett, aufstehen dann um 24 Uhr, also um 8 Uhr morgens, Seminarprogramm dann um 9 Uhr, also in Wirklichkeit um 1 Uhr nachts – und so ging es weiter. Die künstlich erzeugte Zeitverschiebung sollte uns allen zeigen, was passieren würde, wenn sich ein Team auf eine eigentlich unmögliche Idee einlässt. Natürlich war, nachdem alle nichtsdestotrotz das Wochenende mit viel Spaß und Freude erlebt hatten, am Montag die halbe Firma gejetlagt und für mindestens einen Tag arbeitsunfähig. Das Unmögliche zu testen ist jedoch immer der erste Schritt in die Gestaltung der Zukunft, wie wir nun wissen – auch wenn dadurch eine Agentur einige Zeit mit künstlich herabgesetzter Produktivität arbeiten musste.

Wir haben danach noch über Jahre mit weiteren Ideen experimentiert, die jeweils Unmögliches oder Transformationen zum Ziel hatten. Eine Initiative bestand zum Beispiel darin, Frauen gewaltverherrlichende und frauenverachtende Rapper-Texte im Original zu Rapmusik langsam vorlesen zu lassen und daraus einen Film zu machen. Das Experiment hat die Deutsch-Rap-Szene verändert. Nicht nur, weil einer ihrer Protagonisten wegen seiner Hassreaktion auf seine eigenen Texte im Film eine Nacht lang in Polizeigewahrsam musste. Andere Künstler:innen hatten mehr Verständnis und Einsicht angesichts der Aktion. Vor allem war es uns gelungen, einer hippen, coolen, oft recht zweifelhaften Subkultur-Szene Grenzen aufzuzeigen, ohne den Respekt gegenüber ihrer Kreativität zu verlieren. Ein Ergebnis, für das wir mit Preisen überhäuft wurden und das auch zeigt, wie Zukunft, in diesem Fall die der Rap-Szene, in neue Bahnen gelenkt werden kann, wenn man sie nur aktiv durch Kommunikation gestaltet.

In einzelnen Aktionen wie diesen verändern wir natürlich noch nicht einmal die halbe Welt, genauso wenig wie dies eine bahnbrechende Technologie allein tun könnte. Aber dennoch müssen wir alle unserer zukünftigen Welt eine bestimmte Form geben. In der Gegenwart besteht die noch aus diffusem Vogelgezwitscher, wie am Anfang des Buches beschrieben – ein Schwarm Mockingbirds vermochte dort im übertragenen Sinn die Geräusche einer Zukunftskonferenz in Austin zu imitieren. An uns ist es, diesen Zukunftslärm zu filtern und zu entscheiden, was wir davon anstreben wollen und was nicht. Ornithologen haben festgestellt, dass Vögel in Großstädten lauter zwitschern müssen, weil der Hintergrundlärm höher ist. Sie müssen den Lärm übertönen, um von Artgenossen gehört zu werden. Sorgen wir dafür, dass gute Zukünfte harmonisch klingen und nicht bloß durch Lautstärke überzeugen.

Denn die Welt wird schließlich bewegt durch gute, weiterführende Ideen und die Bewältigung unmöglicher Herausforderungen. Oft reicht es etwa für Start-ups nicht, einfach nur Kopiermaschine kalifornischer Ideen zu sein und allein zu schauen, welche Zukunft woanders schon stattgefunden hat oder gerade im Entstehen ist. Oft sind aber auch die lautesten Zukünfte nicht die, die wirklich Neues mit sich bringen. Und oft sind nicht die

Held:innen und Protagonist:innen, die sich schon auf dem Mars oder nahe an der Sonne wähnen, die wirklichen Revolutionär:innen. Auch Ikarus kam der Sonne nahe – und starb, ohne wirklich weit geflogen zu sein. Manchmal reicht es schon, eine einfache, ganz naheliegende, kleine Idee für die Zukunft sehr nachhaltig und auf einzigartige Weise zu verfolgen, sich zum Beispiel als Einwanderer:innen nach Deutschland eine Zukunft aufzubauen, damit, wie im Fall von Tashin Erkan, die Tochter in Paris studieren kann.

Mehr als zu jeder anderen Zeit in der Menschheitsgeschichte scheint es heute so, als seien wir allmächtig. Wir können Bomben bauen, die die Welt auslöschen, und wir können das Klima so nachhaltig schädigen, dass die Gletscher verschwinden. Wir können wirklich komplexe Technologien entwickeln, autonome Autos und künstliche Intelligenz. Unser aller individuelles Lebensende können wir trotzdem nicht verhindern. Wir verstehen auch nicht wirklich, warum ein Hahn am Morgen kräht und warum ein Zugvogel seinen Weg über Kontinente hinweg immer wieder findet. Innere Uhr und inneren Kompass nennen wir nebulös das, was wir in den Gehirnen dieser Tiere vermuten – etwa mit dem menschlichen Bauchgefühl oder siebten Sinn vergleichbar. Bei uns Menschen wird das Bauchgefühl dafür, wann der richtige Weg in die Zukunft zu nehmen ist, durch Narrative wesentlich beeinflusst, durch Denkmuster, die uns in eine Zukunft führen, die Transformation, Veränderung und Verbesserung herbeiführen sollen. Zukunftsnarrative, darum ging es in diesem Buch, erklären uns den Weg in eine bestimmte Zukunft. Sie erzeugen so etwas wie einen trainierten Instinkt, eine geschulte und vereinfachte Wahrnehmung, die uns leiten kann und uns die Zukunft finden lässt, zu der wir aufbrechen wollten.

Gut also, dass es den ganzen Zukunftslärm gibt, das Ringen um das Neue und das Nächste. Gut, dass es viele gibt, die darum kämpfen, in diesem Lärm vorzukommen, erkennbar zu sein, die Zukünfte mit ihren Narrativen zu dominieren. Schlecht wäre es, würde es leise um die Zukunft werden. Wenn vor lauter täglichen Problemen und Herausforderungen kein Raum mehr bliebe für mutige Zukunftsgedanken und Erzählungen über die möglichen Zukünfte.

Noch besser jedoch, wenn wir im Zukunftslärm trotzdem etwas machen, entwickeln und mit etwas experimentieren, das auch wirklich neu ist.

Innovativ für uns als Gesellschaft, für unseren Alltag, unsere Arbeitsplätze, für die Unternehmen, für die Fragen, an denen wir forschen und neu auch im privaten Umfeld, für unsere Familien und Freunde. Ein Zukunftsnarrativ entwickeln heißt deshalb immer, mit neuem Denken anzufangen. Dafür gibt es ein paar praktische Leitsterne, wie die vorgestellten fünf Zukunftskräfte, die man einsetzen kann, um für sich und andere eine gute Zukunft zu bauen.

Viele solcher Zukunftsnarrative bestehen nicht nur aus einem Satz oder einer Behauptung. Sie sind häufig komplexer, erfordern mehr Erklärung – vor allem, wenn es darum geht, gesellschaftliche Zustände zu transformieren. Du musst also einen geeigneten Weg finden, Komplexität zu einem prägnanten Kurzformat zu destillieren. Denke dabei breit gefächert und sei originell. Du musst dein Publikum von der Zukunft überzeugen, die du vorschlagen möchtest, von deinem besonderen Ansatz oder deiner Methode, dorthin zu gelangen. Deine Zuhörer:innen sollen ihre Zukunft deinem Plan anvertrauen.

Wenn du dein Zukunftsnarrativ also in Worte fasst, fange damit an, es als **plausible Fiktion** zu beschreiben. Überschreite dabei die Grenze des Möglichen. Strebe etwas an, das noch unmöglich ist. Versuche gleichzeitig, deine Zukunftsvision nicht ganz im Enthusiasmus aufgehen oder gar absurd erscheinen zu lassen. Das funktioniert, indem du plausibel begründest, warum die von dir angestrebte Zukunft tatsächlich Realität werden könnte.

Konzentriere dich nicht ausschließlich auf die wünschenswerteste Version der Zukunft. Finde auch heraus, was deine Vorstellung von der Zukunft bedroht, wer sich ihr widersetzen oder sie bekämpfen könnte – welche Umstände sie untergraben und welche Herausforderungen sie scheitern lassen könnten. Es ist wichtig, jenes **dystopische »schwarze Loch«** zu identifizieren, das deine Zukunftsvision verschlingen könnte. So kannst du dich direkt vom Rande dieser potenziellen Katastrophe abstoßen und die nötige Energie aufbauen, um deine Zukunft ins Leben zu rufen.

Wähle außerdem eine **Utopie**, um dein Narrativ voranzutreiben und Ideen in Gang zu setzen, die Massenwirkung entfalten. Orientiere deine plausible Fiktion in Richtung dieser Utopie, auch wenn diese selbst immer unerreichbar bleibt. Denke daran, dass es darum geht, den Wunsch nach persönlicher Verbesserung der Menschen, die du motivieren willst, mit deiner eigenen Zukunftsvision in Einklang zu bringen. Deine Anhänger sollten beim Hören deines Zukunftsnarrativs das Gefühl haben: Diese Zukunft ist auch unsere Zukunft, denn sie ermöglicht es uns, neue Dinge zu tun, um unsere eigenen Ziele und den kollektiven Nutzen zu erreichen.

Bedenke die Kraft, die aus dem Aufbau einer **Gemeinschaft** entstehen kann, und ermögliche ihren Mitgliedern, intellektuell, spirituell oder materiell zu wachsen. Maximiere die Auswirkungen deines Vorschlags für eine bessere Gesellschaft, indem du schon vor dem Beginn der Reise ein gemeinsames Verständnis dafür schaffst. Betrachte Technologie als ein wichtiges Instrument bei der Gestaltung der Zukunft, aber bedenke auch, dass sie eine eigenständige Kraft für sich ist, die eine Gesellschaft, die sich für sie begeistern soll, beeinflusst und mit ihr interagiert.

Mit den fünf Zukunftskräften in einem offenen Raum der Möglichkeiten entwickelst du einen Fokus und orientierst dich und andere auf etwas Wichtiges und Dauerhaftes hin. Bringe die Zukunft mit Empathie, intellektueller Neugierde, authentischer Argumentation und bestechender Ästhetik in den Aufwind der Begeisterung.

Ein gutes Narrativ kann die Welt erneuern.

***

DANKSAGUNGEN

Zu sagen, dieses Buch sei von mir, übertriebe ein wenig. Ohne die entscheidenden Beiträge von anderen engagierten Menschen wäre dieses Buch niemals entstanden.

Ganz vorne danke ich den Mitarbeiter:innen meines Forschungsteams, besonders Dr. Jack Loveridge und Dr. Rafael Dernbach, Tabea Venrath, Dominik Schenk und Dr. Philipp Wüschner. Und bei den Vorarbeiten auch Dr. Martin Röw. Es war und ist mir ein Vergnügen und eine Ehre, mit diesen Menschen sehr häufig sprechen zu können. Dieses Team ist eine neue und noch junge Facette meines professionellen Lebens und die, auf die ich vermutlich am wenigsten verzichten würde.

Das Team des *Weatherhead Centers* um Kathleen Molony, Ted Gilman, Prof. Michelle Lamont, Prof. Melani Cammett und Erin Goodman, und ganz besonders die Scholars der Jahre 2018–2021, die einen produktiven Raum für Forschungsarbeit, Diskussion und vielfältigsten akademischen Austausch angeboten haben. Prof. Sheila Jasanoff hat mich in ihr Fellows-Programm zusätzlich aufgenommen, integriert und viel Energie investiert, ich danke besonders auch den Fellows des STS-Programms und der STS-Community. Prof. Stefan Thomke, einem führenden Experten für Experimentation von der *Harvard Business School.* Prof. Michael Sandel hat die mit Abstand beste Vorlesung, die ich jemals erlebt habe, präsentiert und damit gezeigt, wozu akademische Lehre in der Lage ist, wenn sie es nur will. In Deutschland stand und standen Prof. Mirjam Schaub und Prof. Hans Liudger Dienel, aber auch Prof. Ansgar Zerfass mit Rat und Kritik zur Seite.

Mein Bruder Andreas, der mein langjähriger Geschäftspartner ist und die Vorstandskollegen Franziska von Lewinski (ehem.), Ralf Holterhoff,

Matthias Wesselmann und Eugenia Lagemann haben mir den Freiraum gegeben und die Möglichkeit für die ausführlichen Schleifen.

Im Team danke ich ganz besonders auch Jens Hoffmann, Roman Hilmer, Harald Ehren und Johannes Buzasi für ihre Expertise und den Austausch in Sachen Narrativen und Zukünften sowie Yessica Yeti und Henning Lüdeke für die Kreativkompetenz. Überhaupt ist das ganze Team in meinem Unternehmen ein engagierter Haufen von Expert:innen, den ich in den USA schmerzlich vermisst habe und mit dem es Freude und Privileg ist, zusammenarbeiten zu können. Fachlich geprüft hat auch Dr. Christoph Hilck. Hervorragend unterstützt hat meine langjährige Mitarbeiterin Regina Wenner und auch Maximilian Dreyer. Das Foto wie so viele Bilder in meinem Kopf stammen von Anatol Kotte und viel Poesie, Klänge und Diskussionen von Johannes Strate.

Ideen und Analysen zu einem Buch zu machen ist wirklich aufwendig und anspruchsvoll, dabei haben Titus Kroder und Michael Schickerling geholfen und Entscheidendes geleistet, ich danke auch dem Verlag rund um Michael Wurster und Katharina Maier für die hervorragende Zusammenarbeit.

Außerdem danke ich meiner wunderbaren Frau und unseren vier Kindern, die vieles inspiriert mitgemacht, toleriert haben und einiges verschieben mussten, für den Langmut, die Liebe und die gemeinsamen Zukunftsideen.

ÜBER DEN AUTOR

 **Bernhard Fischer-Appelt** gründete zusammen mit seinem Bruder noch vor seinem Studium die erste PR-Agentur, die sich im Umweltbereich engagierte. Heute betreibt er mit fischerAppelt eine der größten inhabergeführten Kommunikationsagenturen mit über 700 Mitarbeitern. Zwischen 2018 und 2020 forschte er an der Harvard University zum Thema Zukunft. Er publizierte bereits zwei Bücher.

LITERATUR

[1] Damodaran, A. (2017). *Narrative and Numbers: The Value of Stories in Business*. New York: Columbia Business School Publishing.

[2] Ganz, M. (2007). *Telling your public story. Self, Us, Now (Worksheet)*. Kennedy School of Government.

[3] Horn, E. (2014). *Zukunft als Katastrophe*. Frankfurt: S. Fischer.

[4] Jasanoff, S. (2016). *The Ethics of Invention: Technology and the Human Future*. The Norton Global Ethics Series. New York: W. W. Norton & Company.

[5] Jasanoff, S. (2015). Future Imperfect: Science, Technology, and the Imaginations of Modernity. In *Dreamscapes of Modernity: Sociotechnical Imaginaries and the Fabrication of Power*. University of Chicago Press.

[6] Kahneman, D., Sibony, O. & Sunstein, C. R. (2021). *Noise: Was unsere Entscheidungen verzerrt – und wie wir sie verbessern können*. München: Siedler Verlag.

[7] Milojević, I. & Inayatullah, S. (2015) *Narrative foresight*. Futures Volume 73, 151-162.

[8] Shiller, R. J. (2019) *Narrative Economics. How Stories Go Viral and Drive Major Economic Events*. Princeton, New Jersey: Princeton University Press.

Erweiterte Literaturliste

[9] Ball, M. (2020). *The Metaverse: What It Is, Where to Find it, and Who Will Build It*. https://www.matthewball.vc/all/themetaverse. Abruf am 07.01.2022.

[10] Beckert, J. (2016). *Imagined Futures: Fictional Expectations and Capitalist Dynamics*. Cambridge, Massachusetts: Harvard University Press.

[11] Beckert, J. und Richard Bronk, Hg. (2018). *Uncertain futures: imaginaries, narratives, and calculation in the economy.* Oxford: Oxford University Press.

[12] Bonchek, M. (2016). *How to Build a Strategic Narrative.* Harvard Business Review. https://hbr.org/2016/03/how-to-build-a-strategic-narrative. Abruf am 07.01.2022.

[13] Campbell, J. (2008). *Hero with a Thousand Faces.* New World Library.

[14] Dalpiaz, E.; Di Stefano, G. (2017). *A universe of stories: Mobilizing narrative practices during transformative change.* Volume 39. Issue 3. S. 664–696.

[15] Day, G. S.; Shea, G. P. (2018). *Grow Faster by Changing Your Innovation Narrative.* MIT Sloan School of Management. https://sloanreview.mit.edu/article/grow-faster-by-changing-your-innovation-narrative/. Abruf am 07.01.2022.

[16] El Ouassil, S.; Karig, F. (2021). *Erzählende Affen: Mythen, Lügen, Utopien – wie Geschichten unser Leben bestimmen* | *Vom Patriarchat bis zur Klimakrise: Narrative prägen die Welt.* Berlin: Ullstein.

[17] Erlach, C.; Müller, M. (2020). *Narrative Organisationen – Wie die Arbeit mit Geschichten Unternehmen zukunftsfähig macht.* Berlin, Heidelberg: Springer Gabler.

[18] Gallo, C. (2014). 'Your Story Is Your Strategy' Says VC Who Backed Facebook And Twitter. Forbes. https://www.forbes.com/sites/carminegallo/2014/04/29/your-story-is-your-strategy-says-vc-who-backed-facebook-and-twitter/?sh=615c3c321dd8. Abruf am 07.01.2022.

[19] Ganz, M. (2009). *What Is Public Narrative: Self, us & Now (Public Narrative Worksheet).* http://nrs.harvard.edu/urn-3:HUL.InstRepos:30760283

[20] Ganz, M. (2009). *Organizing Obama: Campaign, Organization, Movement.* In the Proceedings of the American Sociological Association Annual Meeting San Francisco, CA, August 8–11.

[21] Ganz, M. (2012). *Leading Change – Leadership, Organization, and Social Movements.* Handbook of Leadership Theory and Practice. Ed. Nitin Nohria and Rakesh Khurana. Harvard Business School Press. S. 509–550.

[22] Gervais, M. (2020). *Disrupt Your Own Narrative.* Harvard Business Review. https://hbr.org/2020/03/disrupt-your-own-narrative. Abruf am 07.01.2022.

[23] Gladwell, M. (2009), Outliers, London: Penguin

[24] Grunwald, A. (2009). *Wovon ist die Zukunftsforschung eine Wissenschaft?* In: Zukunftsforschung und Zukunftsgestaltung. Springer-Verlag Berlin Heidelberg.

[25] Grunwald, A. (2015). *Die hermeneutische Erweiterung der Technikfolgenab-schätzung.* Technikfolgenabschätzung – Theorie und Praxis, 24(2).

[26] Harnett, S. (2020). Words Matter: How Tech Media Helped Write Gig Companies into Existence. SSRN. https://ssrn.com/abstract=3668606. Abruf am 07.01.2022.

[27] Inayatullah, S. (2004). *Causal layered analysis: Theory, historical context, and case studies.* The Causal Layered Analysis Reader: Theory and Case Studies of an Integrative and Transformative Methodology. S.1–52; Tamkang University Press.

[28] Inayatullah, S. (2015). *Six pillars: futures thinking for transforming.* Foresight. Vol. 10. No. 1. S. 4–21.

[29] Jarva, V. (2014). *Introduction to Narrative for Futures Studies.* Journal of Future Studies. Volume 18. S. 5–26.

[30] Jasanoff, S. (2017). *Virtual, visible, and actionable: Data assemblages and the sightlines of justice.* Big Data&Society, Sage. https://journals.sagepub.com/doi/pdf/10.1177/2053951717724477

[31] Kent, M. (2015). *The Power of Storytelling in Public Relations: Understanding the 20 Master Plots.* Public Relations Review. Volume 41. Issue 4. S. 480–489.

[32] Koschorke, Albrecht. (2012). *Wahrheit und Erfindung: Grundzüge einer Allgemeinen Erzähltheorie.* Frankfurt am Main: S. Fischer.

[33] Krugman, P. (2010). *The Economic Narrative.* The New York Times, New York, September 1, 2010. https://krugman.blogs.nytimes.com/2010/09/01/the-economic-narrative/. Abruf am 07.01.2022.

[34] Lively, G.; Slocombe, W.; Spiers, E. (2021). *Futures literacy through narrative.* Futures. Volume 125.

[35] Lütge, C. H. und Strosetzki, C. Hg. (2017). *Zwischen Bescheidenheit und Risiko: Der Ehrbare Kaufmann im Fokus der Kulturen.* Wiesbaden: Springer Fachmedien Wiesbaden.

[36] Müller, M.; Precht, J. (2018). *Narrative des Populismus – Erzählmuster und -strukturen populistischer Politik.* Wiesbaden: Springer VS.

[37] Nassehi, A. (2019). *Muster: Theorie der digitalen Gesellschaft.* München: C.H.Beck

[38] Oermann, N. (2015). *Wirtschaftsethik: Vom freien Markt zur Share Economy.* München: C.H.Beck

[39] Raven, P. G.; Elahi, S. (2015). *The New Narrative: Applying narratology to the shaping of futures outputs.* Futures. Volume 74. S. 49–61.

[40] Rindova, V. P.; Martins, L. L. (2021). *Futurescapes: Imagination and temporal reorganization in the design of strategic narratives.* Strategic Organization.

[41] Russel Hochschild, A. (2016). *Strangers in Their Own Land: Anger and Mourning on the American Right.* New York: The New Press.

[42] Sandel, M. J. (2020). *Vom Ende des Gemeinwohls,* Frankfurt: S. Fischer.

[43] Schwab, K. (2022) The Great Narrative (The Great Reset, Band 2), Genf: Forum Publishing.

[44] Schwarz, J. O. (2014). *The 'Narrative Turn' in developing foresight: Assessing how cultural products can assist organisations in detecting trends.* Technological Forecasting & Social Change. Vol. 90. S. 510–513.

[45] Sarpong, D.; Eyres, E.; Batsakis, G. (2019). *Narrating the future: A distentive capability approach to strategic foresight.* Technological Forecasting and Social Change. Volume 140. S. 105–114.

[46] Shaw, G.; Brown, R. Bromiley, P. (1998). Strategic Stories: How 3M Is Rewriting Business Planning. Harvard Business Review. https://hbr.org/1998/05/strategic-stories-how-3m-is-rewriting-business-planning. Abruf am 07.01.2022.

[47] Sukulla, F. (2019). *Narrative Persuasion.* Baden-Baden: Nomos.

[48] Szyrmanski, A. (2021). *How to Build Narrative Power and Co-Create a Just Future.* https://www.resilience.org/stories/2021-01-26/how-to-build-narrative-power-and-co-create-a-just-future/. Abruf am 07.01.2022.

ANMERKUNGEN

Kapitel 1

[1] Gammon, D. E.; Altizer, C. E. (2011). Northern Mockingbirds produce syntactical patterns of vocal mimicry that reflect taxonomy of imitated species. Journal of Field Ornithology. 82(2): 158–164.

[2] Owen-Ashley, N. T.; Schoech, S. J.; Mumme, R. L. (2002). Kontextspezifische Reaktion von Florida-Buschhäher-Paaren auf die Nachahmung der Stimme des Spottdrossels. The Condor. 104(4): 858–865.

[3] Moore, G. E. (1965). Cramming more components onto integrated circuits. Electronics Magazine, 38(8).

[4] Horn, E. (2014). Die Zukunft als Katastrophe. Frankfurt: S. Fischer.

[5] Laszlo, K.; Bieber, F. (2015). Im Gespräch: Lucian Hölscher. Jede Generation braucht ihre eigene Zukunft. Frankfurter Allgemeine Zeitung. Frankfurt am Main. https://www.faz.net/aktuell/feuilleton/forschung-und-lehre/bochumer-historiker-lucian-hoelscher-im-interview-13866053-p2.html?printPagedArticle=true#. Abruf am 23.12.2021.

[6] Hancock T.; Bezold C. (1994). Possible futures, preferable futures. Healthcare Forum Journal, 37(2):23-9.PMID: 10132155.

[7] Roberts, S. (2020) Flattening the Coronavirus Curve. New York Times. New York. https://www.nytimes.com/article/flatten-curve-coronavirus.html. Abruf am 29.12.2021.

Kapitel 2

[8] Roadshow (2020). James Cameron made an Avatar 2 concept car with Mercedes-Benz: Vision AVTR. https://www.youtube.com/watch?v=Xo1TdQ3z1IQ. Abruf am 28.12.2021.

[9] Daimler (2020). Consumer Electronics Show (CES) 2020: In collaboration with the AVATAR films, Mercedes-Benz is developing a vision for the future of mobility: the VISION AVTR. https://media.daimler.com/marsMediaSite/en/instance/ko/Consumer-Electronics-Show-CES-2020-In-collaboration-with-the-AVATAR-films-Mercedes-Benz-is-developing-a-vision-for-the-future-of-mobility-the-VISION-AVTR.xhtml?oid=45322778. Abruf am 28.12.2021.

[10] Hosan, B. (2020). Wie aus »Avatar«: So stellt sich Mercedes das Auto in 130 Jahren vor. Business Punk. https://www.business-punk.com/2020/03/wie-aus-avatar-so-stellt-sich-mercedes-das-auto-in-130-jahren-vor/. Abruf am 29.12.2021.

[11] Ebd.

[12] Ebd.

[13] CES 2020 – Hyundai Presents A City of the Future, https://tech.hyundaimotorgroup.com/article/ces-2020-hyundai-presents-a-city-of-the-future/. Abruf: 28.12.2021.

[14] Radkau, J. (2017): Geschichte der Zukunft: Prognosen, Visionen, Irrungen in Deutschland von 1945 bis heute. München: Hanser.

[15] Sear, R. (2012) Nuclear-powered vacuum cleaners will probably be a reality in 10 years. https://blogs.surrey.ac.uk/physics/2012/02/21/nuclear-powered-vacuum-cleaners-will-probably-be-a-reality-in-10-years/. Abruf: 28.12.2021.

[16] Anthony, S. (2014). Where are all the clean, infinite-range nuclear-powered cars, ships, and planes?; https://www.extremetech.com/extreme/186907-where-are-all-the-clean-infinite-range-nuclear-powered-cars-ships-and-planes. Abruf: 28.12.2021.

[17] Schofield, J. (2011). Ken Olsen obituary; The Guardian, London. https://www.theguardian.com/technology/2011/feb/09/ken-olsen-obituary. Abruf: 28.12.2021.

[18] Gubernator, S. (2017) Roboter »Sophia« bekommt saudi-arabischen Pass, Die Welt vom 27.10.2017. https://www.welt.de/vermischtes/article170106321/Roboter-Sophia-bekommt-saudi-arabischen-Pass.html. Abruf am 21.12.2021.

[19] Watson R. (2014). Uncanny Valley — Das Phänomen des »unheimlichen Tals«. In: 50 Schlüsselideen der Zukunft. Berlin, Heidelberg: Springer Spektrum.

Kapitel 3

[20] Kennedy, J.F. (1961). Speech: Inaugural Address 20 January 1961. John F. Kennedy Presidential Library and Museum. https://www.jfklibrary.org/learn/about-jfk/historic-speeches/acceptance-of-democratic-nomination-for-president. Abruf am 29.12.2021.

[21] Kennedy, J.F. (1960). Speech: Excerpt, 1960 Democratic National Convention, 15 July 1960. John F. Kennedy Presidential Library and Museum. https://www.jfklibrary.org/learn/about-jfk/historic-speeches/acceptance-of-democratic-nomination-for-president. Abruf am 29.12.2021.

[22] Kennedy, J.F. (1961). Speech: Inaugural Address 20 January 1961. John F. Kennedy Presidential Library and Museum. https://www.jfklibrary.org/learn/about-jfk/historic-speeches/acceptance-of-democratic-nomination-for-president. Abruf am 29.12.2021.

[23] Garfield, L. (2018). 15 remarkable images that show the 200-year evolution of the Hyperloop. Business Insider. New York. https://www.businessinsider.com/history-hyperloop-pneumatic-tubes-as-transportation-2017-8. Abruf am 29.12.2021.
Förtsch, M. (2019). Von der Rohrpost zum Hyperloop: Die irre Geschichte der Röhrenzüge. 1E9 Magazin. https://1e9.community/t/von-der-rohrpost-zum-hyperloop-die-irre-geschichte-der-roehrenzuege/2468. Abruf am 28.12.2021.

[24] Cornish, E. (2004). Futuring: The Exploration of the Future, Maryland US: WFS Publishing.

Kapitel 4

[25] Bergmann, F. (2004). Neue Arbeit. Neue Kultur. Freiburg im Breisgau: Arbor Verlag.

[26] Nathanson, H. (2016). Harvard's $1 Billion Science Complex Approved by BRA. The Harvard Crimson. https://www.thecrimson.com/article/2016/4/15/science-complex-approved-by-BRA. Abruf am 28.12.2021.

[27] Shanshan, Y. (2016). Makerspaces as learning spaces: An historical overview and literature review. https://era.library.ualberta.ca/items/4eb0c55c-660a-4703-b1fd-0f8e937c6e41. Abruf am 29.12.2021.
Anderson, C. (2013). 20 Years of Wired: Maker movement. Wired Magazine. https://www.wired.co.uk/article/maker-movement. Abruf am 28.12.2021.

[28] More, T. (2002). Utopia. Logan, G.M et al (Hg). Cambridge: Cambridge University Press.

[29] Rohgalf, J., (2015). Jenseits der großen Erzählungen: Utopie und politischer Mythos in der Moderne und Spätmoderne; mit einer Fallstudie zur globalisierungskritischen Bewegung. Wiesbaden: Springer VS. S. 100.

[30] Saage, R. (1991). Politische Utopien der Neuzeit. Darmstadt: Wbg Academic. S. 3.

[31] Jain, A. K. (2012). Die kontingente Gesellschaft und die Notwendigkeit der Utopie. https://www.researchgate.net/publication/320170862_Die_kontingente_Gesellschaft_und_die_Notwendigkeit_der_Utopie. Abruf am 30.12.2021.

[32] »Ich nenne also Utopien jene Antizipationen der Zukunft, die jedem auf ein Ziel gerichteten Handeln vorausgehen«. In: Picht, G. (1968). Prognose, Utopie, Planung: die Situation des Menschen in der Zukunft der technischen Welt. Stuttgart: Klett. S.14.

[33] Road Traffic Technology (o.J.). Boston Big Dig, Central Artery / Tunnel Project, Massachusetts. https://www.roadtraffic-technology.com/projects/big_dig/. Abruf am 28.12.2021.
Moskowitz, E. (2012). True cost of Big Dig exceeds $24 billion with interest, officials determine. https://www.boston.com/uncategorized/noprimarytagmatch/2012/07/10/true-cost-of-big-dig-exceeds-24-billion-with-interest-officials-determine/. Abruf am 30.12.2021.

[34] Holston, J. (1989). The Modernist City: An Anthropological Critique of Brasilia. Chicago: University of Chicago Press.

[35] O.A. (2017). Saudi-Arabien will für 500 Milliarden eine Megastadt bauen. In: faz.net. 24. Oktober 2017, https://www.faz.net/aktuell/wirtschaft/projekt-neom-saudi-arabien-plant-megastadt-fuer-wirtschaftliche-entwicklung-15261484.html. Abruf am 19.12.2021.
Ramadan, D. (2020). Auf Sand und Blut gebaut. In: Süddeutsche Zeitung, 12. Mai 2020, https://www.sueddeutsche.de/politik/saudi-arabien-auf-sand-und-blut-gebaut-1.4904029. Abruf am 19.12.2021.

[36] Gennawey, S. (2011). Walt Disney and the Promise of Progress City. New York: Theme Park Press.

[37] Lynxwiler, J. E. (2016) Imagineering the Future: Walt Disney's Obsession with Building a Better Tomorrow. Vice Magazine. https://www.vice.com/en/article/dp59xq/imagineering-the-future-walt-disneys-obsession-with-building-a-better-tomorrow. Abruf am 29.12.2021.
Disney D23, From the Office of Walt Disney: EPCOT – A Blueprint of the Future. https://www.youtube.com/watch?v=0ood95Cc7_c. Abruf am 29.12.2021.

[38] Gennawey, S. (2011). Walt Disney and the Promise of Progress City. New York: Theme Park Press.

[39] Oberth, H. (1923). Die Rakete zu den Planetenräumen. München: Verlag R. Oldenbourg.
Verne, J. (1994). Von der Erde zum Mond: Direkte Fahrt in siebenundneunzig Stunden und zwanzig Minuten. Zürich: Diogenes.
Miller, R. (2015). How Jules Verne Invented Astronautics. Gizmodo. https://gizmodo.com/how-jules-verne-invented-astronautics-1493029901. Abruf am 28.12.2021.
Von Harbou, T. (1928). Frau im Mond. Berlin: August Scherl Verlag.

[40] Schwarz, K. (2000). Das RAK-Protokoll. Interview mit Oberths Tochter in einer Dokumentation zu Opel-RAK, https://opel-tv-footage.com/v/The%20RAK%20Protocoll?p=4&c=86&l=1. Abruf 20.12.2021.
Karisch, K. (2019). Wernher von Braun: Der Raketen-Ingenieur des Führers. In: FR vom 19.7.2019. https://www.fr.de/wissen/wernher-von-braun-raketen-ingenieur-von-hitler-11381104.html. Abruf 20.12.2021.

[41] SAE International (2018). Taxonomy and Definitions for Terms Related to Driving Automation Systems for On-Road Motor Vehicles. https://www.sae.org/standards/content/j3016_201806/. Abruf am 29.12.2021.

[42] Car and Driver (2017). Path to Autonomy: Self-Driving Car Levels 0 to 5 Explained. https://www.caranddriver.com/features/a15079828/autonomous-self-driving-car-levels-car-levels/. Abruf am 30.12.2021.
SAE International (2021). Automated & Unmanned Vehicles. https://www.sae.org/automated-unmanned-vehicles/. Abruf am 30.12.2021.

[43] Stephenson, N. (1992). Snow Crash. New York: Random House Publishing Group.

[44] A.a.O.

[45] Bush, V. (1945). As We May Think. In: Atlantic Monthly 176, S. 101–108. https://www.theatlantic.com/magazine/archive/1945/07/as-we-may-think/303881/. Abruf am 28.12.2021.

[46] Garfield, L. (2018). 15 remarkable images that show the 200-year evolution of the Hyperloop. Business Insider. New York. https://www.businessinsider.com/history-hyperloop-pneumatic-tubes-as-transportation-2017-8. Abruf am 29.12.2021.

[47] Damodaran, A. (2017). Narrative and Numbers: The Value of Stories in Business. New York: Columbia Business School Publishing.

Kapitel 5

[48] Bramesco, C. (2020). Exposure therapy: why we're obsessed with watching virus movies. The Guardian. London. https://www.theguardian.com/film/2020/mar/16/coronavirus-movies-why-are-we-obsessed-contagion-films. Abruf am 29.12.2021.
Feldmann, D. (2020). Here's What We Watched On Netflix In 2020 To Escape The Pandemic. Forbes Magazine. New Jersey. https://www.forbes.com/sites/danafeldman/2020/12/10/netflix-allowed-us-to-escape-2020-at-home-in-lockdown-heres-what-the-streamer-says-we-watched/?sh=20628af91d2d. Abruf am 29.12.2021.

[49] Jobs, S. (2005). ›You've got to find what you love,‹ Jobs says. https://news.stanford.edu/2005/06/14/jobs-061505/. Abruf am 29.12.2021.

[50] Scholes, J. & Ostenson, J. (2013). Understanding the Appeal of Dystopian Young Adult Fiction. The ALAN Review, 40(2).

Statista (2020). Preference between watching utopian and dystopian movies and TV shows in the United States as of June 2019, by age group. https://www.statista.com/statistics/1016271/utopian-dystopian-movies-tv-preference-by-age-us/. Abruf am 29.12.2021.

51 Scholes, J. & Ostenson, J. (2013). Understanding the Appeal of Dystopian Young Adult Fiction. The ALAN Review, 40(2).

52 Heshmat, S. (2018). What Is Loss Aversion? Psychology Today. https://www.psychologytoday.com/us/blog/science-choice/201803/what-is-loss-aversion. Abruf am 29.12.2021.

53 Kahneman, D & Tversky, A (1979). Prospect Theory: An Analysis of Decision under Risk. In: Econometrica. Band 47. S. 263–292.

54 Davidson, L. (2012). Wenn Verluste stärkere Schmerzen machen als Gewinne Freude. Morning Star. https://www.morningstar.ch/ch/news/57099/wenn-verluste-st%c3%a4rkere-schmerzen-machen-als-gewinne-freude.aspx. Abruf am 29.12.2021.
Goebel, L., Mayrhofer, T., Schmitz, H. (2020). Why prudent people might avoid vaccinations. VoxEU.org. https://voxeu.org/article/why-prudent-people-might-avoid-vaccinations. Abruf am 29.12.2021.

55 Christensen, C. M., Raynor, M. E., McDonald, R. (2015). What Is Disruptive Innovation? Harvard Business Review. https://hbr.org/2015/12/what-is-disruptive-innovation. Abruf am 29.12.2021.
Christensen, C. M. (2011). The Innovator's Dilemma. Warum etablierte Unternehmen den Wettbewerb um bahnbrechende Innovationen verlieren (The innovator's dilemma, 1997). München: Vahlen.

56 Maeck, S. (2015). Die Stimme aus dem Jenseits – Peace! Der Spiegel. Hamburg. https://www.spiegel.de/geschichte/john-lennon-und-yoko-ono-happy-xmas-war-is-over-a-1065215.html Abruf am 28.12.2021.

57 Minneapolis Institute of Art (2019). It Was 50 Years Ago Today. Medium. https://artsmia.medium.com/it-was-50-years-ago-today-fd1acb7ff851. Abruf am 29.12.2021.
Yoko Ono setzt das Projekt »Der Krieg ist vorbei!« bis heute auch digital fort. Hintergründe dazu unter: http://imaginepeace.com/. Abruf am 30.12.2021.

Kapitel 6

58 Jasanoff, S. (2017). Virtual, visible, and actionable: Data assemblages and the sightlines of justice. In: Big Data & Society July–December 2017. 1–15.
Forrester J (1996). If p, then what? Thinking in cases. History of the Human Sciences 9: 1–25.

59 Ganz, M. (2007). Worksheet. Telling your public story. Self, Us, Now. Kennedy School of Government. https://dash.harvard.edu/handle/1/30760283. Abruf am 29.12.2021.

60 Miller, B. (2010). Tobacco advertising: Science ... or smokescreen? Washington University in St. Louis. https://source.wustl.edu/2010/02/tobacco-advertising-science-or-smokescreen/ Abruf am 29.12.2021.

61 Gerster, L. (2019). Sieg über die Tabaklobby. Frankfurter Allgemeine Zeitung. Frankfurt am Main. https://www.faz.net/aktuell/politik/inland/das-werbeverbot-fuer-zigaretten-ist-ein-sieg-ueber-die-tabaklobby-16536097/20-679-physicians-say-16536119.html. Abruf am 29.12.2021.

[62] Kennedy, J. F. (1962). Ansprache an der Rice Universität über die Raumfahrt der Nation, Rice University, 12. September 1962. https://www.jfklibrary.org/learn/about-jfk/historic-speeches/address-at-rice-university-on-the-nations-space-effort. Abruf am 23.12.2021.

[63] Bogdanovich, P. (1978). John Ford. Berkeley: University of California Press. ISBN 0520034988. abgerufen am 21.12.2021 https://archive.org/details/johnford0000bogd

[64] Chirvi, C. (2018). #wirsindmehr: Auch das ist Chemnitz: Mehr als 65.000 Menschen besuchen Konzert gegen rechts. shz.de. https://www.shz.de/deutschland-welt/Auch-das-ist-Chemnitz-Mehr-als-65-000-Menschen-besuchen-Konzert-gegen-rechts-id20916087.html. Abruf am 20.12.2021.

[65] Kennedy, J.F. (1945). Remarks of John F. Kennedy at the Crosscup-Pishon American Legion Post, Boston Massachusetts, Nov. 11, 1945. John F. Kennedy Presidential Library: https://www.jfklibrary.org/archives/other-resources/john-f-kennedy-speeches/boston-ma-crosscup-pishon-american-legion-19451111. Abruf am 20.12.2021

[66] Aratani, L. (2020). Elon Musk says college is ›basically for fun and not for learning‹. The Guardian. London. https://www.theguardian.com/technology/2020/mar/10/elon-musk-college-for-fun-not-learning. Abruf am 29.12.2021.

[67] Jobs, S. (2005). ›You've got to find what you love,‹ Jobs says. https://news.stanford.edu/2005/06/14/jobs-061505/. Abruf am 29.12.2021.

[68] Microsoft (1999). Microsoft to Collaborate with Top Researchers in Developing Future Internet. https://news.microsoft.com/1999/04/28/microsoft-to-collaborate-with-top-researchers-in-developing-future-internet/. Abruf am 29.12.2021.

[69] Der Gründungsmythos von Firmen ist so eng mit dem Topos der Garage verknüpft, dass manche Unternehmen damit werben. Beispiel: Precision Garage Service San Diego (2019). 5 Famous Companies That Started in a Garage. https://www.garagedoorssandiego.net/5-famous-companies-that-started-in-a-garage. Abruf am 29.12.2021.

[70] Newton, C. (2021): Mark in the metaverse. Facebook's CEO on why the social network is becoming ›a metaverse company‹. The Verge. https://www.theverge.com/22588022/mark-zuckerberg-facebook-ceo-metaverse-interview. Abruf am 29.12.2021.
Zuckerberg, M. (2021). Founder's Letter, 2021. https://about.fb.com/news/2021/10/founders-letter/. Abruf am 29.12.2021.

[71] Bevor er Nike mitbegründete, verkaufte Phil Knight japanische Laufschuhe aus dem Kofferraum seines Autos. Siehe: #14 Phil Knight & family. Forbes Magazine. https://www.forbes.com/profile/phil-knight/?sh=4d5725981dcb. Abruf am 28.12.2021.

[72] Polk, A. (Undatiert). Athletic footwear market dominated by Asia-Pacific with 42% share. Footwear Distributors & Retailers of America. https://fdra.org/latest-news/athletic-footwear-market-dominated-by-asia-pacific-with-42-share/. Abruf am 29.12.2021.

Kapitel 7

[73] Bayerischer Rundfunk (2021). Der lange Weg zur Antibabypille. https://www.br.de/wissen/verhuetung-pille-antibabypille-geschichte-100.html. Abruf am 29.12.2021.

[74] Jasanoff, S. (2016). The Ethics of Invention: Technology and the Human Future. The Norton Global Ethics Series. New York: W. W. Norton & Company.

75 Ebd., S.16.

76 Jasanoff, S. (2015). Future Imperfect: Science, Technology, and the Imaginations of Moderni-
    ty. In: Jasanoff, S., Kim, S. J.: Dreamscapes of Modernity: Sociotechnical Imaginaries and the
    Fabrication of Power. Chicago: The University of Chicago Press.

77 Van der Laan, J. M. (2016), Narratives of Technology, New York: Palgrave Macmillan.

78 Jasanoff, S., Kim, S. J. (2015). Dreamscapes of Modernity: Sociotechnical Imaginaries and the
    Fabrication of Power. Chicago: The University of Chicago Press.

79 Webpräsenz des koreanischen Kommittees: https://www.4th-ir.go.kr/. Abruf am 29.12.2021.

80 Mohamed Eizel-Din, M. B. Khalil (2011). Egypt's Qattara Depression Potential Hydropow-
    er. In: Aufleger, M. Mett, M.: Handshake across the Jordan. Water and Understanding. Inns-
    bruck: BoD.
    O.A. (1976): Die Hölle löschen. Der Spiegel 50/1976. https://www.spiegel.de/politik/hoelle-
    loeschen-a-5d01c666-0002-0001-0000-000041119587?context=issue. Abruf am 21.12.2021.

81 Van der Laan, J. M. (2016), Narratives of Technology, New York: Palgrave Macmillan. S. 39.

82 Rodríguez Fernández, C. (2021). Eight Diseases CRISPR Technology Could Cure. Labiotech.
    https://www.labiotech.eu/best-biotech/crispr-technology-cure-disease/. Abruf am 28.12.2021.

83 Die Weltuntergangsuhr ist abzurufen unter: https://thebulletin.org/doomsday-clock/timeli-
    ne/. Für mehr Informationen siehe: https://news.uchicago.edu/explainer/what-is-the-dooms-
    day-clock. Abruf am 28.12.2021.

84 Vidar (2021). Google's Quantum Computer Is About 158 Million Times Faster Than the
    World's Fastest Supercomputer. Medium. https://medium.com/predict/googles-quan-
    tum-computer-is-about-158-million-times-faster-than-the-world-s-fastest-supercomputer-
    36df56747f7f. Abruf am 29.12.2021.

85 McCarthy, J. et al. (1955). A Proposal for the Dartmouth Summer Research Project on Arti-
    ficial Intelligence. http://www-formal.stanford.edu/jmc/history/dartmouth/dartmouth.html.
    Abruf am 28.12.2021.
    Seissing, R. (2021). Es denkt nicht! Die vergessenen Geschichten der KI. Frankfurt: Bücher-
    gilde Guttenberg. 2021.

86 Hochreiter, S., Schmidhuber, J. (1997). Long short-term memory In: Neural Computation
    (journal), 1997 vol. 9, issue 8, S. 1735–1780.
    Für weitere Informationen: https://www.bigdata-insider.de/was-ist-ein-long-short-term-me-
    mory-a-774848/. Abruf am 28.12.2021.

87 Interview mit Jürgen Schmidhuber: YouTube. Deutsche Telekom (2017). KI. Prof. Jür-
    gen Schmidhuber über Künstliche Intelligenz und Emotionen. https://www.youtube.com/
    watch?v=DwkA2T6aog8. Abruf am 28.12.2021.

88 Ebd.

89 Lischka, K. (2011). John McCarthy. Der Vater der Rechner-Cloud ist tot. https://www.spiegel.
    de/netzwelt/web/john-mccarthy-der-vater-der-rechner-cloud-ist-tot-a-793795.html

90 Newton, C. (2021): Mark in the metaverse. Facebook's CEO on why the social network is
    becoming ›a metaverse company‹. The Verge. https://www.theverge.com/22588022/mark-zu-
    ckerberg-facebook-ceo-metaverse-interview. Abruf am 29.12.2021.

Kapitel 8

[91] Cofield, A. (2016). Why You ›Don't Mess With Texas‹ In: Culture Trip. https://theculturetrip.com/north-america/usa/texas/articles/why-you-dont-mess-with-texas/. Abruf am 29.12.2021.

[92] Kaplan, S., Orlikowski, W. (2014). Beyond forecasting: Creating new strategic narratives. Sloan Management Review. 56/1: 23–28.

[93] Shiller, R. J. (2019). Narrative Economics. How Stories Go Viral and Drive Major Economic Events. Princeton, New Jersey: Princeton University Press.

[94] Milojević, I.,Inayatullah, S. (2015). Narrative foresight. Futures Volume 73, 151–162.

[95] Ebd.

[96] Ebd.

[97] Ebd., S. 156

[98] Die Bibel nach Luther, Lk. 5,33–39 sowie Mk. 2,21–22.

[99] Kretschmer, H., Napierala, N., Plath, T (2020). Frames und Narrationen im öffentlichen Raum als Herausforderungen für Public Affairs. In: Röttger, U., Donges, P., Zerfaß, A.: Handbuch Public Affairs. Wiesbaden: Springer Gabler.

[100] Shiller, R. J. (2019). Narrative Economics. How Stories Go Viral and Drive Major Economic Events. Princeton, New Jersey: Princeton University Press.

[101] Churchwell, S. (2018). Behold, America: The Entangled History of »America First« and »the American Dream«. New York: The New Press.

[102] Sarah Churchwell im Interview mit Brandon Tensley: Tensley, B. (2019) How the American Dream Went From Meaning Equality to Meaning Capitalism. Pacific Standard. https://psmag.com/ideas/how-the-american-dream-went-from-meaning-equality-to-meaning-capitalism-sarah-churchwell. Abruf am 29.12.2021.

[103] Siehe: Hochschild, A. R. (2016). Strangers in Their Own Land: Anger and Mourning on the American Right. New York: The New Press.

[104] Burckhardt, A. (2017). Research Spotlight: The Radical Story Behind the Famous »The Future Is Female« Graphic T-Shirt. https://medium.com/items/research-spotlight-the-radical-story-behind-the-famous-the-future-is-female-graphic-t-shirt-accdbbe37b65. Abruf am 29.12.2021.
Informationen zum Women's March: https://womensmarch.com/

[105] Brown, S. (2020). A new study measures the actual impact of robots on jobs. It's significant. MIT Sloan School of Management. https://mitsloan.mit.edu/ideas-made-to-matter/a-new-study-measures-actual-impact-robots-jobs-its-significant. Abruf am 29.12.2021.
Shapiro, R. J. (2014). The U.S. Software Industry as an Engine for Economic Growth and Employment. Georgetown McDonough School of Business Research Paper No. 2541673. https://papers.ssrn.com/sol3/papers.cfm?abstract_id=2541673. Abruf am 29.12.2021.

[106] Shiller, R. J. (2019). Narrative Economics. How Stories Go Viral and Drive Major Economic Events. Princeton University Press: Princeton, New Jersey. S. 109.

[107] Ebd.

[108] Andreesen, M. (2011). Why Software Is Eating The World. Wall Street Journal. New York. https://www.wsj.com/articles/SB10001424053111903480904576512250915629460. Abruf am 29.12.2021.

[109] Torres, R. (2021). 10 years later, software really did eat the world. https://www.ciodive.com/news/software-industry-marc-andreessen/605301/. Abruf am 29.12.2021.
Statista (2021). Internet of Things (IoT) and non-IoT active device connections worldwide from 2010 to 2025. https://www.statista.com/statistics/1101442/iot-number-of-connected-devices-worldwide/. Abruf am 29.12.2021.

[110] Bouchard, A. (2019) Will Elon Musk's Space-bound Tesla Roadster Ever Return to Earth? Labroots. https://www.labroots.com/trending/space/14862/elon-musk-s-space-bound-tesla-roadster-return-earth. Abruf am 29.12.2021.

[111] Hagel, J. (2021). Every Company Needs a Narrative. Harvard Business Review. https://hbr.org/2021/05/every-company-needs-a-narrative. Abruf am 29.12.2021.

Kapitel 9

[112] Stern, R. (2007): The gaslight effect: how to spot and survive the hidden manipulations other people use to control your life. Vorwort Naomi Wolf. Morgan Road Books: New York.
Pitzke, M. (2017). Im Spiegelkabinett der Lügen. https://www.spiegel.de/politik/ausland/donald-trump-und-das-fbi-im-spiegelkabinett-der-luegen-a-1139684.html. Abruf am 29.12.2021.

[113] Schenker, U., Grand, C. (2021). Theranos – Ein betrügerisches »Unicorn«. In: GesKR Schweizerische Zeitschrift für Gesellschafts- und Kapitalmarktrecht sowie Umstrukturierungen (2021), S.472–479. https://www.walderwyss.com/user_assets/publications/Schenker_Grand_Theranos-Ein-betrugerisches_Caroline-Grand.pdf. Abruf am 30.12.2021.

[114] Loira, K., Friedman, L. F. (2015). Theranos founder was ›personally shocked‹ about the story slamming her company today. Insider. https://www.businessinsider.com/elizabeth-holmes-fires-back-at-her-critics-2015-10. Abruf am 30.12.2021.

[115] Damodaran, A. (2017) Narrative and Numbers: The Value of Stories in Business. Columbia Business School Publishing: New York. S. 23.

[116] Gottschall, J. (2016). Theranos and the Dark Side of Storytelling. Harvard Business Review. https://hbr.org/2016/10/theranos-and-the-dark-side-of-storytelling. Abruf am 30.12.2021.

[117] Dienel, H.-L., et al. (2014). Die Qualität von Bürgerbeteiligungsverfahren. Evaluation und Sicherung von Standards am Beispiel von Planungszellen und Bürgergutachten. München: Oekom 2014.

[118] Bundesregierung (2013). Unterrichtung durch die Bundesregierung. Bericht zur Risikoanalyse im Bevölkerungsschutz 2012. Drucksache 17/12051. https://dserver.bundestag.de/btd/17/120/1712051.pdf. Abruf am 29.12.2021.

[119] Jasanoff, S. (2016). The Ethics of Invention: Technology and the Human Future. The Norton Global Ethics Series. New York: W. W. Norton & Company. S. 216.

[120] Renn, O. (2019). Gefühlte Wahrheiten: Orientierung in Zeiten postfaktischer Verunsicherung, Opladen: Barbara Budrich.

[121] Awad, E., Dsouza, S., Kim, R. et al. (2018). The Moral Machine experiment. Nature 563, S. 59–64.
Vincent, J. (2018). Global preferences for who to save in self-driving car crashes revealed. The Verge. https://www.theverge.com/2018/10/24/18013392/self-driving-car-ethics-dilemma-mit-study-moral-machine-results. Abruf am 29.12.2021.

[122] Goslar Institut (o.J.) Selbstfahrende Autos können ein Drittel der Unfälle verhindern. https://www.goslar-institut.de/recherche-tipps/mobilitaet/studie-selbstfahrende-autos-koennen-ein-drittel-der-unfaelle-verhindern/. Abruf am 29.12.2021.

[123] Deutsche Welle (2020). Zu wenige Spenderorgane – das könnten Alternativen sein. https://www.dw.com/de/zu-wenige-spenderorgane-das-k%C3%B6nnten-alternativen-sein/a-57736022. Abruf am 29.12.2021.

[124] Beck, V. (2016). Eine Theorie der globalen Verantwortung: Was wir Menschen in extremer Armut schulden, Frankfurt: Suhrkamp.

[125] Welzbacher, C. (2011). Der radikale Narr des Kapitals, Berlin: Matthes&Seitz. Gesang, B. (2003). Eine Verteidigung des Utilitarismus. Stuttgart: Reclam.

[126] Conger, K. (2018) Google Removes ›Don't Be Evil‹ Clause From Its Code of Conduct. Gizmodo. https://gizmodo.com/google-removes-nearly-all-mentions-of-dont-be-evil-from-1826153393. Abruf am 29.12.2021.

[127] Das Verfassungsgericht erklärt: »Die zum Teil noch sehr jungen Beschwerdeführenden sind durch die angegriffenen Bestimmungen aber in ihren Freiheitsrechten verletzt. Die Vorschriften verschieben hohe Emissionsminderungslasten unumkehrbar auf Zeiträume nach 2030.« Bundesverfassungsgericht (2021). Verfassungsbeschwerden gegen das Klimaschutzgesetz teilweise erfolgreich. Pressemitteilung Nr. 31/2021 vom 29. April 2021. https://www.bundesverfassungsgericht.de/SharedDocs/Pressemitteilungen/DE/2021/bvg21-031.html Abruf am 29.12.2021.

Kapitel 10

[128] Bode, C.; Dietrich, R. (2013). Future Narratives: Theory, Poetics, and Media-Historical Moment. Berlin: De Gruyter.

[129] Unesco (o.J.). Future Literacy. An essential competency for the 21st century https://en.unesco.org/futuresliteracy/about.

[130] Liveley, G., Slocombe, W.; Spiers, E. (2021). Futures Literacy through narrative. In: Futures, 125. 102663–102663.